普通高等教育"十三五"汽车类规划教材

汽车服务工程专业导论

主　编　鲁植雄
副主编　张继元　鲁　杨　张　蓉
参　编　王源绍　严　斯　许　凌　唐徐平
　　　　迟英姿　郑炫君　冒小文
主　审　陈　南

机械工业出版社

本书是普通高等学校汽车服务工程专业学生的入门教材，用以指导低年级学生了解汽车服务工程专业与行业，尽快适应高校的学习，建立对汽车服务工程专业的情感和责任心，为今后的专业学习打下良好的基础。全书共七章，分别是认识汽车服务工程专业、国内外汽车工业概况、汽车概论、汽车前沿技术、汽车服务工程专业的服务内涵、汽车服务工程专业的学习方法、汽车服务工程专业的就业与升学。

本书是普通高等学校汽车类专业的规划教材，可供汽车服务工程专业学生使用，还可供其他专业学生、汽车爱好者参考阅读。

本书配有PPT课件，可免费赠送给采用本书作为教材的教师，可登录www.cmpedu.com下载，或联系编辑（tian.lee9913@163.com）索取。

图书在版编目（CIP）数据

汽车服务工程专业导论/鲁植雄主编. —北京：机械工业出版社，2018.6（2023.6重印）

普通高等教育"十三五"汽车类规划教材

ISBN 978-7-111-59996-8

Ⅰ.①汽… Ⅱ.①鲁… Ⅲ.①汽车工业-销售管理-商业服务-高等学校-教材 Ⅳ.①F407.471.5

中国版本图书馆CIP数据核字（2018）第105701号

机械工业出版社（北京市百万庄大街22号 邮政编码100037）
策划编辑：宋学敏 责任编辑：宋学敏 朱琳琳 商红云
责任校对：王 欣 封面设计：张 静
责任印制：常天培
固安县铭成印刷有限公司印刷
2023年6月第1版第6次印刷
184mm×260mm · 17.25印张 · 421千字
标准书号：ISBN 978-7-111-59996-8
定价：42.00元

凡购本书，如有缺页、倒页、脱页，由本社发行部调换

电话服务 网络服务
服务咨询热线：010-88379833 机 工 官 网：www.cmpbook.com
读者购书热线：010-88379649 机 工 官 博：weibo.com/cmp1952
 教育服务网：www.cmpedu.com
封面无防伪标均为盗版 金 书 网：www.golden-book.com

前言

每年新学年的伊始，跨入高等学校的大门、满怀壮志和憧憬、准备接受高等教育的汽车服务工程专业的莘莘学子，都渴望了解自己所学的专业，高等教育和中等教育的区别，大学的教学和管理特点，汽车服务工程专业的性质、培养目标、未来发展，学校将通过哪些途径把自己培养成具有什么素质的汽车服务工程专业技术人才，自己在大学里将学到哪些知识，获得哪些技能，培养哪些能力，将来的就业领域和工作范畴，自己怎样适应大学的学习生活，怎样最大限度地调动自己的学习潜力，发挥自己学习上的主动性，发展自己的特长和才华，创造性地进行学习等问题。

本书力求在入学之初，用以引导汽车服务工程专业新生正确认识、理解和处理上述问题，使学生尽早了解专业、熟悉专业，明确学习的目的，尽快掌握适应大学学习和生活的方式与方法。为此，特编写了本书。

全书共七章，分别是认识汽车服务工程专业、国内外汽车工业概况、汽车概论、汽车前沿技术、汽车服务工程专业的服务内涵、汽车服务工程专业的学习方法、汽车服务工程专业的就业与升学。每章之后列举了相关的主要网站，有利于开阔学生眼界，以引导学生深入思考和研究。同时还设置了思考题，适合小组作业和现场报告，即由5~10名左右的学生组成小组，在主讲教师指导下，让学生按特定题目各抒己见，然后展开讨论，互相切磋，为学生提供在课堂中难以得到的自我表现机会。

本书由南京农业大学、南京工业大学浦江学院鲁植雄教授任主编，并负责全书统稿，南京工业大学浦江学院张继元、张蓉，南京农业大学鲁杨任副主编。其中，第一、四、五、七章由鲁植雄编写，第二章由张继元编写，第三章由张蓉编写，第六章由鲁杨编写。参加本书编写、校对和文字整理工作的还有王源绍、严斯、许凌、唐徐平、迟英姿、郑炫君、冒小文等。

本书由南京工业大学浦江学院陈南教授任主审。陈南教授仔细地阅读了全书的原稿，并提出了许多建设性的意见，在此表示最诚挚的谢意。

在本书的编写过程中，得到了全国汽车服务工程学科教学委员会、南京工业大学浦江学院、江苏省汽车工程学会等单位的支持，在此表示最诚挚的谢意。

本书在编写过程中，参阅了大量相关图书和文献资料，在此向这些有关文献的作者表示衷心的感谢。

由于编者水平有限，加之经验不足，书中难免还会有错误和疏漏之处，恳请广大读者批评指正，编者将认真对待，加以完善。

编　者

目 录

前 言
第一章　认识汽车服务工程专业 ………… 1
　　第一节　汽车服务工程专业的性质 ……… 1
　　第二节　汽车服务工程专业的发展 ……… 12
　　第三节　汽车服务工程专业的培养目标与
　　　　　　模式 ………………………………… 17
　　第四节　汽车服务工程专业的人才素质 … 25
　　第五节　汽车服务工程专业的教学体系 … 28
　　本章相关的主要网站 ……………………… 41
　　思考题 ……………………………………… 41
第二章　国内外汽车工业概况 ……………… 42
　　第一节　汽车发展简史 …………………… 42
　　第二节　国外汽车工业概况 ……………… 56
　　第三节　中国汽车工业概况 ……………… 70
　　本章相关的主要网站 ……………………… 86
　　思考题 ……………………………………… 87
第三章　汽车概论 …………………………… 88
　　第一节　汽车的总体构造与行驶原理 …… 88
　　第二节　发动机的总体构造 ……………… 91
　　第三节　底盘 ……………………………… 99
　　第四节　车身 ……………………………… 110
　　第五节　电气设备 ………………………… 115
　　第六节　汽车的性能指标 ………………… 119
　　本章相关的主要网站 ……………………… 122
　　思考题 ……………………………………… 123
第四章　汽车前沿技术 ……………………… 124
　　第一节　汽车节能技术 …………………… 124
　　第二节　汽车减排技术 …………………… 134
　　第三节　汽车安全技术 …………………… 144
　　第四节　汽车智能技术 …………………… 163
　　本章相关的主要网站 ……………………… 169
　　思考题 ……………………………………… 169
第五章　汽车服务工程专业的服务
　　　　内涵 ………………………………… 171
　　第一节　汽车服务工程的分类与基本
　　　　　　内容 ………………………………… 171
　　第二节　国内外汽车服务业的形成与
　　　　　　发展 ………………………………… 175
　　第三节　典型的汽车服务 ………………… 180
　　本章相关的主要网站 ……………………… 202
　　思考题 ……………………………………… 203
第六章　汽车服务工程专业的学习
　　　　方法 ………………………………… 205
　　第一节　大学的教学特点 ………………… 205
　　第二节　大学的学习方式 ………………… 210
　　第三节　汽车服务工程专业理论课程的
　　　　　　学习技巧 …………………………… 215
　　第四节　汽车服务工程专业实践课程的
　　　　　　学习方法 …………………………… 220
　　第五节　汽车服务工程专业的课外科技
　　　　　　活动 ………………………………… 225
　　本章相关的主要网站 ……………………… 234
　　思考题 ……………………………………… 234
第七章　汽车服务工程专业的就业与
　　　　升学 ………………………………… 236
　　第一节　汽车服务工程专业的就业 ……… 236
　　第二节　汽车服务工程专业的考研 ……… 240
　　第三节　汽车服务工程专业的出国留学 … 262
　　本章相关的主要网站 ……………………… 268
　　思考题 ……………………………………… 268
参考文献 ……………………………………… 269

第一章

认识汽车服务工程专业

第一节 汽车服务工程专业的性质

一、汽车服务工程专业的属性

1. 汽车服务工程专业属于理工科

在高中学习时，同学们就被划分到理科和文科班级学习。这是与我国现行的本科教育相吻合的。目前，我国本科教育大类分为文科和理工科。

（1）**文科** 文科是指以人类社会独有的政治、经济、文化等为研究对象的学科，文科又称为人文社会科学。文科分为人文科学与社会科学。

人文科学是研究人类文化遗产的，其经典学科是文学、历史学、哲学3个学科门类。

社会科学是研究社会发展、社会问题、社会规律的，它包括法学、教育学、经济学、管理学、军事学、艺术学六个学科门类。

（2）**理工科** 理工科是指以自然科学和应用科学为研究对象的学科。

自然科学是研究无机自然界和包括人的生物属性在内的有机自然界的各门科学的总称。其根本目的在于发现自然现象背后的规律，主要包括理学、农学、医学三个学科门类。

应用科学是把基础理论转化为实际运用的科学，以自然科学和技术科学为基础，是直接应用于物质生产中的技术、工艺性质的科学，与技术科学之间没有绝对的界限，主要是指工学一个学科门类。

由于汽车服务工程专业的研究对象是汽车，是一种应用科学，所以，归于理工科。

小知识

自然科学

自然科学是研究自然界的物质形态、结构、性质和运动规律的科学。它包括数学、物理学、化学、生物学等基础科学和天文学、气象学、农学、医学、材料学等实用科学，是人类改造自然的实践经验，即生产斗争经验的总结。它的发展取决于生产的发展。

自然科学通常试着解释世界是依照自然程序而运作的，它认识的对象是整个自然界，即自然界物质的各种类型、状态、属性及运动形式。认识的任务在于揭示自然界发生的现象以及自然现象发生过程的实质，进而把握这些现象和过程的规律性，以便解读它们，并预见新的现象和过程，为在社会实践中合理而有目的地利用自然界的规律开辟各种可能的途径。自然科学的根本目的在于寻找自然现象的来因。

2. 汽车服务工程专业是工学机械类下的一个专业

我国本科教育划分为学科门类、专业类和专业三个层次。

(1) **学科门类** 学科门类是对具有一定关联学科的归类，是指授予学位和培养学生的学科类别。

国务院学位委员会和教育部颁布修订的《学位授予和人才培养学科目录（2018年）》规定了13个学科门类，即哲学、经济学、法学、教育学、文学、历史学、理学、工学、农学、医学、军事学、管理学、艺术学。

《普通高等学校本科专业目录（2012年）》与《学位授予和人才培养学科目录（2018年）》的学科门类基本一致，我国普通高等学校本科共设12个学科门类，分别是：哲学、经济学、法学、教育学、文学、历史学、理学、工学、农学、医学、管理学、艺术学。在我国普通高等学校中，未设军事学学科门类，其代码11预留，但在军事院校设有军事学学科。

汽车服务工程专业类属于工学门类，工学是指工程学科的总称。

(2) **专业类** 专业类是指根据科学研究对象在各学科门类下划分的学科分类体系，《普通高等学校本科专业目录（2012年）》规定：我国共设92个专业类。

工学门类下设专业类最多，其设31个，占了总专业类的1/3，分别是力学类、机械类、仪器类、材料类、能源动力类、电气类、电子信息类、自动化类、计算机类、土木类、水利类、测绘类、化工与制药类、地质类、矿业类、纺织类、轻工类、交通运输类、海洋工程类、航空航天类、兵器类、核工程类、农业工程类、林业工程类、环境科学与工程类、生物医学工程类、食品科学与工程类、建筑类、安全科学与工程类、生物工程类和公安技术类。

汽车服务工程专业类属于工学门类下的机械类专业。

(3) **专业** 专业是指高等学校根据社会专业分工的需要设立的学业类别。《普通高等学校本科专业目录（2012年）》规定506种专业。各专业都有独立的教学计划，以实现专业的培养目标和要求。

专业分为基本专业和特设专业。基本专业是指学科基础比较成熟、社会需求相对稳定、布点数量相对较多、继承性较好的专业；特设专业是针对不同高校办学特色，或适应近年来人才培养特殊需求设置的专业。基本专业每五年调整一次，相对稳定；特设专业处于动态，每年向社会公布。这有利于学校专业设置的动态调整，为高校根据办学需要适时调整专业提供了机制保障。

在506种本科专业中，基本专业352种，特设专业154种，其中，62种专业为国家控制布点专业。

机械专业类是工科中一个大的专业类，是理科生选报的热门专业之一，与电气自动化并列为最强工科。机械类专业除需要有很好的理科知识外，还需要有比较强的绘图能力。社会对机械类技术人员的需求量很大，就业率也一直是最高的，约95%。

机械专业类设有：机械工程、机械设计制造及其自动化、材料成型及控制工程、机械电子工程、工业设计、过程装备与控制工程、车辆工程、汽车服务工程、机械工艺技术、微机电系统工程、机电技术教育、汽车维修工程教育12个专业，其中前8个专业为基本专业，后4个专业为特设专业。

专业是随社会的发展而发展的，由于社会科学技术的迅猛发展，人类在享受科学技术飞速发展的同时，出现了传统的专业的发展变化。伴随高科技化的逐步推进，不断地分化出新的专业,如机电一体化专业,并且转为大量的社会和企业职业需求。

普通高等学校本科专业目录(2012年)见表1-1。

表1-1 普通高等学校本科专业目录(2012年)(节选)

学科门类	专业类	专业名称	
01 哲学	0101 哲学类	010101 哲学 010102 逻辑学	010103K 宗教学 010104T 伦理学
08 工学	0801 力学类	080101 理论与应用力学(可授工学或理学学士学位)	080102 工程力学
	0802 机械类	080201 机械工程 080202 机械设计制造及其自动化 080203 材料成型及控制工程 080204 机械电子工程 080205 工业设计 080206 过程装备与控制工程	080207 车辆工程 080208 汽车服务工程 080209T 机械工艺技术 080210T 微机电系统工程 080211T 机电技术教育 080212T 汽车维修工程教育
	0803 仪器类	080301 测控技术与仪器	
	0804 材料类	080401 材料科学与工程 080402 材料物理(可授工学或理学学士学位) 080403 材料化学(可授工学或理学学士学位) 080404 冶金工程 080405 金属材料工程 080406 无机非金属材料工程 080407 高分子材料与工程	080408 复合材料与工程 080409T 粉体材料科学与工程 080410T 宝石及材料工艺学 080411T 焊接技术与工程 080412T 功能材料 080413T 纳米材料与技术 080414T 新能源材料与器件
	0805 能源动力类	080501 能源与动力工程 080502T 能源与环境系统工程	080503T 新能源科学与工程
	0806 电气类	080601 电气工程及其自动化 080602T 智能电网信息工程	080603T 光源与照明 080604T 电气工程与智能控制
	0807 电子信息类	080701 电子信息工程(可授工学或理学学士学位) 080702 电子科学与技术(可授工学或理学学士学位) 080703 通信工程 080704 微电子科学与工程(可授工学或理学学士学位) 080705 光电信息科学与工程(可授工学或理学学士学位) 080706 信息工程 080707T 广播电视工程	080708T 水声工程 080709T 电子封装技术 080710T 集成电路设计与集成系统 080711T 医学信息工程 080712T 电磁场与无线技术 080713T 电波传播与天线 080714T 电子信息科学与技术(可授工学或理学学士学位) 080715T 电信工程及管理 080716T 应用电子技术教育
	0808 自动化类	080801 自动化	080802T 轨道交通信号与控制
	0809 计算机类	080901 计算机科学与技术(可授工学或理学学士学位) 080902 软件工程 080903 网络工程 080904K 信息安全(可授工学或管理学学士学位)	080905 物联网工程 080906 数字媒体技术 080907T 智能科学与技术 080908T 空间信息与数字技术 080909T 电子与计算机工程
	0810 土木类	081001 土木工程 081002 建筑环境与能源应用工程 081003 给排水科学与工程	081004 建筑电气与智能化 081005T 城市地下空间工程 081006T 道路桥梁与渡河工程

(续)

学科门类	专业类	专业名称	
08 工学	0811 水利类	081101 水利水电工程 081102 水文与水资源工程	081103 港口航道与海岸工程 081104T 水务工程
	0812 测绘类	081201 测绘工程 081202 遥感科学与技术	081203T 导航工程 081204T 地理国情监测
	0813 化工与制药类	081301 化学工程与工艺 081302 制药工程 081303T 资源循环科学与工程	081304T 能源化学工程 081305T 化学工程与工业生物工程
	0814 地质类	081401 地质工程 081402 勘查技术与工程	081403 资源勘查工程 081404T 地下水科学与工程
	0815 矿业类	081501 采矿工程 081502 石油工程 081503 矿物加工工程	081504 油气储运工程 081505T 矿物资源工程 081506T 海洋油气工程
	0816 纺织类	081601 纺织工程 081602 服装设计与工程（可授工学或艺术学学士学位）	081603T 非织造材料与工程 081604T 服装设计与工艺教育
	0817 轻工类	081701 轻化工程 081702 包装工程	081703 印刷工程
	0818 交通运输类	081801 交通运输 081802 交通工程 081803K 航海技术 081804K 轮机工程	081805K 飞行技术 081806T 交通设备与控制工程 081807T 救助与打捞工程 081808TK 船舶电子电气工程
	0819 海洋工程类	081901 船舶与海洋工程 081902T 海洋工程与技术	081903T 海洋资源开发技术
	0820 航空航天类	082001 航空航天工程 082002 飞行器设计与工程 082003 飞行器制造工程 082004 飞行器动力工程	082005 飞行器环境与生命保障工程 082006T 飞行器质量与可靠性 082007T 飞行器适航技术
	0821 兵器类	082101 武器系统与工程 082102 武器发射工程 082103 探测制导与控制技术 082104 弹药工程与爆炸技术	082105 特种能源技术与工程 082106 装甲车辆工程 082107 信息对抗技术
	0822 核工程类	082201 核工程与核技术 082202 辐射防护与核安全	082203 工程物理 082204 核化工与核燃料工程
	0823 农业工程类	082301 农业工程 082302 农业机械化及其自动化 082303 农业电气化	082304 农业建筑环境与能源工程 082305 农业水利工程
	0824 林业工程类	082401 森林工程 082402 木材科学与工程	082403 林产化工
	0825 环境科学与工程类	082501 环境科学与工程 082502 环境工程 082503 环境科学（可授工学或理学学士学位） 082504 环境生态工程	082505T 环保设备工程 082506T 资源环境科学（可授工学或理学学士学位） 082507T 水质科学与技术
	0826 生物医学工程类	082601 生物医学工程（可授工学或理学学士学位）	082602T 假肢矫形工程

(续)

学科门类	专业类	专业名称	
08 工学	0827 食品科学与工程类	082701 食品科学与工程（可授工学或农学学士学位） 082702 食品质量与安全 082703 粮食工程 082704 乳品工程	082705 酿酒工程 082706T 葡萄与葡萄酒工程 082707T 食品营养与检验教育 082708T 烹饪与营养教育
	0828 建筑类	082801 建筑学 082802 城乡规划	082803 风景园林（可授工学或艺术学学士学位） 082804T 历史建筑保护工程
	0829 安全科学与工程类	082901 安全工程	
	0830 生物工程类	083001 生物工程	083002T 生物制药
	0831 公安技术类	083101K 刑事科学技术 083102K 消防工程 083103TK 交通管理工程 083104TK 安全防范工程 083105TK 公安视听技术	083106TK 抢险救援指挥与技术 083107TK 火灾勘查 083108TK 网络安全与执法 083109TK 核生化消防

注："T"表示特设专业；"K"表示国家控制布点专业。

3. 汽车服务工程专业授予工学学士学位

学位是标志被授予者的受教育程度和学术水平达到规定标准的学术称号。

（1）**学位级别** 我国学位分学士、硕士、博士。

1）学士学位。学士学位是初级学位，通常由高等学校授予大学本科毕业生。《中华人民共和国学位条例（2004年）》规定：高等学校本科毕业生，成绩优良，达到下述学术水平者，授予学士学位：

① 较好地掌握本门学科的基础理论、专门知识和基本技能。

② 具有从事科学研究工作或担负专门技术工作的初步能力。

2）硕士学位。硕士学位是第二级学位，通常在获得最初一级学士学位后，再修读2～3年方可获得。一些国家把硕士学位作为获得博士学位的一种过渡学位。我国学位条例把硕士列为独立的一级学位，既要求读课程，又要求做论文。《中华人民共和国学位条例（2004年）》规定：高等学校和科学研究机构的研究生，或具有研究生毕业同等学力的人员，通过硕士学位的课程考试和论文答辩，成绩合格，达到下述学术水平者，授予硕士学位：

① 在本门学科上掌握坚实的基础理论和系统的专门知识。

② 具有从事科学研究工作或独立担负专门技术工作的能力。

3）博士学位。博士学位是最高一级学位，《中华人民共和国学位条例（2004年）》规定：高等学校和科学研究机构的研究生，或具有研究生毕业同等学力的人员，通过博士学位的课程考试和论文答辩，成绩合格，达到下述学术水平者，授予博士学位：

① 在本门学科上掌握坚实宽广的基础理论和系统深入的专门知识。

② 具有独立从事科学研究工作的能力。

③ 在科学或专门技术上做出创造性的成果。

（2）**学位与学历** 学历是指求学的经历，即曾在哪些学校肄业或毕业。

国家承认的学历在初等教育方面有小学，中等教育方面有初中、高中（包括中职、职高、技校），在高等教育方面有专科、本科、硕士研究生、博士研究生四个层次，另外还有第二学士学位班、研究生班（研究生班近几年已停招）。经国家主管教育部门批准具有举办学历教育资格的普通高等学校（含培养研究生的科研单位），成人高等学校所颁发的学历证书，国家予以承认。另外，通过自学考试，由国务院自学考试委员会授权各省（自治区、直辖市）自学考试委员会颁发的自学考试毕业证书，国家同样予以承认。

学位不等同于学历，获得学位证书而未取得学历证书者仍为原学历。取得大学本科、硕士研究生或博士研究生毕业证书的，不一定能够取得相应的学位证书；取得学士学位证书的，必须首先获得大学本科毕业证书，而取得硕士学位或博士学位证书的，却不一定能够获得硕士研究生或博士研究生毕业证书。

现在经常出现将学位与学历相混淆的现象，如有的人学历为本科，以后通过在职人员学位申请取得了博士学位，这时，学历仍为本科，而不能说取得"博士学历"。

（3）**学位证书**　学位证书是证明学生专业知识和技术水平而授予的证书，在我国，学位证授予资格单位为通过教育部认可的高等院校或科学研究机构。

获得学位意味着被授予者的受教育程度和学术水平达到规定标准的学术称号，经在高等学校或科学研究部门学习和研究，成绩达到有关规定，由有关部门授予并得到国家社会承认的专业知识学习资历。

比如你在一个大学修完该修的学分，所有成绩及格，你就可以拿到该学校的毕业证。但是学位证是在所有成绩及格的基础上，有更高的要求。目前我国大部分学校都会要求学分绩点达到2.0（通常即加权平均分为70分）以上才能被授予学士学位，否则只能拿到毕业证，即学历证书。

有些学校有特别要求，比如若出现考试作弊的行为，毕业时只能拿到毕业证，不能授予学士学位。目前我国大学的学位证书已不与大学英语四级考试挂钩。若干年前很多学校要求学生在校期间必须通过大学英语四级考试，否则毕业时拿不到学位证书，但该限制已经在最近几年中陆续废除。

学士学位证书与本科学历证书的式样如图1-1所示，可在 http://www.chsi.com.cn/（中国高等教育学生信息网）上查询学历证书。

 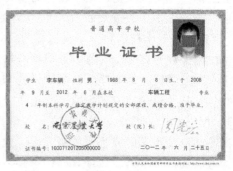

a）学士学位证书　　　　　　　　　　b）本科学历证书

图1-1　学士学位证书与本科学历证书

中国高等教育学历证书查询范围：国家承认的各类高等教育学历证书（含学历证明书）。包括研究生、普通本专科、成人本专科（注册进度）、网络教育（注册进度）、开放教育、高等教育自学考试（注册进度）以及高等教育学历文凭考试（注册进度）等。

（4）**学士学位的类别**　学士学位的类别与我国学科门类是对应的，12个学科门类分别授予相应的学位。即学士学位的类别分为：理学、工学、农学、管理学、经济学、医学、教育学、哲学、历史学、文学、法学、艺术学12种学士学位。少数交叉性专业可以授予2种学位，可由学生自主选定某一种学位。

汽车服务工程专业类属于工学学科门类下的一个专业，所以，应授予工学学士学位。

二、汽车服务工程专业的含义

从字面上看，汽车服务工程专业涉及汽车、服务、工程、专业等概念。

1. 汽车的含义与分类

（1）**汽车的含义**　根据公共安全行业标准 GA 802—2014《机动车类型　术语和定义》，将机动车定义为：由动力驱动，具有四个或四个以上车轮的非轨道承载的车辆，主要用于：

1）载运人员和/或（物品）。
2）牵引载运货物（物品）的车辆或特殊用途的车辆。
3）专项作业。

汽车还包括：

1）与电力线相连的车辆，如无轨电车。
2）整车整备质量超过400kg的不带驾驶室的三轮车辆。
3）整车整备质量超过600kg的带驾驶室的三轮车辆。

（2）**汽车的分类**　根据国际惯例，汽车分为乘用车、商用车两大类型。

1）乘用车。乘用车是指在其设计和技术特性上主要用于载运乘客及其随身行李和/或临时物品的汽车，包括驾驶人座位在内最多不超过9个座位。它也可以牵引一辆挂车。乘用车共分为普通乘用车、活顶乘用车、高级乘用车、小型乘用车、敞篷车、仓背乘用车、旅行

a) 普通乘用车　　b) 活顶乘用车　　c) 高级乘用车　　d) 小型乘用车

e) 敞篷车　　f) 仓背乘用车　　g) 旅行车　　h) 多用途乘用车

i) 短头乘用车　　j) 越野乘用车　　k) 专用乘用车

图1-2　乘用车

车、多用途乘用车、短头乘用车、越野乘用车、专用乘用车11种。其中，普通乘用车、活顶乘用车、高级乘用车、小型乘用车、敞篷车、仓背乘用车6种乘用车俗称轿车。乘用车的外形如图1-2所示。

2) 商用车。商用车是指在设计和技术特性上用于运送人员和货物的汽车，并且可以牵引挂车，分为客车、货车、半挂牵引汽车3类。

客车是指在设计和技术特性上用于载运乘客及其随身行李的商用车辆，包括驾驶人座位在内座位数超过9座。客车有单层的或双层的，也可牵引一挂车。客车分为8大类，如表1-2和图1-3所示。

表1-2 客车的类型和定义

	客车类型	定 义
1	小型客车	用于载运乘客，除驾驶人座位外，座位数为10~16座的客车
2	城市客车	一种为城市内运输而设计和装备的客车。这种车辆设有座椅及站立乘客的位置，并有足够的空间供频繁停站时乘客上下车走动用
3	长途客车	一种为城间运输而设计和装备的客车。这种车辆没有专供乘客站立的位置，但在其通道内可载运短途站立的乘客
4	旅游客车	一种为旅游而设计和装备的客车。这种车辆的布置要确保乘客的舒适性，不载运站立的乘客
5	铰接客车	一种由两节刚性车厢铰接组成的客车。在这种车辆上，两节车厢是相通的，乘客可通过铰接部分在两节车厢之间自由走动。这种车辆可以按小型客车、城市客车、长途客车和旅游客车进行装备。两节刚性车厢永久连接，只有在工厂车间使用专用的设施才能将其拆开
6	无轨电车	一种经架线由电力驱动的客车。这种电车可指定用作多种用途，并按城市客车、长途客车和铰接客车进行装备
7	越野客车	在其设计上所有车轮同时驱动（包括一个驱动轴可以脱开的车辆）或其几何特性（接近角、离去角、纵向通过角、最小离地间隙）、技术特性（驱动轴数、差速锁止机构或其他形式机构）和它的性能（爬坡度）允许在非道路上行驶的一种车辆
8	专用客车	在其设计和技术特性上只适用于需经特殊布置安排后才能载运人员的车辆

a) 小型客车　　b) 城市客车　　c) 长途客车　　d) 旅游客车

e) 铰接客车　　f) 无轨电车　　g) 越野客车　　h) 专用客车

图1-3 客车

半挂牵引汽车是指装备有特殊装置用于牵引半挂车的商用车辆，如图1-4所示。

货车是指一种主要为载运货物而设计和装备的商用车辆，它能否牵引一挂车均可。货车分为8种类型，其定义如表1-3和图1-5所示。

第一章 认识汽车服务工程专业

图 1-4　半挂牵引汽车

表 1-3　货车的分类与定义

	货车	定　义
1	普通货车	一种在敞开(平板式)或封闭(厢式)载货空间内载运货物的货车
2	多用途货车	在其设计和结构上主要用于载运货物,但在驾驶人座椅后带有固定或折叠式座椅,可运载3个以上的乘客的货车
3	全挂牵引汽车	一种牵引牵引杆式挂车的货车。它本身可在附属的载运平台上运载货物
4	越野货车	在其设计上所有车轮同时驱动(包括一个驱动轴可以脱开的车辆)或其几何特性(接近角、离去角、纵向通过角、最小离地间隙)、技术特性(驱动轴数、差速锁止机构或其他形式的机构)和它的性能(爬坡度)允许在非道路上行驶的一种车辆
5	专用作业车	在其设计和技术特性上用于特殊工作的货车。例如:消防车、救险车、垃圾车、应急车、街道清洗车、扫雪车、清洁车等
6	专用货车	在其设计和技术特性上用于运输特殊物品的货车。例如:罐式车、乘用车运输车、集装箱运输车等
7	低速货车	即原"四轮农用运输车",最高设计车速小于70km/h的,具有4个车轮的货车
8	三轮汽车	即原"三轮农用运输车",最高设计车速小于等于50km/h的,具有3个车轮的货车

a) 普通货车　　　b) 多用途货车　　　c) 全挂牵引汽车　　　d) 越野货车

e) 专用作业车　　　f) 专用货车　　　g) 低速货车　　　h) 三轮汽车

图 1-5　货车

2. 服务的含义

服务是指为他人做事,并使他人从中受益的一种有偿或无偿的活动。不以实物形式而以提供劳动的形式满足他人某种特殊需要。

3. 工程的含义

工程是将自然科学原理应用到工农业生产部门中去而形成各学科的总称。

"工程"是科学的某种应用，通过这一应用，使自然界的物质和能源的特性能够通过各种结构、机器、产品、系统和过程，是以最短的时间和精而少的人力做出高效、可靠且对人类有用的东西。

随着人类文明的发展，人们可以建造出比单一产品更大、更复杂的产品，这些产品不再是结构或功能单一的东西，而是各种各样的所谓"人造系统"（比如建筑物、轮船、铁路工程、海上工程、飞机、汽车等），于是工程的概念就产生了，并且它逐渐发展为一门独立的学科和技艺。

在现代社会中，"工程"一词有广义和狭义之分。

就狭义而言，工程定义为"以某组设想的目标为依据，应用有关的科学知识和技术手段，通过一群人的有组织活动将某个（或某些）现有实体（自然的或人造的）转化为具有预期使用价值的人造产品过程"，如车辆工程、机械工程、水利工程、化学工程、土木建筑工程、遗传工程、系统工程、生物工程、海洋工程、环境微生物工程等。

就广义而言，工程则定义为由一群人为达到某种目的，在一个较长时间周期内进行协作活动的过程，如城市改建工程、京九铁路工程、"菜篮子"工程、载人航天工程（921工程）、阿波罗工程、中国探月工程（嫦娥工程）（图1-6）等。

图1-6 中国探月工程（嫦娥工程）

小知识

载人航天工程（921工程）

1992年9月21日，中央正式批准实施中国载人航天工程，即"921工程"，在"921工程"设计之初，便确定了载人航天"三步走"的发展战略，即第一步，实现天地往返，航天员上天并返回地面；第二步，实现多人多天飞行、航天员出舱和太空行走、飞船与空间舱的交会对接等多项任务，并发射短期有人照料的空间实验室；第三步，建立空间站。

1999年11月20日,我国成功发射第一艘无人试验飞船神舟一号,初步实现了第一步的航天器天地往返。此后,我国又先后发射神舟系列的4艘飞船,并在神舟五号发射,杨利伟成为中国"太空第一人"后,完成了"三步走"战略的第一步。

2005年起,神舟六号和神舟七号相继发射,拉开了"三步走"战略第二步的序幕,并完成了前半部分。

2011年9月29日在酒泉卫星发射中心发射了"天宫一号"飞行器。并实现了与神舟八号、神舟九号、神舟十号飞船对接。天宫一号的发射标志着我国迈入中国航天"三步走"战略的第二步第二阶段(即掌握空间交会对接技术及建立空间实验室);同时也是中国空间站的起点,标志着我国已经拥有建立初步空间站,即短期无人照料的空间站的能力。

2016年9月15日在酒泉卫星发射中心发射了"天宫二号"空间实验室,这是继"天宫一号"后我国自主研发的第二个空间实验室,也是我国第一个真正意义上的空间实验室,将用于进一步验证空间交会对接技术及进行一系列空间试验。

计划发射的"天宫三号"空间实验室将主要用于验证再生生保技术,同时还将使用货运飞船进行在轨补给燃料试验,延长"天宫三号"空间实验室的寿命。突破再生生保长时间运行的关键技术,外加轨道寿命的延长,航天员在天宫三号将验证中期在轨驻留能力,开展更多的空间应用和科学试验,尤其是航天医学实验,研究失重对于人体生理系统的影响。

经过空间实验室阶段,在我国载人航天"三步走"计划中,最终要建设的是一个基本型空间站。

4. 汽车服务工程的概念

汽车服务是根据汽车的制造商或使用者为实现汽车产品的商品价值、使用价值以及权益价值等需求,以技术服务为特征所进行的应用理论研究、运用技术开发、使用过程支持及经营运作管理等工程化活动。

汽车服务是指将与汽车相关的要素同客户进行交互作用或由客户对其占有活动的集合,有狭义和广义之分。

狭义的汽车服务是指从新车进入流通领域,直至其使用后回收报废各个环节涉及的各类服务,包括销售咨询、广告宣传、贷款与保险资讯等的营销服务,以及整车出售及其出售后与汽车使用相关的服务,包括维修保养、车内装饰(或改装)、金融服务、事故保险、索赔咨询、二手车转让、废车回收、事故救援和汽车文化等(图1-7)。

广义的汽车服务是指自新车出厂进入销售流通领域,直至其使用后回收报废各个环节所涉及的全部技术的和非技术的服务,还延伸至汽车生产领域和使用环节的其他服务,例如原材料供应、工厂保洁、产品外包设计、新产品测试、产品质量认证、新产品研发前的市场调研、汽车运输服务、出租汽车运输服务等。

汽车服务工程是指新车出厂后进入流通、销售、购买、使用,直至报废回收各环节的各类服务工作组成的有机服务体系。汽车服务工程主要涉及的是服务性工作,以服务产品为其基本特征,因而它属于第三产业的范畴。

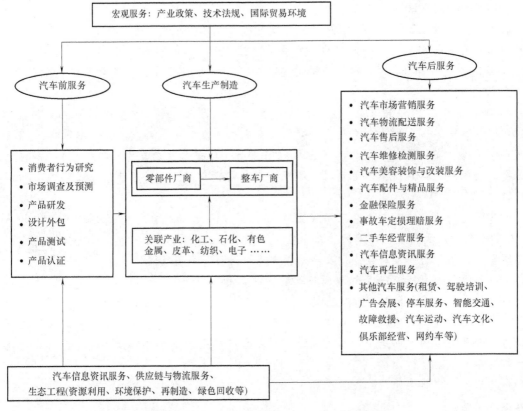

图1-7 狭义的汽车服务与广义的汽车服务

5. 汽车服务工程专业的概念

汽车服务工程专业培养掌握机械、电子、计算机等全面工程技术基础理论和必要专业知识与技能,了解并重视与汽车技术发展有关人文社会知识,能在企业、科研院(所)等部门,从事与汽车设计开发、生产制造、试验检测、应用研究、技术服务、经营销售、管理等方面工作,具有较强实践能力和创新精神的高级专门人才。

要求学生系统学习和掌握机械设计与制造的基础理论,学习微电子技术、计算机应用技术和信息处理技术的基本知识,接受现代机械工程的基本训练,具有进行机械和车辆产品设计、制造及设备控制、生产组织管理的基本能力。

第二节 汽车服务工程专业的发展

汽车服务工程专业是随着汽车工业高速发展而派生的,它经历了汽车、汽车拖拉机、汽车运用工程和交通运输等专业几十年的发展与演变过程。

一、20世纪50~80年代的汽车服务工程专业

早在20世纪30年代,我国清华大学机械工程学系设立了飞机及汽车组,开设了内燃机课程。清华大学是我国最早设置汽车专业的大学。

1952年，全国高校院系进行大调整，我国开始仿照苏联模式，对全国高等学校的院系进行全盘调整，将中国一举纳入苏联模式教育体系。这场教育体制改革，涉及全国3/4的高校，形成了20世纪后半叶中国高等教育系统的基本格局。调整于1953年结束。经过调整后，全国高校数量由1952年之前的211所下降到1953年后的183所。

在此次院系调整中，首次在清华大学等一些大学中开始设置了汽车专业、汽车拖拉机专业，学制五年。

在此以后，又先后开设了汽车运用工程专业、汽车工程专业、拖拉机专业等专业。

至20世纪80年代末，国内有7所高校设置了汽车运用工程专业，18所高校设置了汽车与拖拉机专业。表1-4列出了20世纪50~80年代时期我国教育部门对汽车类专业的定位情况。

表1-4 20世纪50~80年代时期我国教育部门对汽车类专业的定位情况

年代	专业	专业要求
20世纪50年代	汽车拖拉机	分为四个专门化：汽车、拖拉机、汽车拖拉机发动机和汽车运输。毕业后能担任汽车、拖拉机或发动机的设计、制造、装配、运用和保修工作，及试验工作
20世纪60年代	汽车拖拉机	毕业后能在汽车或拖拉机制造厂、运输企业中保修场站等部门担任汽车、拖拉机或发动机的设计、制造、装配、运用和保修工作，及试验工作
20世纪80年代	汽车	本专业分设汽车专门化及车身专门化。毕业后，能在汽车工业部门及其科学研究机构担任汽车设计及汽车方面的研究工作，并能在学校担任教学工作
	汽车运用及修理	本专业所培养的人才要求能设计汽车及发动机的各个总成和零件，能设计汽车机件的制造、修理及技术保养工艺过程；能设计保养修理、试验以及卸装用的各种机械仪器和工具；能进行汽车和发动机的各项研究试验工作
	汽车与拖拉机	培养从事汽车与拖拉机设计、试验、研究、制造的高级工程技术人才。本专业主要学习机械设计的基础理论与方法及汽车、拖拉机性能的分析方法，解决汽车与拖拉机的整机与零、部件的设计问题
	汽车运用工程	培养能应用现代科学技术手段进行汽车运用试验、研究和从事汽车运输、使用系统设计与管理的高级工程技术人才。本专业学生主要学习公路运输车辆及其装备、电子技术、汽车运输规划和管理方面的基础理论与科学方法

可以注意到，在汽车专业的发展前期，"汽运"只是"汽拖"专业的一个专门化方向，这与当时的师资力量和社会需求是相适应的。但随着工农业生产的发展，开始大量使用汽车和拖拉机，如何保证其技术性能的完整，成为当时国民经济建设中一个亟待解决的问题。

1956年，吉林工业大学（现为吉林大学）在苏联专家的援助下开设了"汽运"专业。此后，"汽拖"和"汽运"专业针对不同的研究对象，逐步发展为相对独立的学科。

一般而言，"汽拖"专业侧重于设计、制造，"汽运"专业侧重于维修、运用。在课程设置上，两个专业的主干课程都包括力学、机械等基础课，及汽车构造、汽车理论、发动机原理等专业课。在毕业生的使用方向上，"汽拖"的学生也有去运用部门的，"汽运"的学生也有去生产企业的。这两个专业都为我国的汽车产业培养了大量人才。

所以，20世纪50~80年代的汽车服务工程专业，就是指汽车运用及修理或汽车运用工程专业。

二、20世纪90年代的汽车服务工程专业

新中国成立以来，我国大学本科专业设置和调整进行了多次演变，在不同的经济体制和高等教育发展的不同阶段，大学专业设置和调整具有不同的特点。

20世纪90年代以来，为了解决本科专业划分过细的状况，我国又进行了三次大规模的专业调整工作（1993年、1998年、2012年）。

我国几次大学本科专业调整见表1-5。

表1-5 我国几次大学本科专业调整后的专业数

年份	1953年	1957年	1958年	1962年	1963年	1965年	1980年	1987年	1993年	1998年	2012年
专业总数	215	323	363	627	432	601	1039	671	504	249	506

本科专业目录修订是一项关系高等教育改革发展全局的重要工作，对于全面提高高等教育质量特别是本科人才培养质量有着重要的基础性、全局性、前瞻性、导向性的作用。

1. 1993年的本科专业调整

1993年根据经济社会发展的需要，国家形成了体系完整、比较科学合理、统一规范的《普通高等学校本科专业目录》，将学科划分为哲学、经济学、法学、教育学、文学、历史学、理学、工学、农学、医学10个门类，下设71个二级学科门类，专业种数由671种减少到504种。这次调整使专业数目进一步减少，专业口径进一步拓宽，专业设置开始以学科性质和学科特点作为基本依据，突破了与行业、部门相对应的传统模式，成为我国大学专业设置、划分走向科学化、规范化的标志。

在1993年的本科专业目录中，机械类下设了17个专业，分别是：机械制造工艺与设备、热加工工艺及设备、铸造、塑性成型工艺及设备、焊接工艺及设备、机械设计及制造、化工设备与机械、船舶工程、汽车与拖拉机、机车车辆工程、热力发动机、流体传动及控制、流体机械及流体工程、真空技术及设备、机械电子工程、工业设计和设备工程与管理。保留了汽车与拖拉机、机车车辆工程专业。

另外，在交通运输类设有载运工具运用工程专业，主要培养汽车运用人才，即汽车服务人才。

2. 1998年的本科专业调整

1998年的专业调整，目的是使学科专业适应我国社会主义市场经济体制和加快改革开放的需要，适应现代社会、经济、科技、文化及教育的发展趋势，改变高等学校长期存在的专业划分过细、专业范围过窄、专业门类之间重复设置等状况。经过调整，专业数量由504种减少到249种。这次调整突出的特点是按照学科设置专业，强调了人才培养的社会适应性。

在1998年专业调整中，取消了汽车与拖拉机专业，汽车与拖拉机专业被并入了机械设计制造及其自动化大专业，载运工具运用工程专业被并入了交通运输大专业。

在1998年的本科专业目录中，机械类仅设4个专业，分别是：机械设计制造及其自动化、材料成型及控制工程、工业设计、过程装备与控制工程。

由于教育部规定，各院校均不再设有以"车"冠名的专业。所以，许多学校将汽车与拖拉机、机车车辆工程专业均纳入机械设计制造及其自动化专业，载运工具运用工程专业并入交通运输专业，即取消了与汽车、拖拉机、机车等相关专业。

也就是说，20世纪90年代没有单独设置汽车运用工程专业，即没有汽车服务工程专业，交通运输专业取代了汽车运用工程专业。

三、21世纪的汽车服务工程专业

在我国的教育体制中，普通高等院校的招生和培养过程中都必须依照国家教育部下发的专业目录进行。随着时间的推移和形式的发展，为增加高等院校的自主办学范围，国家又出台了一个引导性专业目录，目的是扩大专业口径，加强素质教育，希望能够按照大类专业招生。为了进一步适应市场的变化和人才的培养，国家鼓励一些有实力的院校，如双一流、985 学校、211 工程学校，在师资力量雄厚、市场有需求的条件下，可以自行设置国家目录外的专业，进行招生和学生培养。但是其设置的专业需要备案。本科专业需要在教育部或者主管部门备案。例如，地方院校在省教育厅备案，教育部学校在教育部备案等。

自 1993 年后，我国汽车工业得到突飞猛进的发展，进入了加速增长期。我国汽车产量从年产 100 万辆（1992 年）到 200 万辆（2000 年）用了 8 年时间，但从 2001 年的 246 万辆到 2006 年的 728 万辆，平均每年增加近 100 万辆，汽车产业已成为我国国民经济的主要支柱产业。

为此，经有关学校申报，1998 年教育部又批准同意设置汽车服务工程（专业代码：080308W）、车辆工程（专业代码：080306W）等多个目录外专业，用后缀"W"以示区别。

2002 年武汉理工大学率先申报了汽车服务工程专业，并被教育部首次批准，于 2003 年开始招生。随着我国汽车工业的迅速发展，至 2017 年我国连续 9 年成为世界第一汽车产销大国，我国汽车保有量已达到 2 亿辆。为此，各相关高校纷纷加大了对汽车相关的人力和物力投入，积极申办汽车服务工程专业。至 2017 年，全国设置有汽车服务工程专业的高校已达 196 所。汽车服务工程专业延伸和扩展了过去的载运工具运用工程、交通运输（汽车）的专业方向，更加适应于逐渐兴起和发展的汽车服务市场的人才需求。汽车服务工程专业近年来毕业生就业率维持在 98% 以上。

2002~2017 年度经教育部备案或批准设置汽车服务工程专业的学校名单见表 1-6。

表 1-6　2002~2017 年度经教育部备案或批准设置汽车服务工程专业的学校名单

年份	学校名称	数量
2002	武汉理工大学	1
2003	同济大学	1
2004	天津工程师范学院（现：天津职业技术师范大学）、吉林大学、黑龙江工程学院、上海师范大学、江苏技术师范学院（现：江苏理工学院）、山东交通学院、江汉大学、长沙理工大学、西华大学、长安大学	10
2005	北京联合大学、天津科技大学、河北师范大学、北京化工大学北方学院、辽宁工学院、长春大学、上海电机学院、上海师范大学天华学院、常州工学院、华东交通大学理工学院、青岛理工大学、安阳工学院、湖南农业大学、吉林大学珠海学院、西南大学育才学院、昆明理工大学	16
2006	同济大学同科学院、盐城工学院、淮阴工学院、宁波工程学院、温州大学、山东轻工业学院、聊城大学、黄淮学院、武汉理工大学华夏学院、湖南农业大学东方科学学院、广西工学院、延安大学西安创新学院	12
2007	上海工程技术大学、湖北汽车工业学院、中南林业科技大学、华南理工大学广州汽车学院、广西工学院鹿山学院、重庆工学院、贵阳学院	7
2008	沈阳理工大学应用技术学院、常熟理工学院、南京航空航天大学金城学院、厦门理工学院、武汉科技大学、襄樊学院、湖南工程学院、湖南涉外经济学院、重庆交通大学、天水师范学院、宁夏理工学院	11
2009	上海建桥学院、南阳理工学院、湖南理工学院、深圳大学、广州大学松田学院、西昌学院	6
2010	内蒙古大学、北华大学、长春工业大学人文信息学院、浙江科技学院、皖西学院、九江学院、河南农业大学、广东技术师范学院、广东白云学院、重庆工商大学、西南林业大学、西京学院	12

(续)

年份	学校名称	数量
2011	中北大学、大连科技学院、哈尔滨剑桥学院、哈尔滨华德学院、绍兴文理学院元培学院、安徽科技学院、南昌理工学院、河南科技学院、黄河科技学院、武汉科技大学城市学院、湖北汽车工业学院科技学院、攀枝花学院、昆明理工大学津桥学院	13
2012	东北林业大学、河北工程大学、大连交通大学、辽宁科技学院、沈阳航空航天大学北方科技学院、沈阳化工大学科亚学院、吉林工程技术师范学院、长春工程学院、东北师范大学人文学院、浙江海洋学院、滁州学院、安徽三联学院、泉州师范学院、南昌工学院、德州学院、临沂大学、河南科技学院新科学院、信阳师范学院华锐学院、武汉生物工程学院、湖北文理学院理工学院、湛江师范学院、重庆科技学院、绵阳师范学院、成都师范学院、成都理工大学工程技术学院、四川师范大学成都学院、兰州理工大学技术工程学院	27
2013	三江学院、山东英才学院、长沙学院、广东技术师范学院天河学院、重庆三峡学院、成都工业学院、西安航空学院、银川能源学院	8
2014	北京吉利学院、保定学院、太原学院、辽宁科技大学、白城师范学院、齐齐哈尔大学、绥化学院、哈尔滨远东理工学院、南京工程学院、南京工业大学浦江学院、南京审计学院金审学院、江西应用科技学院、江西理工大学应用科学学院、潍坊科技学院、黄河交通学院、黄冈师范学院、湖南工学院、湖南应用技术学院、广西大学行健文理学院、重庆大学城市科技学院、重庆工商大学派斯学院、四川大学锦城学院	22
2015	河北师范大学汇华学院、山西应用科技学院、太原工业学院、鄂尔多斯应用技术学院、大连海洋大学、南京理工大学泰州科技学院、浙江农林大学暨阳学院、同济大学浙江学院、铜陵学院、安徽新华学院、阜阳师范学院信息工程学院、福建工程学院、江西理工大学、烟台大学文经学院、许昌学院、南阳师范学院、商丘师范学院、商丘工学院、商丘学院、郑州升达经贸管理学院、湖北商贸学院、武汉工程科技学院、湖北第二师范学院、广东海洋大学寸金学院、乐山师范学院、玉溪师范学院、兰州工业学院、浙江海洋学院	28
2016	唐山学院、晋中学院、中北大学信息商务学院、内蒙古大学创业学院、辽宁理工学院、长春光华学院、大庆师范学院、蚌埠学院、厦门工学院、湖南文理学院、广西师范大学、南宁学院、兴义民族师范学院	13
2017	大连工业大学艺术与信息工程学院、河海大学文天学院、泉州信息工程学院、青岛黄海学院、山东协和学院、洛阳理工学院、河南工学院、广西科技师范学院、宜宾学院	9
合计		196

注：某年度经教育部备案或批准设置汽车服务工程专业的学校，次年即可招生。

2012年，教育部对普通高等学校本科专业目录再一次进行修订，其目的是优化专业结构布局，适应经济建设和社会发展对人才的需求，充分利用教育资源。

新的本科专业目录设哲学、经济学、法学、教育学、文学、历史学、理学、工学、农学、医学、管理学、艺术学12个学科门类。新增了艺术学学科门类，未设军事学学科门类，其代码11预留。专业类由修订前的73个增加到92个；专业由修订前的635种调减到506种。在这506个专业中包括基本专业352种和特设专业154种，并确定了62种专业为国家控制布点专业。特设专业和国家控制布点专业分别在专业代码后加"T"和"K"表示，以示区分。

在《普通高等学校本科专业目录（2012年）》中，1998~2011年之间设置的目录外专业，一部分纳入基本专业，一部分转为特设专业。汽车服务工程专业首次从目录外专业转正为目录内的专业，专业代码由080308W，改为080208，摘除了W帽子。也就是说，汽车服务工程专业成为正式基本专业是在2012年。

汽车服务工程专业的历程是：

汽车拖拉机（20世纪50年代）→汽车运用及修理（20世纪80年代）→载运工具运用工

程（1993 年）→交通运输（1998 年）→汽车服务工程（W）（2002 年）→汽车服务工程（2012 年）。

《普通高等学校本科专业设置管理规定（2012 年）》规定：《普通高等学校本科专业目录》实行分类管理，10 年修订一次；基本专业 5 年调整一次，特设专业每年动态调整。

除了以汽车服务工程专业培养汽车服务工程人才之外，还有一些院校以交通运输专业、车辆工程专业名义来培养汽车服务工程人才。

汽车服务工程是一个历史悠久，但名称又很年轻的专业，其发展经历了以下四个阶段，见表 1-7。

表 1-7 汽车服务工程发展经历的 4 个阶段

发展阶段	专业名称	开设院校	特点
创建期（20 世纪 50～70 年代）	汽车运用与修理	长春汽车拖拉机学院、西安公路学院、南京林产工业学院（现：南京林业大学）等	由苏联移植
争议正名期（20 世纪 80 年代）	汽车运用工程	吉林工业大学、西安公路学院等	"汽拖"与"汽运"针对不同的研究方向，从两个专业方向发展为两个独立的专业
困惑期（20 世纪 90 年代）	载运工具运用工程、交通运输	吉林工业大学、长安大学等数十所院校	专业宽口径设置，分立招生，几乎消亡
新生期和高速发展期（21 世纪初）	汽车服务工程	武汉理工大学、同济大学、吉林大学等 187 所院校	20 世纪初隶属于工学机械类目录外专业，2011 年正式成为目录专业

第三节 汽车服务工程专业的培养目标与模式

一、汽车服务工程专业的培养目标

1. 通用的培养目标（教育部）

教育部于 2012 年 9 月正式颁布实施了《普通高等学校本科专业目录和专业介绍（2012 年）》，对各专业的培养目标做了介绍。其中，汽车服务工程专业的培养目标是：本专业培养既具有扎实的汽车工程技术知识、汽车服务工程知识，又具有汽车营销、汽车保险与理赔、汽车评估等方面的基本技能。能从事汽车检测、汽车维修与保养、汽车贸易、汽车运输技术与管理等方面工作的高级应用型人才。

2. 各学校的培养目标

由于办学历史不尽相同，各高校的汽车服务工程专业在师资力量、实验条件上会有不同的侧重点。作为一个新设置的本科专业，汽车服务工程专业应该适应当前经济的发展和技术的进步，积极调整、大胆创新。

如何处理好本科专业与学科的关系，是近年来高等教育研究的一个热门课题。有关文献认为"专业不是某一级学科，而是处在学科体系与社会职业需求的交叉点上"，"确定专业口径的原则，应当是该专业的人才培养计划是否适应其所面向的社会职业领域的需要，而不是能否与某个学科的范围相一致"。教育部则进一步指出"对重点高校,设置专业时考虑学科的需求会重一些;对于一般院校,则更多的是考虑社会需求,不一定强求厚学科基础"。为此,同一个专业,各学校的培养目标是不同的,汽车服务工程专业也是如此。

开办汽车服务工程专业的初衷是与车辆工程专业很好地衔接起来,车辆工程专业的定位是汽车的研发、设计和制造;而汽车服务工程的专业定位是汽车从出厂以后的一系列后市场问题,包括汽车物流、汽车销售、汽车上牌、维修、钣金、美容、保养、汽车保险与理赔、二手车鉴定与评估、汽车零部件采购、汽车产品服务等,几乎包含了汽车的整个产业链;还与汽车相关的产业政策、技术法规、国际贸易环境等宏观服务构成了一整套服务体系。

对于汽车服务工程专业,各院校的专业定位是不同的,有的学校侧重于汽车维修与诊断技术,有的学校侧重于汽车非技术(如汽车营销),还有的侧重于汽车钣金与喷涂技术。由于各学校的专业定位不同,其人才培养目标也不同,我国几所高校汽车服务工程专业的培养目标见表1-8。

表1-8 我国几所高校汽车服务工程专业的培养目标

学校名称	汽车服务工程专业的培养目标
武汉理工大学	培养具有扎实的汽车产品知识和技术理论基础,必要的国际贸易、工商管理理论知识,一定的现代信息技术和网络技术知识,具备"懂技术,擅经营,会服务"的能力素质,能够适应汽车生产服务、汽车营销服务、汽车技术服务、汽车金融服务、汽车运输服务等领域工作的高级复合型人才
天津职业技术师范大学	培养具有机械、电工与电子技术、信息及网络技术、计算机应用技术的基本知识和技能;掌握本专业领域技术基础理论和专门知识,具有本专业领域的相关技能,熟悉本专业学科前沿和发展趋势;能应用适当的理论知识和实践技能分析、判断和解决汽车服务工程的实际问题,具备较强的工程创新意识和能力;获得一项中级职业资格证书;能够在本专业领域从事汽车营销服务、汽车技术服务、汽车金融服务等工作的应用型高级专门人才
吉林大学	培养适应未来经济建设和社会与科技发展需要,立志为国家富强、民族振兴和人类文明进步而奋斗,德智体美全面发展与健康个性和谐统一,掌握扎实的基础理论、必要的专业知识和技能,具有科学的思维方法和实践能力的汽车服务工程高级技术及管理人才。本专业特色是:培养具有进行现代汽车技术咨询、市场营销、保险理赔、质量鉴定、事故分析和消费服务企业管理等能力的专门人才;培养对现代汽车的检测诊断、维护修理、专用车辆设计和维修设备与仪器研发等能力的高级人才
江苏理工学院	本专业以汽车服务产业人才需求为导向,以汽车工程技术服务为主线,以培养应用型"现场工程师"基本素质为目标,掌握扎实的汽车服务工程专业理论和实践知识,具备"懂技术,擅经营,会服务"综合素质及解决复杂工程问题的能力,胜任汽车检测与故障诊断、汽车营销、二手车评估、保险理赔等相关岗位工作,具有继续学习能力、创新性潜质及国际视野的高级工程应用型人才
长安大学	本专业旨在培养汽车维修、销售、生产、金融保险和管理等汽车技术服务和经营管理等的复合型高级人才。学生在校期间主要学习机械电子技术、机电控制理论与技术、企业经营与管理、汽车结构、汽车理论、汽车电工与电子技术、汽车故障诊断学、汽车计算机控制技术、汽车服务工程、汽车使用技术、汽车检测诊断技术、汽车维修工程、汽车服务系统规划与设计、汽车装饰与美容、汽车营销、金融与保险、汽车再生技术等方面的专业知识。使学生具有扎实的基础知识和专业技能,成为技术、经营、服务复合型的汽车服务工程领域的高级人才
长沙理工大学	培养具有良好的自然科学素养,掌握汽车服务工程的基础知识和专业技能,具有解决汽车后市场实际问题基本能力的应用型高级工程技术人才和管理人才。学生毕业后能从事与汽车服务工程有关的汽车技术管理、销售与保险、检测与维修、汽车改装等工作以及科研和教学工作

第一章　认识汽车服务工程专业

（续）

学校名称	汽车服务工程专业的培养目标
青岛理工大学	培养适应我国汽车行业快速发展需要的汽车技术服务和经营管理方面的复合型高级技术人才。使学生掌握扎实基础理论知识和专业知识，具有从事汽车营销、售后服务、生产管理、车辆鉴定、车辆评估、车辆检测以及金融保险等汽车服务工作的能力
湖北汽车工业学院	适应我国经济建设和汽车技术发展的需要，具有创新观念、掌握扎实的汽车技术和汽车服务理论知识，掌握一定的经营管理知识，具备较强的汽车技术服务与经营管理能力，能在汽车整车与零部件制造、汽车服务型企业或部门从事汽车技术服务、汽车营销与经营管理、汽车保险理赔、二手车评估与定损公估等工作的应用型高级工程技术人才
南京工业大学浦江学院	培养以汽车服务产业人才需求为导向，以培养"应用型汽车工程师"基本素质为目标，掌握扎实的汽车服务工程的基础理论和专业技能，具备"会学习、懂技术、知经营、能服务"综合素质及解决复杂工程问题的能力，具备较强的学习能力、知识应用能力、实践动手能力和创新创业能力，能在汽车服务行业和领域中从事汽车技术服务（汽车整形、汽车涂装、汽车故障诊断、汽车试验、汽车设计、汽车事故鉴定等）和非技术服务（汽车企业管理、汽车营销、汽车金融、汽车评估等）的高级工程应用型本科人才

二、对汽车服务工程专业培养目标的理解

高等学校汽车服务工程专业培养人才的目的是塑造能为祖国社会主义现代化建设服务的第一线的汽车服务工程师。由于在学校进行的是工程师的基本（或初步）训练，学生毕业后只能是助理工程师。他们必须经过一定的实践锻炼和考核，才能成为工程师。

 小知识

何谓工程师？

工程师是指具有从事工程系统操作、设计、管理，评估能力的人员。工程师的称谓，通常只用于在工程学其中一个范畴持有专业性学位或相等工作经验的人士。按职称（资格）高低，分为研究员级或教授级高级工程师（正高级）、高级工程师（副高级）、工程师（中级）、助理工程师（初级）。

工程师（Engineer）和科学家（Scientists）往往容易混淆。科学家努力探索大自然，以便发现一般性法则，工程师则遵照此既定原则，从而在数学和科学上，解决一些技术问题。科学家研究事物，工程师建立事物，这一想法，可表达为："科学家们问为什么，工程师问为什么不去做（意指科学家探索原理，工程师懂了原理就想实现其应用）" (Scientists ask why, Engineers ask why not)。科学家探索世界以发现普遍法则，但工程师使用普遍法则以设计实际物品。

汽车服务工程专业所培养的未来工程师，属于技术家的范畴。本科阶段的学习，其中更为重要的是打好扎实的技术科学理论基础。大学生在学习过程中既要重视基础科学和技术科学的学习，又要重视本专业工程基础，而且在学好基础科学和技术科学理论的基础上，要更加重视本专业工程技术相关技能的学习和应用。

小知识

技术家与科学家的区别

科学家是指专门从事科学研究的人士,包括自然科学家和社会科学家两大类。所有自然科学和社会科学的研究人员,达到了一定的造诣,获得了有关部门和行业内的认可,均可以称之为科学家。按照这样的说法,无论是数学家、物理学家和化学家,还是哲学家、文学家和思想家,都应当属于科学家的分类。凡可以称之为科学家的都是一些成功人士,如牛顿、哥白尼、居里夫人和爱因斯坦等。

技术家是指专业从事技术工作的专家,如工程师、农艺师、医师、会计师等。

社会对人才的需求和学校对人才的培养之间存在着两个根本矛盾:一是社会需求的多样性和学校培养人才的规格较为单一之间的矛盾;二是社会需求的多变性和学校教学的相对稳定性之间的矛盾。此外,人的个性发展需要和学校规定的学习内容之间也不一定协调。因此,大学生在学好本专业规定的必修课之外,还应该具备一些其他知识,以适应多样和多变的社会需求和个性发展的需要。

培养目标"高级工程应用型人才"中的"高级"二字,是相对于高等工程教育、中等工程教育而言的。高等教育培养的人才有四个层次:博士研究生、硕士研究生、本科生、大专或高职生。高等教育所培养的人才都称为"高级人才";属于中等教育的中学和中专,所培养的人才均称为"中级人才"。但我们必须十分清楚,培养高级工程技术人才绝不是说工科大学生毕业后就马上成为高级人才,而是要经过较多的实践锻炼并在工程实践中做出较大贡献后才有可能成为高能人才,获得高级人才称号,如高级工程师、研究员、教授等。

三、汽车服务工程专业的培养模式

"人才培养模式"是指在一定的现代教育理论、教育思想指导下,按照特定的培养目标和人才规格,以相对稳定的教学内容和课程体系,管理制度和评估方式,实施人才教育的过程的总和。

汽车服务工程专业的人才培养模式有很多,通常有:应用型、卓越工程师型、研究型、创新型、产学研合作型等人才培养模式,各个学校根据自身的特点,采用不同的模式来培养学生。以下主要介绍应用型模式和卓越工程师模式。

1. 应用型培养模式

应用型专业是以培养知识、能力和素质全面而协调发展,面向生产、建设、管理、服务一线的应用型人才为目标定位的高等教育。大部分学校的汽车服务工程专业采用应用型培养模式,这是因为汽车服务工程专业是一个典型的应用型专业。

(1) **应用型专业人才培养模式的定位特征** 主要体现在:专业教育的价值取向在行业性需求;人才培养的目标定位在复合性规格;课程设置的主要原则在多元性结构;能力培养的基本过程在实践性环境;创新素质的能力要求在应用性阶段。

(2) **根据学校定位,制订应用型人才培养方案,确立人才培养目标** 应用型人才的培养目标一般为：具有汽车运用、市场营销、保险理赔、状态评估、事故鉴定、企业管理及相关法规的基础理论、技术方法等运用能力，汽车服务工作实践能力，具备"有技术、能服务、会管理"的专业综合素质，能够从事汽车技术保障、市场营销、保险理赔、旧车评估、事故鉴定等技术服务和企业管理工作，适应汽车技术及服务需求发展的复合性应用型专业人才。

（3）构建适于应用型人才培养的模块化课程体系　　为了达到应用型人才的培养目标，有必要构建融理论教学和实践教学为一体的课程体系。由于汽车服务工程专业的学科交叉性较强，可对其课程体系强干弱枝、整合集约进行模块化教学课程体系改革。

模块化是指将一个专业内单一的教学活动组合成不同的主题式教学单位（即模块），模块化课程是根据人才规格中的某一能力素质要素来构建所需的教学内容板块和教学方式。模块化课程内容既有理论的教学内容，又有实践的教学内容，也可以包括不同学科的知识内容，使理论教学与实践教学紧密结合。

为使汽车服务工程专业学生具备"懂技术、善经营、会服务"的工程素质，对相关课程知识内容进行整合优化，将汽车服务工程专业的课程体系分为四个模块，即通识课程模块、学科基础课程模块、技术基础课程模块、专业课程模块。各个课程模块之间层层递进、环环相扣，并努力做到通识课程实用、学科基础课程适用、技术基础课程管用、专业课程能用。汽车服务工程专业模块化课程体系如图1-8所示。

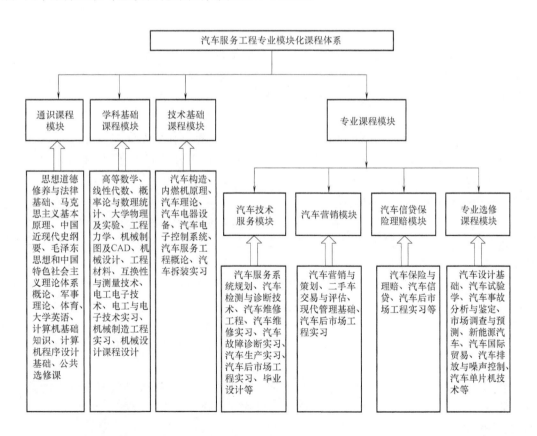

图1-8　汽车服务工程专业模块化课程体系

2. 卓越工程师培养模式（"3+1"分段教学模式）

(1) 发达国家的卓越工程师培养模式 发达国家卓越工程师培养都注重实践教学，工程综合训练开展得较早，课堂教学中注重通过实践课程将工程实际问题引入课堂，同时给学生在企业进行实践操作、技能培训的机会。这是值得我国工程教育培养借鉴的。大体说来，高等教育发达国家卓越工程师培养模式有如下几种：

1）美国、加拿大卓越工程师培养模式。它是采用 CBE（应用型高等教育）工程型人才培养模式，其突出特点是根据从事职业工作所需要的知识、技能来制订培养方案，结合培养方案设计教学方法、步骤、内容，制定相应的考核方式，以便确保学生具备与所从事职业相匹配的实践能力，将理论与实践紧密融合。

2）英国卓越工程师培养模式。它是通过建立国家职业资格证书、国家通用职业资格证书以及普通教育证书在内的完整的证书体系，促使高等工科院校把实践教学与社会生产实际密切结合，保证了工程型人才培养的质量。

3）德国卓越工程师培养模式。它是采取企业主导型工程型人才培养模式。其施行的是四年制八个学期的本科教育。学生通过第一、第二两个学期的学习，积累了一定的理论基础，且对未来从事的职业有了大概了解。从第三个学期开始，学生被安排到与今后工作密切相关的企业实习。为进一步提高学生综合技能，在第七或第八学期，学生承担接近工程师要求的项目，实习过程由企业中经验丰富的专业人员指导。学校教师与企业共同指导和帮助学生完成实习任务。

4）法国卓越工程师培养模式。工程教育分为为期两年的工程师预科阶段和为期三年的专业阶段。第一阶段接收高中毕业生，等同于基础课教育阶段，以大学基础知识教育为主。第二阶段，自选专业。专业阶段的前两年要求学生到企业实习一个季度，最后一年要实习半年时间。本阶段的实习有极强的技术性，以确保学生毕业后即是一名合格的工程师。

(2) 我国卓越工程师教育培养计划 我国卓越工程师教育培养计划简称"卓越计划"，是贯彻落实《国家中长期教育改革和发展规划纲要（2010—2020年）》和《国家中长期人才发展规划纲要（2010—2020年）》的重大改革项目，也是促进我国由工程教育大国迈向工程教育强国的重大举措。

"卓越计划"旨在培养造就一大批创新能力强、适应经济社会发展需要的高质量各类型工程技术人才，为国家走新型工业化发展道路、建设创新型国家和人才强国战略服务。

截至2016年，全国高等学校共计2879所，有1236所本科院校，开设工科专业的本科高校有1047所，占本科高校总数的84.7%；高等工程教育的本科在校生524.8万人，占高校本科在校生规模的33%。

"卓越计划"对促进高等教育面向社会需求培养人才，全面提高工程教育人才培养质量具有十分重要的示范和引导作用。

根据学校自愿申请，教育组织专家组论证，教育部公布"卓越工程师教育实施培养计划"的高校共有三批。第1批61所高校（2011年），第2批133所高校（2012年），第3批433个本科专业（2013年）。

在这三批中，只有武汉理工大学的汽车服务工程专业纳入教育部的"卓越计划"。但诸多高校也自行实施"卓越计划"或纳入省级"卓越计划",如德州学院、黄淮学院、昆明理工大学津桥学院等。

(3) **培养特点** "卓越计划"具有3个特点:

1) 行业企业深度参与培养过程。

2) 学校按通用标准和行业标准培养工程人才。

3) 强化培养学生的工程能力和创新能力。

(4) **培养模式** 按照"3+1"模式进行培养,即3年在校学习,累计1年与企业联合培养。3年学校学习的主要任务是着重进行工科基础教育,1年企业培养的主要任务是进行与实际工程相结合的工程实践,主要任务是通过直接参与企业的实际生产及工程项目研究,学习企业的先进技术、先进设备和先进企业文化,增强大学毕业生对企业的适应能力。

(5) **知识体系的基本框架** 实施"卓越工程师教育培养计划"汽车服务工程专业知识体系的基本框架见表1-9。

表1-9 实施"卓越工程师教育培养计划"汽车服务工程专业知识体系的基本框架

知识领域	知识单元		知识点
一般基础知识	道德修养等政治类课程		道德修养、法律基础、马克思主义基本原理、中国近代史、毛泽东思想和中国特色社会主义理论体系概论、军事理论;大学英语、英语口语、英语听力、科技写作与交流;计算机基础知识、C语言程序设计基础、军事训练
	外语		
	大学计算机基础		
	计算机程序设计基础		
专业及专业发展	专业导论、职业生涯指导讲座		机械学科范畴、沿革与发展、与其他专业领域的相互关联;汽车服务工程的学科体系、知识结构;专业领域职业发展、现代服务工程师的职业要求,学习和心理指导
	新能源汽车技术、现代汽车服务领域发展前瞻		新能源汽车服务领域的研究进展与展望;现代汽车服务理论与运用跟踪
基础科学知识	工程科学知识		高等数学、线性代数、概率论与数理统计、大学物理及实验、理论力学
	工程技术知识		材料力学、机械原理、机械设计、工程材料、金属工艺学、互换性与测量技术、电工与电子技术基础、工程图学、机械制造工程实训、电子电工实习、机械原理课程设计、机械设计课程设计
	人文与社会科学的知识		哲学、社会学、心理学等文化素质通识教育课程
专业基础知识	核心单元	汽车理论	汽车性能评价与分析方法、发动机原理、汽车运用与维护
		汽车构造与设计	汽车构造、总成及零部件结构特点、原理
		汽车电子基础	汽车电气设备、汽车电子控制系统结构特点和原理
	选修单元	计算机在汽车服务工程学科中的应用	计算机技术在汽车服务工程学科中的应用概况、常用汽车服务工程学科计算方法和数据处理、汽车服务工程中的计算机辅助设计与分析、互联网信息技术在汽车服务工程中的应用
		汽车流体力学、热工分析	汽车空气动力学、发动机流场、发动机热工转换、流体力学、热工基础

（续）

知识领域	知识单元		知识点
汽车检测、营销与技术服务	核心单元	汽车检测技术	汽车综合性能检测、汽车检测方法、汽车检测设备、数据处理、汽车检测标准
		汽车维修工程	汽车故障诊断技术、汽车维护技术、汽车修理技术、汽车维修管理及质量控制
		汽车诊断实验	汽车故障诊断仪器及设备的使用以及实验设计
		汽车营销服务	汽车服务系统规划、汽车营销与策划
	选修单元	汽车产品性能分析与改进设计	汽车设计基础、汽车服务工程基础、汽车CAD/CAE、汽车可靠性、汽车排放与噪声控制、汽车液压与气压传动、机动车保险与理赔
		知识拓展	汽车市场调查与预测、国际汽车贸易理论与实务、汽车服务企业财务管理、汽车物流工程、汽车碰撞与安全、新能源汽车结构与原理、汽车新技术概论

（6）企业学习阶段　为了培养出具有较强的工程意识、工程素质、工程实践能力、自我获取知识的能力、创新素质、创业精神、社会交往能力、组织管理能力和国际视野的专业高素质人才。汽车服务工程专业本科（3+1）培养的学生需要完成分散在各个学期累计1年的企业阶段学习与实践。

企业阶段学习与实践是汽车服务工程专业本科生培养方案中不可缺少的重要教学环节，是理论与实际相结合的极好学习方法。企业阶段学习与实践的主要目的和任务是：

1）掌握汽车服务工程领域的实验设计及分析方法，拥有解决汽车服务工程技术问题的操作技能，了解本专业的发展现状和趋势。

2）掌握项目及工程管理的基本知识并具备参与能力。

3）具备一定的企业和社会环境下的综合工程实践经验。

4）具备有效的沟通和交流能力。

5）具备良好的职业道德，体现对职业、社会、环境的责任。

汽车服务工程专业累计1年的企业阶段学习与实践培养计划见表1-10。

表1-10　汽车服务工程专业累计1年的企业阶段学习与实践培养计划

实践环节名称	内　容	要　求	学　分
汽车生产实习	汽车生产企业的产品规划与开发、汽车生产工艺、汽车生产物流、汽车产品质检、汽车生产管理	熟悉汽车产品的设计、生产及开发等环节，了解汽车生产的工艺流程和主要设备的构造及操作，对汽车生产物流、汽车整车及零部件产品检验、汽车生产质量与控制的关键环节有基本认识	2
汽车后市场工程实习	汽车市场调查、汽车销售、汽车物流、配件管理、技术服务、网点管理、事故勘察、机动车保险与理赔	掌握汽车市场调查的方法，熟悉汽车销售、车配件管理、汽车维修与信息反馈等汽车服务工作，了解汽车事故鉴定与勘察的工作流程及分析方法	4
岗位实习	熟悉各主要实习岗位：汽车销售服务公司、市场部、技术中心规划部、质量部、供应链管理部、各生产车间	通过轮岗了解各种工作岗位的工作特点，熟悉各个主要岗位的运作现状和规律，能够结合所学理论知识针对企业的现状进行评价，培养学生综合分析问题、解决工程实际问题的能力	4

(续)

实践环节名称	内 容	要 求	学 分
毕业设计	市场调查和文献检索、创新命题、方案设计与讨论、风险预测、项目实施、课题交流、工程控制与调整、课题完成总结、撰写论文或说明书	能够通过调研和文献查询，结合企业实际情况提出工程问题，能够分析工程问题中的关键点，能够根据关键点提出合适的解决方案，并进行沟通，说服团队以获得支持，充分了解项目过程存在的风险，包括经济和技术风险，提出详细的设计方案，并预计成果节点，对阶段性成果和问题及时交流，撰写汇报材料或PPT演示项目的整个过程和节点应该可控，并能够进行客观的分析和总结，论文应达到学士优秀论文水平	15
小　　计			25

第四节　汽车服务工程专业的人才素质

一、汽车服务工程专业人才素质的要求

汽车服务工程专业的培养目标是培养应用型汽车服务工程师，能从事汽车产品规划与开发、性能检测、生产管理、质量控制、汽车营销、技术服务、汽车及零部件设计、汽车试验等工程领域的工作。

毕业生应达到见习汽车服务工程师技术能力要求，可获得见习汽车服务工程师技术资格。汽车服务工程专业的毕业生应达到以下几点要求：

（1）**工程知识**　能够将数学、自然科学、工程基础和专业知识，用于解决汽车整形、汽车涂装、汽车故障诊断、汽车试验、汽车设计、汽车事故鉴定等技术服务中的复杂工程问题，以及汽车企业管理、汽车营销、汽车金融、汽车评估等非技术服务中的复杂工程问题。

（2）**问题分析**　能够应用数学、自然科学和工程科学的基本原理，识别、表达、并通过文献研究分析以上复杂工程问题，以获得有效结论。

（3）**设计/开发解决方案**　能够设计针对以上复杂工程问题的解决方案，设计满足特定需求的系统、单元（部件）或工艺流程，并能够在设计环节中体现创新意识，考虑社会、健康、安全、法律、文化以及环境等因素。

（4）**研究**　能够基于科学原理并采用科学方法对以上复杂工程问题进行研究，包括设计实验、分析与解释数据，并通过信息综合得到合理有效的结论。

（5）**使用现代工具**　能够针对以上复杂工程问题，开发、选择与使用恰当的技术、资源、现代工程工具和信息技术工具，包括对以上复杂工程问题的预测与模拟，并能够理解其局限性。

（6）**工程与社会**　能够基于工程相关背景知识进行合理分析，评价专业工程实践和以上复杂工程问题解决方案对社会、健康、安全、法律以及文化的影响，并理解应承担的责任。

（7）**环境和可持续发展**　能够理解和评价针对以上复杂工程问题的专业工程实践对环境、社会可持续发展的影响。

（8）**职业规范**　具有人文社会科学素养、社会责任感，能够在工程实践中理解并遵守

工程职业道德和规范,履行责任。

(9) **个人和团队**　能够在多学科背景下的团队中承担个体、团队成员以及负责人的角色。

(10) **沟通**　能够就以上复杂工程问题与业界同行及社会公众进行有效沟通和交流,包括撰写报告和设计文稿、陈述发言、清晰表达或回应指令。掌握一门外语,通过相应的等级考试,具备较强的听、说、读、写能力,具备一定的国际视野,具备在跨文化背景下进行与汽车服务工程专业领域相关的国际交流、竞争与合作的能力。

(11) **项目管理**　理解并掌握工程管理原理与经济决策方法,并能在多学科环境中应用。

(12) **终身学习**　具有自主学习和终身学习的意识,有不断学习和适应发展的能力。

汽车服务工程人才应具备的能力和素质如图1-9所示。

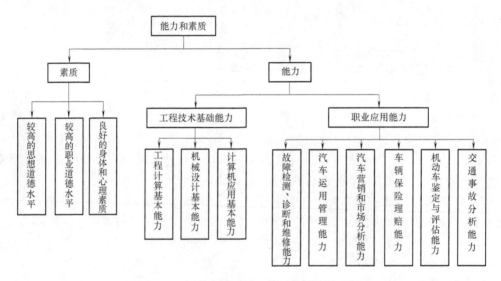

图1-9　汽车服务工程人才应具备的能力和素质

二、实现人才素质要求的途径

汽车服务工程专业的毕业生要达到以上12项人才素质要求,其实现的途径见表1-11。

表1-11　汽车服务工程专业人才素质要求的实现途径

能力 (12项)	实现途径	
	知识体系	课程
具有扎实的数学、物理、化学等自然科学基础	基础科学知识	高等数学、线性代数、概率论与数理统计、大学物理及实验、大学英语
	课外自主实践	其他学科竞赛、社会实践、英语考试、计算机考试
具有良好的人文社会科学基础和管理科学基础	一般公共基础	社会学、哲学、心理学
		马克思主义原理、思想道德修养与法律基础、毛泽东思想和中国特色社会主义理论体系概论、中国近现代史纲要
	管理技术与拓展知识	汽车服务工程基础、汽车营销与策划

(续)

能力 （12项）	实现途径	
	知识体系	课　程
具有本专业必需的机械、电工与电子技术、信息及网络技术、计算机应用技术的基本知识和技能	基础科学知识	工程图学、理论力学、材料力学、电工与电子技术基础、电子控制技术及应用
	校内实践环节	机械制造工程实训、电工电子实习、机械原理课程设计、机械设计课程设计
	计算机应用基础知识	大学计算机基础、计算机程序设计基础
	专业基础知识	机械设计、机械原理、金属工艺学、工程材料、互换性与测量技术
	课外自主实践	能力拓展训练、开放实验室项目
系统地掌握本专业领域技术基础理论，具有本专业领域的专业知识和技能	基础科学知识	工程图学、机械设计、机械原理、工程流体力学、热工基础
	专业基础知识	汽车构造、汽车理论、汽车设计基础、发动机原理、汽车电气设备、汽车电子控制系统、汽车服务工程基础
	计算机应用设计分析知识	汽车CAD/CAE
	校内实践环节	汽车构造拆装实习、基础强化训练
	课外自主实践	汽车创新设计训练、开放实验室项目、机动车驾驶证项目、汽车或机械学科竞赛
	校外实践环节	汽车生产实习、岗位实习、毕业设计
熟悉本专业学科前沿和发展趋势、相关专业领域的基本知识	专业及专业发展	汽车服务工程专业导论、新能源汽车结构与原理
	课外自主实践	社会实践、参加讲座或学术报告会、企业讲座
	拓展知识	汽车新技术概论
具有较强的知识迁移能力，能应用适当的理论知识和实践方法，分析和解决汽车服务工程的实际问题，并经过汽车产品规划与开发、汽车营销与技术服务、汽车性能检测、汽车生产质量管理与控制等方面的系统训练，具有本专业所必需的专业知识和解决实际问题的能力，具备较强的工程创新意识、工程创新的基本能力	专业基础知识	汽车营销与策划、汽车服务系统规划、汽车维修工程、汽车检测技术、汽车诊断实验
	专业拓展知识	汽车排放与噪声控制、汽车碰撞与安全、汽车液压与气压传动、汽车可靠性、汽车保险与理赔、国际汽车贸易理论与实务、汽车物流工程
	校内实践环节	汽车维修实习
	课外自主实践	汽车创新设计训练、开放实验室项目、汽车或机械学科竞赛
	校外实践环节	汽车生产实习、汽车后市场工程实习、岗位实习、毕业设计
具备系统思维和工程推理能力，具有对工程问题的基本认知和判断能力，以及设计、实施和控制初步能力	专业基础知识	汽车维修工程、汽车检测技术、汽车服务系统规划、汽车营销与策划
	课外自主实践	汽车创新设计训练、开放实验室项目、论文
	校外实践环节	毕业设计、汽车后市场工程实习、汽车生产实习、岗位实习
具有自主学习和终身学习的意识，有不断学习和适应发展的能力	一般公共基础	大学计算机基础、英语
	课外自主实践	社会实践、能力拓展训练、汽车创新设计训练
	校外实践环节	毕业设计、汽车生产实习、岗位实习、汽车后市场工程实习

(续)

能 力 (12项)	实现途径	
	知识体系	课　　程
具有较强的交流和沟通能力、团队合作的能力，具有一定的组织管理能力、价值效益意识，能够参与跨专业及国际性的竞争与合作 能够在多学科背景下的团队中承担个体、团队成员以及负责人的角色	一般公共基础	大学计算机基础、英语、社会学、心理学、马克思主义基础原理、思想道德修养与法律基础
	校内实践环节	英语听说训练、军事训练
	校外实践环节	毕业设计、汽车生产实习、岗位实习、汽车后市场工程实习
	课外自主实践	社会实践、参加讲座或学术报告会
面对社会和环境的各种变迁具有较强的调节和适应能力，良好的身体素质、心理素质，较强的社会责任感和良好的工程职业道德及社会服务意识	一般公共基础	社会学、心理学、马克思主义基础原理、思想道德修养与法律基础、毛泽东思想和中国特色社会主义理论体系概论、中国近现代史纲要、体育、英语
	专业与专业发展	专业导论、汽车服务工程、职业生涯指导讲座
	管理技术与拓展知识	汽车营销与策划、汽车服务系统规划、汽车市场调查与预测、国际汽车贸易理论与实务、汽车服务企业财务管理
熟悉本专业领域技术标准，相关行业的政策、法律和法规	专业知识	汽车服务工程、汽车维修工程、汽车检测技术、汽车营销与策划、国际汽车贸易理论与实务
	校外实践环节	汽车后市场工程实习、汽车生产实习、岗位实习、毕业设计

第五节　汽车服务工程专业的教学体系

汽车服务工程专业覆盖面较宽，加之汽车技术服务发展迅速，不同院校的汽车服务工程专业教学体系有所不同，但总体上是大同小异。由于压缩总学时的要求，汽车服务工程专业的总学分一般在 160～180，每个学分为 16 学时，则汽车服务工程专业总学时应控制在 2560～2880 学时。

汽车服务工程专业的教学体系包括理论教学体系、实践教学体系和综合素质教育教学体系三大部分。

一、理论教学体系

理论教学体系是指学生就业所必需的若干理论课程互相联系而构成的一个整体。

汽车服务工程专业理论教学体系主要包括通识教育课程、学科基础课程、专业教育课程 3 个方面。

1. 通识教育课程

通识教育又称为普通教育或通才教育。它为受教育者提供通行于不同人群之间的知识和价值观。

对于汽车服务工程专业，其通识教育课程与理工科各专业的通识教育课程基本一致，主要包括：通识教育必修课和通识教育选修课。

(1) 通识教育必修课 通识教育的必修课一般包括：思想政治理论类课程、英语类课程、计算机类课程、军事体育类课程、其他类课程、就业指导课程六部分。

1）思想政治理论类课程。一般包括5门课程，即思想道德修养与法律基础、中国近现代史纲要、毛泽东思想和中国特色社会主义理论体系概论、马克思主义基本原理、形势与政策。

2）英语类课程。英语类课程分为一般起点班和较高起点班两个层次。针对不同层次的学生进行分级教学、分类培养。学生可根据学校要求和自身英语水平，在学习阶段选择进入一般起点班（综合英语Ⅰ、综合英语Ⅱ+拓展英语Ⅰ/拓展英语Ⅱ+ESP课程）和较高起点班（综合英语Ⅱ+拓展英语Ⅰ+口语实训+拓展英语Ⅱ+ESP课程）。

3）计算机类课程。一般包括3门课程，即信息技术基础、C语言程序设计、C语言程序设计实验。

4）军事体育类课程。一般包括军事技能训练、国防军事导论、体育3门课程，其中，体育课程分4学期进行，即体育Ⅰ、体育Ⅱ、体育Ⅲ、体育Ⅳ。

5）其他类课程。它主要包括：生涯规划与职业发展、大学生心理健康教育、大学生社会实践等课程。

6）就业指导课程。大学生就业指导课程，一般分两学期完成。

(2) 通识教育选修课 通识教育选修课分为人文科学、社会科学、自然科学和应用技术四类。学生必须修满一定的学分，且在每一类课程中必须修满规定的学分，且不得修读与主修专业内容和性质相同或相近的课程。

2. 学科基础课程

学科基础课程是指高等学校根据专业培养目标而开设的自然科学和人文社会科学基本理论、基本技能的课程。学科基础课程一般分为必修课和选修课。

(1) 学科基础的必修课 根据工科教学指导委员会推荐，学科基础的必修课一般是：高等数学Ⅰ、高等数学Ⅱ、概率论与数理统计、线性代数、计算方法、物理学Ⅰ、物理学实验Ⅰ、物理学Ⅱ、物理学实验Ⅱ、工程制图Ⅰ、工程制图Ⅱ、理论力学、材料力学、热流体、机械原理、机械设计、电工电子学Ⅰ、电工电子学Ⅱ、材料科学基础、机械制造基础、工程化学等。

(2) 学科基础的选修课 学科基础的选修课主要有：汽车控制技术基础、物流基础、汽车设计基础、汽车性能实验技术、计算机网络技术、汽车运输工程、液压与气压传动、微机原理与接口技术等课程。

3. 专业教育课程

专业教育课程一般分为必修课和选修课。

(1) 专业教育的必修课 专业教育的必修课又称为专业核心课，汽车服务工程专业的专业核心课比较成熟，大部分教材均是国家级精品教材，其教学辅助材料（如多媒体课件）也很齐全，可在国家精品课程网站查找。根据汽车服务工程学科教学指导委员会推荐，专业必修课（核心课）一般是：专业导论（学科导论）、汽车构造（上）、汽车构造（下）、发动机原理、汽车电器与电子、汽车材料、汽车理论、汽车电子控制技术、汽车服务工程、汽车营销、汽车检测与诊断技术、汽车保险与理赔、汽车运用工程等课程。

（2）**专业教育的选修课** 专业教育的选修课是体现汽车服务工程专业内涵和特色的一组选修课程，目的是为学生进一步扩充和强化专业相关知识和技能。各学校汽车服务工程专业的专业选修课设置相差较大。但主要有：汽车试验学、汽车空调、供应链管理、汽车制造工艺学、汽车评估、专业英语、客户关系管理、汽车人机工程、汽车美容、汽车涂装技术、汽车整形技术、现代企业管理、汽车三维建模、新能源汽车、汽车节能与减排、汽车事故鉴定学、汽车文化等。

二、实践教学体系

实践教学一般是指课程实验、课程设计、实习（认识实习、生产实习及暑期自主实习）和毕业设计（集中实践）等，这一环节的教学目的主要是解决学生"怎么做"的问题。汽车服务工程专业是一个操作性、应用性很强的专业，特别是专业课如汽车检测与故障诊断技术、汽车修复技术等实践性偏重的课程，单凭理论讲授很难讲清讲透。因此，对汽车服务工程专业实践性教学要充分保证教学时间，而且要创造特定的条件，包括高水平的教师、专业训练场所及规范化的管理来做保证。

为了达到以提高学生动手能力、解决实际问题能力和知识的综合应用能力为重点的应用型人才培养要求，并基于最终目标零距离人才培养理念，必须强化实践环节，可采用"四年不断线、四个层次相呼应"的汽车服务工程专业应用型人才培养的实践教学体系，如图1-10所示。

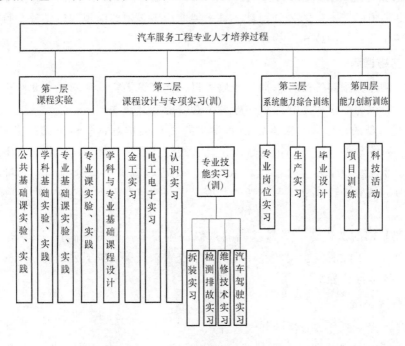

图1-10 汽车服务工程专业的实践教学体系

"四年不断线"是从实践教学的时间设计上考虑的，主要体现"全过程实践"的原则，即将实践教学贯穿到学生的整个学习过程中，学生在学期间参加实践的时间不断线。

"四个层次相呼应"主要是从实践教学的内容设计上考虑的，所谓四个层次是指：第一层次课程实验；第二层次课程设计与专项实习；第三层次系统能力综合训练；第四层次能力创新训练。四个层次之间互相呼应，前一层次是后一层次的铺垫，后一层次是前一层次的结果和目标。

三、综合素质教育教学体系

在我国汽车服务业迅猛发展的背景下，其服务的广度和深度大大增加，对人才的要求也越来越高，不仅要求学生有良好的专业素质，更强调包括思想素质、能力素质、创新素质及文化素质、身心素质在内的综合素质的高低。

一些世界知名品牌的跨国汽车公司在录用员工时重综合素质，轻专业技术，在笔试、面试的试题中，重点放在思维、应变、表达、沟通、协调、合作等能力上，他们认为在技术与素质的权衡上，以素质为重，素质起关键作用。有的公司甚至把道德素质看成是企业发展的第一资源。因此，悉心培养具有较高综合素质的汽车服务工程人才，科学规划和架构人才培养综合素质体系，事关重大。这不仅是社会提出的要求，也是培养合格人才的最终目标。

基于上述考虑，汽车服务工程专业综合素质教学体系应围绕"三个课堂"展开，即以第一课堂（课堂教学）为主着力培养学生的专业素质，以第二课堂（有教师指导的各类课外活动）为主着力培养学生的能力素质，以第三课堂（有计划地走出学校开展各种社会实践活动）为主着力提高学生的创新素质。

"三个课堂"之间的关系为："第一课堂"是针对"第二课堂"和"第三课堂"对知识储备的要求而设置的，第二课堂、第三课堂的主要任务是通过开展各类课外活动来培养学生的能力素质和科学研究的创新素质，引导学生自主进行科研活动和积极参加教师的科研课题研究，最终形成系统和科学的人才培养综合素质体系。学生的思想素质、文化素质、身心素质的锻炼养成则贯穿于"三个课堂"教育之中。大学生的综合素质教育按类别可分成讲座、活动、实践、创新等模块，汽车服务工程专业的综合素质教育教学体系如图1-11所示。

四、典型的汽车服务工程专业的课程体系

1. 典型的汽车服务工程专业的课程体系之一

汽车服务工程专业必须修满培养方案中全部规定内容学分163学分，其中，通识教育课程62.5学分，学科基础课程34学分，专业教育课程35学分，集中实践环节17.5学分，自主项目课程14学分。汽车服务工程专业课程体系结构及学分比例见表1-12。汽车服务工程专业的教学计划进程见表1-13～表1-17。

表1-12 汽车服务工程专业课程体系结构及学分比例

课程类别		学分	所占比例
通识教育课程	基本素质	36	38.3%
	人文素养	2	
	实用技能	8	
	科学素质	16.5	

（通识教育课程合计 62.5）

(续)

课程类别		学分		所占比例
学科基础课程		34	34	20.9%
专业教育课程	专业教育必修课程	19	35	21.5%
	专业教育选修课程	16		
自主项目课程		14	14	8.6%
集中实践		17.5	17.5	10.7%
总计		163	163	1

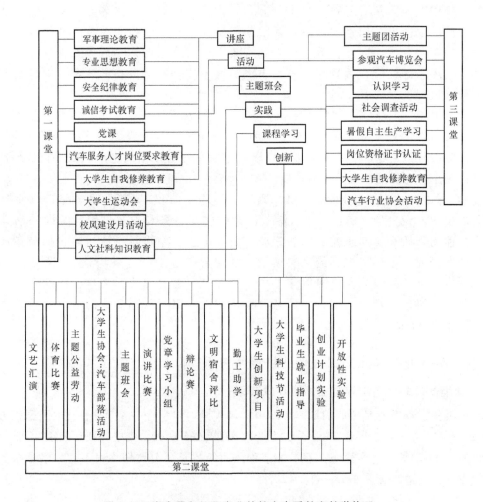

图 1-11 汽车服务工程专业的综合素质教育教学体系

2. 典型的汽车服务工程专业的课程体系之二

汽车服务工程专业的标准学制为 4 年，学习期限可控制在 3~8 年。最低毕业学分为 180 学分。符合学士学位授予条件的，授予工学学士学位。课程结构及学分比例见表 1-18。课程设置与教学计划见表 1-19~表 1-22。

表1-13 通识教育课程的设置与教学计划进程

模块	课程编码	课程名称	课程性质	学分	总学时	理论学时	实践学时	一-1	一-2	一-短	二-1	二-2	二-短	三-1	三-2	三-短	四-1	四-2	考核类型
基本素质	1	思想道德修养与法律基础	必	3	48	32	16	3											考试
	2	中国近现代史纲要	必	2	32	32			2										考查
	3	马克思主义基本原理	必	3	48	32	16				3								考查
	4	毛泽东思想和中国特色社会主义理论体系概论	必	6	96	48	48					6							考试
	5	形势与政策	必	1	16	16									1				考查
	6	军事理论	必	2	32	32		2											考查
	7	大学生职业生涯规划	必	0.5	8	8		0.5											考查
	8	大学生就业指导	必	0.5	8	8								0.5					考查
	9	大学英语-1(读写)	必	2	32	32		2											考试
	10	大学英语-1(听说)	必	2	32	32		2											考查
	11	大学英语-2(读写)	必	2	32	32			2										考试
	12	大学英语-2(听说)	必	2	32	32			2										考查
	13	大学英语-3(读写)	必	2	32	32					2								考试
	14	大学英语-3(听说)	必	2	32	32					2								考查
	15	大学英语-4	必	1	32	32													考查
	16	大学体育-1	必	1	32		32	1											考查
	17	大学体育-2	必	1	32		32		1										考查
	18	大学体育-3	必	1	32		32				1								考查
	19	大学体育-4	必	1	32		32					1							考查
	20	体质测试	必	0	16		16												考试
		小 计		36	656	432	224	10.5	7	0	8	9	0	1.5	2	0	1	2	
人文素养	1	沟通与管理	必	2	32	32	0										0	0	考试
		小 计		2	32	32	0	0	0	0	0	0	0	0	0	0	2	0	
实用技能	1	公文写作	必	2	32		32											0	考查
	2	计算机应用基础	必	2	32		32	2										0	考试
	3	C语言程序设计基础	必	4	64	32	32	2										0	考试
		小 计		8	128	64	64	4	4	0	0	0	0	2	0	0	0	0	

模块	课程编码	课程名称	课程性质	学分	总学时	理论学时	实践学时	一1	一2	一短	二1	二2	二短	三1	三2	三短	四1	四2	考核类型
科学素质	1	高等数学(上)	必	4	64	64		4											考试
	2	高等数学(下)	必	5	80	80			5										考试
	3	大学物理-1	必	2	32	32			2										考试
	4	大学物理实验-1	必	1	16		16		1										考试
	5	大学物理-2	必	2	32	32						2							考试
	6	大学物理实验-2	必	0.5	8		8					0.5							考试
	7	计算方法	必	1	16	16					1								考试
	8	工程化学	必	1	16	16									1				考试
	小计			16.5	264	240	24	4	9	0	2.5	1	0	0	1.5	0	0	0	
	总计			62.5	1080	768	312	16.5	20	0	10.5	10	0	4	0	0	0	0	

表1-14 学科基础课程的设置与教学计划进程

模块	课程编码	课程名称	课程性质	学分	总学时	理论学时	实践学时	一1	一2	一短	二1	二2	二短	三1	三2	三短	四1	四2	考核类型
学科基础课程	1	线性代数(理工)	必	3	48	48					3								考试
	2	概率论与数理统计(理工)	必	3	48	48						3							考试
	3	机械制图与CAD-1	必	2	32	16	16		2										考试
	4	机械制图与CAD-2	必	2	32	16	16				2								考试
	5	理论力学	必	3	48	48	0				3								考试
	6	材料力学	必	3	48	40	8					3							考试
	7	机械制造基础	必	3	48	40	8					3							考试
	8	电工电子技术(上)	必	3	48	32	16				3								考试
	9	电工电子技术(下)	必	3	48	32	16					3							考试
	10	机械原理	必	2.5	40	40	0				2.5								考试
	11	机械设计	必	2.5	40	40	0					2.5							考试
	12	单片机与接口技术	必	2	32	26	6							2					考试
	13	汽车电子控制基础	必	2	32	26	6							2					考试
	总计			34	544	452	92	0	2	0	13.5	11.5	0	7	0	0	0	0	

第一章 认识汽车服务工程专业

表 1-15 专业教育课程的设置与教学计划进程

模块	课程编码	课程名称	课程性质	学分	总学时	理论学时	实践学时	一 1	一 2	一 短	二 1	二 2	二 短	三 1	三 2	三 短	四 1	四 2	考核类型
专业教育必修课程	1	专业导论	必	1	16	16	0	1											考查
	2	汽车构造(上)	必	3	48	32	16					3							考试
	3	汽车构造(下)	必	3	48	32	16							3					考试
	4	汽车电器与电子	必	2	32	26	6							2					考试
	5	发动机原理	必	2	32	26	6								2				考试
	6	汽车理论	必	2	32	26	6								2				考试
	7	汽车营销	必	2	32	26	6								2				考试
	8	汽车检测与诊断技术	必	2	32	26	6								2				考试
	9	汽车服务工程	必	2	32	26	6								2				考试
		小 计		19	304	236	68	1	0	0	0	3	0	5	10	0	0	0	
专业教育选修课程	1	汽车材料	限选	2	32	26	6							2					考查
	2	管理学原理	限选	2	32	32	0							2					考查
	3	汽车保险与理赔	限选	2	32	26	6								2				考查
	4	工程化学	限选	2	32	26	6							2					考查
	5	流体力学	限选	2	32	26	6								2				考查
	6	工程热力学	选	2	32	32	0 (4选2)							2					考查
	7	液压与气动技术	选	2	32	26	6 (4选2)								2				考查
	8	专业英语	选	2	32	26	6 (4选2)							2					考查
	9	客户服务管理	选	2	32	23	0 (4选2)								2				考查
	10	汽车评估	选	2	32	26	6								2				考查
		小 计		16	224	184	40	0	0	0	0	0	0	8	8	0	0	0	
		总 计		35	528	420	108	1	0	0	0	3	0	13	18	0	0	0	

表 1-16 自主项目课程的设置与教学计划进程

模块	课程编码	课程名称	课程性质	学分	总学时	理论学时	实践学时	教学期分配 一 1	一 2	一 短	二 1	二 2	二 短	三 1	三 2	三 短	四 1	四 2	考核类型
兴趣类	1	现代企业管理	选	2	32	32	0								2				考查
	2	汽车电子控制技术	选	2	32	26	6										2		考查
	1	现代企业管理	选	2	32	32	0										2		考查
	2	汽车电子控制技术	选	2	32	26	6										2		考查
	3	消费者行为心理学	选	2	32	32	0								2				考查
	4	新能源汽车	选	2	32	26	6										2		考查
专业拓展类	5	供应链管理	选	2	32	32	0										2		考查
	6	汽车运用工程	选	2	32	32	0										2		考查
	7	车身修复与涂装技术	选	2	32	20	12										2		考查
	8	汽车美容	选	2	32	26	6										2		考查
	9	汽车事故鉴定学	选	2	32	26	6										2		考查
	10	汽车CAD/CAE技术	选	1	16	8	8		1								1		考查
公选类	1	音乐鉴赏	选	1	16	16	0												考查
	2	学校公共选修课程	必	2															考查
实践类	1	科技创新（含讲座）	选			0	16												考查
	2	职业技能	必	1	16	0	16		1										考查
	3	文化活动（含太极课程）	必						2											考查
	4	拓展训练	选											2						考查
总 计				14	400	334	66	0	2	0	0	0	0	0	2	0	12	0	

第一章 认识汽车服务工程专业

表 1-17 集中实践的设置与教学计划进程

模块	课程编码	课程名称	课程性质	学分	总学时	理论学时	实践学时	按学期分配											考核类型
								一			二			三			四		
								1	2	短	1	2	短	1	2	短	1	2	
集中实践	1	军训	必	2	2周	0	2周	2											考查
	2	创新创业训练	必	0	4周	0	4周		0								0		考查
	3	大学生社会实践	必	0	1周	0	1周			0									考查
	4	金工实习-1	必	1	2周	0	2周			1									考查
	5	金工实习-2	必	1	2周	0	2周				1								考查
	6	电工电子实习	必	0.5	1周	0	1周					0.5							考查
	7	机械基础综合设计	必	1	2周	0	2周						1						考查
	8	汽车构造(上)实习	必	0.5	1周	0	1周					0.5							考查
	9	汽车构造(下)实习	必	0.5	1周	0	1周							0.5					考查
	10	汽车服务实习	必	1	2周	0	2周									1			考查
	11	生产实习	必	2	4周	0	4周										2		考查
	12	毕业设计(论文)	必	8	16周	0	16周											8	考查
		总　计		17.5	31周	0	31周	2	0	1	1	1	1	0.5	0	1	2	8	

表 1-18 课程结构及学分比例

课程类别	课程性质	课堂学时	实验(其他)学时	学分	比例	
通识教育课程	必修	656	128	36	20.00%	23.33%
	选修			6	3.33%	
学科专业基础课程	必修	1144	160	68	37.78%	40.00%
	选修			4	2.22%	
专业课程	必修	368	92	23	12.78%	17.22%
	选修 模块1	208	40	8	4.44%	
	选修 模块2	208		8	4.44%	
集中实践教学环节		—		35	19.44%	19.44%
合 计			—	180	1	1

表 1-19 通识教育课程的设置与教学计划表

课程性质	课程代码	课程名称	学分数	学时数	学时类型			开课学期和周学时分配								成绩考核	
					理论	实验	其他	一	二	三	四	五	六	七	八	考试	考查
必修	1	马克思主义基本原理	3	48	40		8					3				√	
	2	毛泽东思想和中国特色社会主义理论体系概论	6	96	48		48			6						√	
	3	中国近现代史纲要	2	32	24		8		2							√	
	4	思想道德修养与法律基础	3	48	32		16	3									√
	5	形势与政策	2	32	0		32	1.5					0.5			√	
	6	军事理论	2	32	32								2			√	
	7	大学英语A	12	192	192			4	4	4						√	
	8	体育	4	144	128		16	2	2	2	2	0.5		0.5		√	
	9	职业生涯规划与创业就业指导	2	32	32			2					2				√
	小计	9门	36	656	528												
选修	至少选修6学分。各专业根据公选课目录自由选择																

表 1-20 学科专业基础课程的设置与教学计划表

课程性质	课程代码	课程名称	学分数	学时数	学时类型			开课学期和周学时分配								成绩考核	
					理论	实验	其他	一	二	三	四	五	六	七	八	考试	考查
必修	1	高等数学A	10	160	160	0		5	5							√	
	2	线性代数A	3	48	48	0				4						√	
	3	概率论与数理统计A	3	48	48	0				4							√
	4	复变函数与积分变换	2	32	32	0					2					√	
	5	大学物理	5.5	88	88	0			4	4							

（续）

课程性质	课程代码	课程名称	学分数	学时数	学时类型 理论	学时类型 实验	学时类型 其他	一	二	三	四	五	六	七	八	考试	考查
必修	6	物理实验	1.5	48	0	48			3	3							√
	7	大学化学	2	32	32	0			2								√
	8	计算机应用基础	1	16	0	0	16	4									√
	9	C语言程序设计	4	80	48	32				5						√	
	10	机械制图（上）	3.5	56	56	0		4								√	
	11	机械制图（下）	2	32	20	12			4								√
	12	电工与电子技术	8	128	116	12					6	6				√	
	13	工程力学	8	128	118	10				4	4					√	
	14	机械设计基础	4.5	72	64	8					4					√	
	15	机械精度设计与检测	2	40	32	8						4					√
	16	工程材料与成形技术	2	40	34	6						4					√
	17	液压与气动技术	2	32	32	0								4		√	
	18	机械制造基础	3	48	48	0								4			√
	19	专业概论	1	16	8	8		4									√
	小计	18门	68	1144	984	144	16										
选修	1	工程热力学	2	32	32					2							√
	2	流体力学	2	32	32							2					√
	3	汽车传感器与测试技术	2	32	28	4						4					√
	4	控制技术基础	2	40	24	16						4					√
	5	工程软件	2	32			32								2		√
	6	有限元分析	2	32			32								2		√
	7	微处理器与嵌入式系统	3	56	42	14						4				√	
	小计	7门	15	256	158	34	64										
	至少选修4学分																

表1-21 专业课程的设置与教学计划表

课程性质	课程代码	课程名称	学分数	学时数	学时类型 理论	学时类型 实验	学时类型 其他	一	二	三	四	五	六	七	八	考试	考查
必修	1	汽车构造	7	112	56	56					4	4				√	
	2	汽车理论	3	48	40	8						4				√	
	3	汽车电器与电子控制技术	3.5	56	42	14							4			√	
	4	汽车检测与诊断技术	3.5	56	42	14								4		√	
	5	汽车服务工程	2	32	32	0						4					√
	6	发动机原理	2	32	32	0					2						√
	7	汽车专业英语	2	32	32	0								2		√	
	小计	7门	23	368	276	92											

(续)

课程性质	课程代码	课程名称	学分数	学时数	学时类型			开课学期和周学时分配								成绩考核	
					理论	实验	其他	一	二	三	四	五	六	七	八	考试	考查
选修	模块1	1	汽车设计	3	48	40	8						4				√
		2	汽车网络技术	2	32	32	0							4			√
		3	汽车可靠性技术	2	32	32	0						2				√
		4	汽车排放与噪声控制	2	32	32	0							2			√
		5	汽车测试与评价技术	2	32	32	0							2			√
		6	汽车数字化开发技术基础	2	32	0	32						2				√
		小计	6门	13	208	168	40										
		至少选修8学分																
	模块2	1	报废汽车拆解与材料回收	2	32	32	0						2				√
		2	汽车修复与再制造技术	3	48	48								4			√
		3	汽车服务企业及信息化管理	2	32	32								2			√
		4	汽车评估与保险理赔	2	32	32							2				√
		5	新能源汽车与节能技术	2	32	32									4	√	
		6	电动汽车控制及能源管理	2	32	32								4			√
		小计	6门	13	208	208											
		至少选修8学分																

表1-22 集中实践性教学环节安排表

课程代码	课程名称	学分数	周数	开课学期	起止周	成绩考核	
						考试	考查
1	军训与入学教育	2	2周	第1学期	1~2		√
2	工业培训	2	2周	第2学期			√
3	汽车零部件测绘	1	1周	第2学期			√
4	电工电子实习	1	1周	第4学期			√
5	机械设计课程设计	2	2周	第5学期		√	
6	技能培训(中级)	2	2周	第5学期			√
7	汽车嵌入式系统课程设计	2	2周	第6学期			√
8	汽车检测综合实验	2	2周	第6学期		√	
9	生产实习(汽车商务与维修)	4	4周	第7学期		√	
10	技能培训(高级)	3	3周	第7学期			√
11	毕业设计	14	15周	第7~8学期		√	
	合　计	35	36周	—	—	—	—

本章相关的主要网站

1. 中国高等教育学生信息网（学信网）：http：//www.chsi.com.cn/
2. 武汉理工大学汽车工程学院：http：//auto.whut.edu.cn/
3. 湖北汽车工业学院汽车工程学院：http：//auto.huat.edu.cn/
4. 长沙理工大学汽车与机械工程学院：http：//www.csust.edu.cn/pub/cslg/jgsz/yxsz/qcyjxgcxy/
5. 吉林大学交通学院：http：//jt.jlu.edu.cn/
6. 天津职业技术师范大学汽车与交通学院：http：//qcxy.tute.edu.cn/index.htm
7. 长安大学汽车学院：http：//www.qiche.chd.edu.cn/
8. 江苏理工学院汽车与交通工程学院：http：//jsqc.jsut.edu.cn/

 思 考 题

1. 何谓理科？何谓文科？
2. 工学包括哪些专业类？
3. 机械工程专业类包括哪几个专业？为何说机械工程专业类是最大专业类之一？
4. 你为什么报考工科？为什么报考汽车服务工程专业？你所了解到的学习本专业后未来从事的职业是什么？谈谈自己对未来的设想。
5. 简述我国汽车服务工程专业的发展历程。
6. 简述我国《普通高等学校本科专业目录（2012年）》修订的背景。
7. 对汽车服务工程专业人才素质的要求有哪些？
8. 培养目标、大学生基本素质要求和学习目的之间有什么联系和区别？
9. 你认为"高级工程科学技术人才"和"高级工程技术应用人才"两种培养目标有什么区别？
10. 你在入学前的工作意向和本专业的培养目标一致吗？如果一致，你准备怎样实现培养目标？如果不一致，你准备怎样调整？
11. 科学家和工程师有哪些本质区别？科学家、工程师应该具备什么样的基本素质？你希望将来成为一名科学家还是工程师？
12. 举例说明你所了解的本专业领域内属于科学的问题、属于技术的内容以及属于工程的表现。它们之间哪些是共同的？哪些有很大不同？

第二章

国内外汽车工业概况

100多年前，当卡尔·本茨发明第一辆汽车时，恐怕连他自己也没想到，这个有着四个轮子和一个马车车厢并被加上了动力机器的被人们称之为"汽车"的东西，会对人类的文明产生如此巨大的影响。

汽车正改变着社会形态和人们的生活，影响着人们的学习、工作乃至生活观念、生活方式，汽车不断进入家庭成为日常交通工具和生存手段。

当今的汽车，已不仅仅是一部交通工具那么简单，人们开始将更先进的科技概念融入其中，并发掘其多元化用途，使汽车成为人们生活重要的一部分。汽车带着百余年来沿袭的优秀血统和最新科技注入的强大能量，展现在人们的眼前。而它身上散发的金属美感与时代气质，更让它体现出独特的艺术审美价值。

本章主要介绍汽车发展简史、国外汽车工业概况、中国汽车工业概况等内容。

第一节 汽车发展简史

自古以来，马与车就是黄金搭档。不论是战争年代的"车辚辚、马萧萧"，还是良宵元夕的"宝马雕车香满路"；从东方的孔夫子周游列国，到欧洲的拿破仑横扫千军，昂首长嘶的骏马牵引着滚滚前行的车辆，碾过了人类数千年的文明史。第一位牵走马匹而将发动机装在马车上的先驱者，绝对不会想到不到100年的时间，就使得奔跑了数千年的马车无奈地从道路上逐渐消失了——取而代之的就是"汽车"。

汽车并不是某一个人发明的。一项重大发明的问世，往往要经历相当长的过程。从发现原理到制作发明原型，要经过几年、几十年，甚至上百年。期间，有许多科学家、发明家互不往来地致力于同一件发明的创造活动，还有更多的发明家沿着前人开创的道路进一步完善自己的研究成果。但是，载入史册的发明家常常是最后一个人的名字，而忽略了那些早期为之付出艰辛劳动的先驱者。所以，要确定某一重大发明究竟出自何人之手，是相当困难的，某些发明时至今日还在争执不休，汽车又何尝不是如此。

一、车的发明史

1. 车的起源

（1）木橇的发明 在原始社会，人类在陆地上迁徙的唯一方式就是步行。人们的生产劳动都是靠手提肩扛来运输。笨重的东西，如捕获用来作食物的大型动物只能在地上拖着走，或由一个人扛着走；很重的动物，则必须吊在一根木棍上由几个人抬着走。古人把笨重物体放在动物皮和树皮上拖着走，并由此发明了木橇（图2-1），通过木橇下面的滑板，减小了与地面的摩擦力，使其易于拉动。但木橇只是在冰雪地面拉动还比较轻松，而在其他地面上拉动仍然十分吃力。

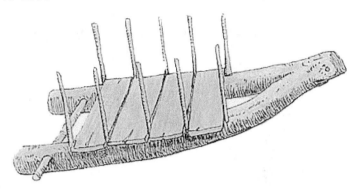

图 2-1　远古时代人们用树枝做成的木橇

（2）**车的发展说**　后来，人们在实践中发现，将圆木置于木橇或重物下拖着走，可以轻松地将重物由一个地方移到另一个地方，这便是早期的木轮运输。再以后，人们发现用直径大的木轮运输速度更快，于是木轮的直径越来越大，逐渐演变为带轴的轮子，这便形成了最早的车轮雏形。

车轮就是由滚子改进而成的，把滚子的中央部分稍微削一削，以减轻重量，中间部分形成了轴，边缘部分成为轮子，就完成了车的发明，这就是从滚子开始的车的发展说（图2-2）。

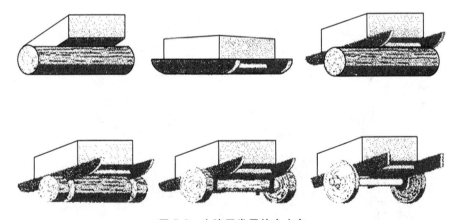

图 2-2　由滚子发展的人力车

2. 中国是最早使用车的国家之一

相传中国人大约在 4600 年前的黄帝时代就已经创造了车。到大约 4000 年前，当时的薛部落以造车闻名于世，《左传》中记载，薛部落的奚仲担任夏朝的"车正"官职。此外，《墨子》《荀子》和《吕氏春秋》也都记述了奚仲造车。奚仲发明的车由两个车轮架起车轴，车轴固定在带辕的车架上，车架附有车厢，用来盛放货物（图 2-3）。所以奚仲是中国轮式木车的创造者，也是世界上第一辆轮式木车的发明者。

1953 年，中国考古学家在河南省安阳市大司空村发掘出商代马车遗迹，这是一辆造型非常精制的二轮单辕马车，有栅栏车身和辐式车轮，可见在 3000 多年前中国造车的技术水平已经相当高了。这时的车都是独辕，约有 18 根辐条，长方形车厢，一般可以坐 2~3 人，大多数车由 2 匹马驾辕。

另据史料记载，公元前 1600 年的商代，中国的车工技术已达到了相当高的水平，能制造出相当高级的两轮车，采用辐条做车轮，外形结构十分精致华美（图 2-4）。

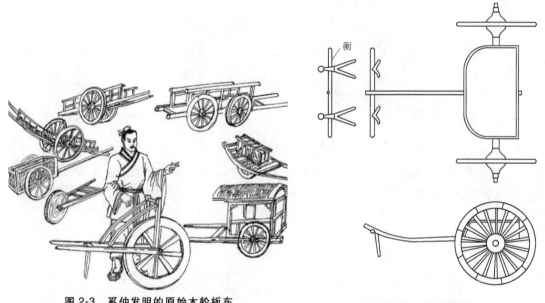

图 2-3　奚仲发明的原始木轮板车　　　　　图 2-4　商朝战车

中国历代车辆发展过程中，有重要技术价值的还要数指南车和记里鼓车。在三国时期，马钧发明了指南车。指南车是一种双轮独辕车，车上立一个木人伸臂南指，只要开始行驶，不论向什么方向转弯，木人的手臂始终指向南方（图 2-5）。

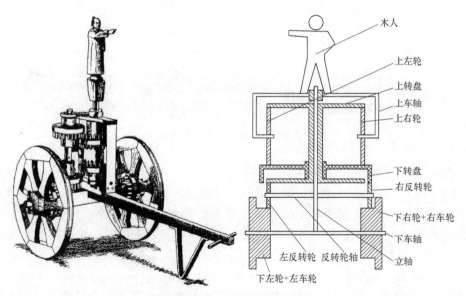

图 2-5　马钧发明的指南车

记里鼓车是世界上最早的能够记录里程的车辆，大约在东汉时被制造出来（图 2-6）。

其原理是利用车轮在地面上的滚动,带动齿轮转动,再变换为凸轮杠杆作用使木人抬手击鼓,每行走一里击鼓一次,现代车辆的里程表即由此发展而来。从三国时期开始,历代史书就有记里鼓车的记载,但比较简略。直到宋代,《宋史·舆服志》才详细地记载了记里鼓车的内部齿轮构造。

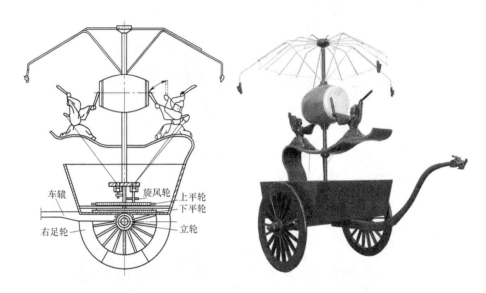

图2-6 公元3世纪发明的记里鼓车(可记录行驶里程)

指南车和记里鼓车都是利用齿轮传动的原理来进行工作的,它们的出现,体现了中国古代车辆制造工程技术的卓越成就。

3. 马车

最初的车辆,都是由人力来推拉车辆,故称为人力车。后来,人们开始用牛、马等牲畜来拉车,称为畜力车。

大约在公元前4000年,剽悍的蒙古人开始驯养野马,并在后来的侵略战争中,不断将马匹骑到了邻国。从此,被驯服的马匹开始出现在世界各地。开始也只是将马匹作为骑乘的战争武器,后来又发展成个人的交通工具。最后不知是哪位先人,又将马匹和车辆组合在一起,给马匹的脖子套上马套,让马匹代替人力来拉动车辆前进,从而发明了马车。

在西周时期(公元前771年),马车在中国已经很盛行了。春秋战国时期(公元前770~公元前221年),各诸侯国之间由于频繁的战争,马车便加入了战争的行列,对于当时来说,马拉战车的数量是代表一个国家强弱的重要标志。陕西临潼秦始皇帝陵出土的战车式样,代表了2000年前中国的车辆制造水平。车辕前端有衡,上缚轭用以驾马。车为木质结构,其重要部位装有青铜饰件用来加固和装饰。一车所驾的四匹马分为"服"马和"骖"马,中间两匹为服马,负责用力拉车,外侧为骖马,负责左、右转向,如图2-7所示。因此,驾车的技巧在于如何控制马。要想随心所欲地驾驶马车,就要学会用缰绳调理好服马和骖马。

在国外,16世纪的欧洲已经进入了"文艺复兴"的前夜,欧洲的马车制造业风起云涌,马车制造技术有了相当大的提高。中世纪的欧洲,大力发展了双轴四轮马车(图2-8),这

图 2-7 中国古代马车

种马车安置有转向盘。车身方面,出现了活动车门和封闭式结构,并且在车身和车轴之间,实现了弹簧连接,使乘坐者的舒适性有所改善。

图 2-8 欧洲双轴四轮马车

二、蒸汽汽车

1. 蒸汽机的诞生

18 世纪是蒸汽时代。就像现在是信息时代一样,那时西方世界的热闹话题便是蒸汽机的发明和使用。最早是英格兰人发现了利用煤炭的能量可以替代马匹驱动车辆前进。用煤炭将水烧开冒出水蒸气,而水蒸气具有向上蒸发的力量,如果将这种向上升的力量收集起来,就可以推动物体运动,然后再将直线运动转化为旋转运动,就可以驱动车辆前进,这就是蒸汽发动机的原理。

1712 年,英国人托马斯·纽科门(Thomas Newcomen)发明了蒸汽机,被称为纽科门蒸汽机。这种纽科门蒸汽机又称为"火机",它发动起来浑身冒火,主要在矿山上使用,是抽水用的,所以又称为"矿工之友"。

1765 年,英国发明家瓦特(James Watt,1736—1819),在总结前人的基础上,研制成功具有独创性的动力机械——蒸汽机(图 2-9),并于 1769 年取得了专利,这为实用汽车的出现创造了必要的物质条件,从而拉开了第一次工业革命的序幕。

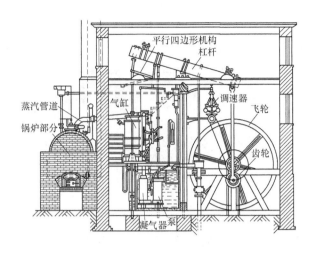
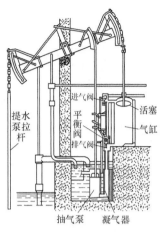

图 2-9 瓦特研制的蒸汽机

 小知识

四次工业革命的标志

第一次工业革命：18 世纪 60 年代~19 世纪 40 年代。标志：蒸汽机的发明和应用。

第二次工业革命：19 世纪 70 年代~20 世纪初。标志：电力的广泛应用（即电气时代）。

第三次工业革命：20 世纪 40 年代~21 世纪初。标志：以原子能、电子计算机、空间技术和生物工程的发明和应用为主要标志，涉及信息技术、新能源技术、新材料技术、生物技术、空间技术和海洋技术等诸多领域的一场信息控制技术革命。

第四次工业革命：2014~。标志：是以互联网产业化，工业智能化，工业一体化为代表，以人工智能、清洁能源、无人控制技术、量子信息技术、虚拟现实以及生物技术为主的全新技术革命。

2. 第一辆蒸汽汽车

1769 年，法国陆军技师、炮兵上尉尼古拉斯·约瑟夫·古诺（Nicoals Joseph Cugnot，1725—1804），成功地制造出世界上第一辆完全依靠自身动力行驶的三轮蒸汽机汽车，如图 2-10 所示。"汽车"由此而得名（也有人认为汽车的得名是因大都使用汽油），这是汽车发展史上的第一个里程碑。

古诺发明的第一辆蒸汽汽车被命名为"卡布奥雷"，它的式样很奇特，车身用硬木制成框架，由 3 个大铁轮支承。车长 7.32m，车高 2.2m，车的前面放置着容积为 50L 的梨形大锅炉，锅炉后边有两个容积为 50L 的气缸。锅炉产生的蒸汽存入气缸内，再推动活塞往复运动，通过一个简单的曲拐把活塞的运动传给前轮，使前轮转动。前轮直径为 1.28m，后轮直径为 1.50m。同时前轮还是转向轮，由于前轮上压着很重的锅炉，所以操纵转向杆很费力。这辆蒸汽汽车存在一个致命的缺点，即每走 15min，锅炉的压力就损耗尽了，只得停下来再用 15min 时间加水烧开产生蒸汽，因而运行速度仅为 3.5~3.9km/h。由于转向杆操纵困难，试车中不断发生事故，1771 年在般圣奴兵工厂附近下坡时，因转弯不及时而撞到了兵工厂

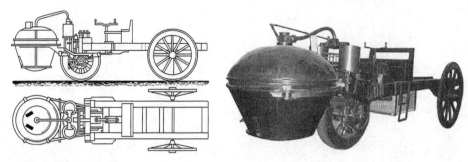

图 2-10 古诺发明的第一辆三轮蒸汽汽车

的石头墙壁上（同时也开创了世界上第一起机动车事故的记录），如图 2-11 所示。值得纪念的世界第一辆蒸汽汽车，被撞得七零八落，面目全非。

图 2-11 第一辆三轮蒸汽汽车引发的第一起机动车事故

尽管古诺的这项发明失败了，但却是古代交通运输（以人、畜或帆为动力）与近代交通运输（动力机械驱动）的分水岭，具有划时代的意义。这以后，古诺并没有放弃研究，终于在1771年成功地改进了蒸汽汽车，其时速可达9.5km/h，能够牵引重达4~5t的货物。

3. 蒸汽汽车的发展

18世纪末，在欧美各国出现了一个研究和制造蒸汽汽车的热潮，各种用途的蒸汽汽车相继问世。汽车的车身和其他机构也在迅速改进，至19世纪中期，蒸汽汽车进入了实用化时期，可算是蒸汽汽车的黄金年代。

1801年，以制作蒸汽机车而闻名的英国人理查德·特威迪克（Richard Trevithick）制造了英国最早的蒸汽汽车。这辆汽车能乘坐8个人，创造了在平路上时速为9.6km/h、坡道上时速为6.4km/h的世界纪录。两年后，他又制成了形状类似公共马车的蒸汽汽车。从此，用蒸汽机驱动的汽车开始在实际中得到应用。

1803年，法国工程师特利·维柯（Terry Vico，1771—1833）制成新型高压蒸汽汽车，可乘坐8人，在行驶中平均时速达13km/h。

1827年，英国戈尔斯瓦底·嘉内公爵（Goldsworthy Gurney，1793—1875）制成了一辆蒸汽机后置的蒸汽公共汽车，该车的发动机装在后部，后轴驱动，前轴转向。它采用了巧妙的专用转向轴设计，最前面两个轮并不承担车重，可由驾驶者利用方向舵柄轻便地转动，然后通过一个车辕，引导前轴转动，使转向可以轻松自如。1831年嘉内利用这辆车开始了世界上最早的公共汽车运营业务，所以这辆车也被认为是世界上最早的公共汽车。该车可载客18人，平均时速为19km/h。

1828年，哈恩格克制成了比嘉内的汽车性能更好的蒸汽公共汽车，并开始了公共运输事业的企业化。他的车可以乘载22名乘客，时速为32km/h，营运后很受欢迎。1834年，发展成立了世界上最早的公共汽车运输公司——苏格兰蒸汽汽车公司。

当时在英国爱丁堡市，运营的蒸汽公共汽车前面坐着驾驶人，中部乘坐20~30名乘客，后部配一名司炉员，负责烧锅炉。蒸汽机气缸位于后轴前方的底板下，驱动着后轮前进。然而，这种庞大的蒸汽公共汽车少则3~4t重，多则10t重，体积大，速度慢，常常压坏未经铺设的路面，引起各种事故，因而也必然遭到淘汰。

1828年，法国人配夸尔制造了一辆链条传动，具有差速器、独立悬架的蒸汽牵引汽车。这辆汽车首次采用将发动机置于车的前端，而由后轴驱动的总布置方案。在发动机和后轴之间，用链条传动。为了转弯灵活，后轴系由两根半轴构成，当中由差速齿轮连接，这就是最早发明的差速器。此外，两个小小的前轮是各自与车架弹性相接的，这称为独立悬架。这种独立悬架设计，在当时有划时代的意义。配夸尔的链条传动、差速器、独立悬架等设计，对汽车的发展贡献极大，至今仍在汽车上广泛地应用。

商业化使用的蒸汽公共汽车如图2-12所示。

图2-12　商业化使用的蒸汽公共汽车

4. 蒸汽汽车的衰落

蒸汽汽车的衰落主要有以下几方面的原因：

（1）技术缺陷——自重过重、制动困难、转向不灵活、锅炉爆炸等　在蒸汽汽车的最初发展时期，它们的设计都很简单，就是把一个蒸汽机装上底架和轮子。为了达到一定的输出功率，就要有个尽可能大的锅炉；为了达到一定的行程，又要备有充足的水和煤；车身重了，就要求有一副结实的底架和坚固的车轮。就这样，恶性循环，车越来越笨重，操纵越来越困难。所以，这些大型蒸汽汽车仅适用于定班的往返行驶，路线固定，沿途又有煤、水供应。即便如此,仍有许多不可避免的缺陷,如制动困难,车太重,车轮窄,惯性大,转向不灵敏。有时候明知要减速转弯但就是慢不下来,转不过去,只能眼看着车撞上障碍物;要么就是制动太狠,轮轴断裂。更可怕的是,炉压过高,一时难以控制,经常发生锅炉爆炸事件。

(2) 天气因素——雨天、热天、冷天、风向 乘坐这种车还得看天气,如下雨天车上遮盖不严,道路泥泞不安全;热天坐在锅炉边没人愿意忍受;严寒天烧水难,易熄灭,行驶也慢;刮风天要看风向,顺风时车尾的浓烟会把乘车人熏得喘不过气来。

(3) 行业竞争——马车、内燃机车、电动汽车 在19世纪中叶以后,受制于技术缺陷与天气因素,蒸汽汽车事业日趋衰落。

19世纪末,随着资本主义工商业的发展,欧美各国政府深感马车远远不能适应时代的需要,于是又开始大力倡导动力机车。在此号召下,各国的蒸汽汽车事业如久旱逢甘霖一般,再次迅速发展起来。

法国人阿美德·珀列·配尔(Amédée Ernest Bouée),于1872年制造了一辆四轮蒸汽长途公共汽车,这辆车装有两台V型蒸汽发动机,它还具备近似于现代汽车的变速器和转向盘。

1883年,法国人德·提翁·浦东(De Dion Bouton)合组汽车公司,制造三轮蒸汽汽车。从此蒸汽汽车由单个试制进入了工业生产阶段。

到了20世纪,随着内燃机汽车、电动汽车的大量涌现,性能的不断提高,蒸汽汽车开始渐渐退出历史舞台。

三、电动汽车

不了解汽车历史的人一般都认为电动汽车是现代高科技的产物,殊不知,在蒸汽机汽车与内燃机汽车两个时代交替的时候就出现了电动汽车。

电动汽车要比内燃机汽车早12年问世。它是以电气为主体的第二次工业革命的产物。1873年,英国的罗伯特·戴维森(Robert Davidson)就自制了世界上第一辆电动汽车。随之西欧各国相继生产出各类电动汽车,到19世纪末,电动汽车在欧洲已相当普及。1898年,欧洲的每14辆出租汽车中就有13辆电动汽车。早期的赛车运动,很多次是由电动汽车上场的。在当时,电动汽车也创造出一些惊人的车速。例如,1899年比利时的杰那茨(Camille Jenatzy)驾驶的电动汽车创造了时速105km/h的最高车速纪录(图2-13)。

1900年,美国生产了4159辆汽车,其中电动汽车的产量就达1575辆,而内燃机汽车仅936辆。到1908年,福特公司大批量生产T型汽油车之后,才使电动汽车产量逐渐减小。

1920年,美国停止生产电动汽车。

电动汽车所用的电池储藏的能量在当时受到很大的限制,每行驶很短的距离就要充一次电,这对长途行驶很不利;而且,蓄电池充电费用相当高,当时一年的充电

图2-13 杰那茨的电动汽车时速可达105km/h

费用相当于购买一部新车的价格。所以，电动汽车在汽车史上只不过是一颗美丽的"彗星"（但这颗彗星在100多年以后的今天又回到了汽车世界灿烂的星空，成为各国汽车工业未来发展的新焦点），代之而起的是内燃机汽车。

四、内燃机汽车的发明与发展

1. 内燃机的发明

在蒸汽机不断改进和发展的历程中，人们也越来越深刻地认识到蒸汽机的"天然"不足：蒸汽机必须有锅炉，体积庞大，笨重，机动性很差；热能要通过蒸汽介质再转化成机械功，效率很低，这些缺点都与燃料必须在气缸外部燃烧——"外燃"有关。所以，有人开始研究把"外燃"改为"内燃"——把锅炉和气缸合而为一，省掉蒸汽介质，让燃气燃烧膨胀的高压气体直接推动活塞做功——这就是内燃机。

活塞式内燃机起源于用火药爆炸获取动力，但因火药燃烧难以控制而未获成功。1794年，英国人斯特里特（Street）提出从燃料的燃烧中获取动力，并且第一次提出了燃料与空气混合的概念。1833年，英国人赖特（Wright）提出了直接利用燃烧压力推动活塞做功的设计。

之后人们又提出过各种各样的内燃机方案，但在19世纪中叶以前均未付诸实用。直到1860年，艾蒂安·勒努瓦（Etienne Lenoir）模仿蒸汽机的结构，设计制造出第一台实用的煤气机。它是一种无压缩、电点火、使用照明煤气的内燃机。勒努瓦首先在内燃机中采用了弹力活塞环，此煤气机的热效率为4%左右。

1861年，法国铁路工程师包·德·罗沙（Beau de Rochas）发表了进气、压缩、做功、排气的四冲程发动机理论，它一理论成为内燃机发展的基础。但他并未实际制造出一台可用的内燃机。1862年1月16日，罗沙的四冲程发动机理论被法国当局授予了专利，但因拖欠专利费，致使专利失败。

1866年，德国工程师尼古拉斯·奥托（Nikolaus Otto，1832—1891）研制成了一种新型的煤气内燃机（图2-14）。它仍以煤气为燃料，采用火焰点火，转速为156.7r/min，压缩比为2.66，热效率达到13%。它是第一台能代替蒸汽机的实用内燃机。它与蒸汽机不同的是：燃料在发动机的气缸内燃烧，所产生的高压气体推动活塞运动，进而使与活塞相连的曲轴转动，于是发动机就能旋转起来，内燃机也就由此而得名。

内燃机的出现，使汽车又获得了新的生命。3年后奥托与兰根合作研制成改进煤气内燃机，并于1867年在巴黎博览会上获得金奖。

1876年奥托制成第一台具有四冲程的煤气内燃机，其功率达到2.9kW，压缩比为2.5，转速为250r/min，并于1877年8月4日获得专利。

奥托内燃机有常规的曲轴和各自独立的

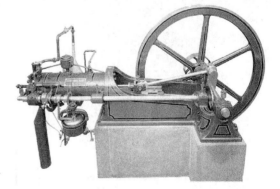

图2-14 奥托发明的煤气单缸四冲程内燃机

进气、压缩、做功、排气四个冲程。这就是热力学中的"奥托循环"，也是现代发动机乃至汽车的运动理论基础。

奥托的煤气内燃机虽然本身体积较小，转动也比较平稳，但它有一个较严重的缺点，就是在工作时需要一个较大的煤气发生炉给它提供煤气，因而给使用带来不便。其在重量、体积等方面并不比蒸汽机优越多少，所以这种煤气内燃机未能得到广泛使用。

1883年8月15日，在奥托内燃机的基础上，德国工程师戈特利布·戴姆勒（Gottlieb Daimler，1834—1900）和威廉·迈巴赫（Wilhelm Maybach，1946—1929）发明了世界上第一台卧式单缸四冲程往复式汽油发动机（图2-15）。

图2-15 戴姆勒和迈巴赫发明的第一台单缸四冲程往复汽油发动机

接着，一种配置垂直固定气缸的小型汽油发动机被发明（图2-16），由于它的外形像个老式立钟，因此，绰号为"祖父立钟"（Grandfather Clock）。以往的内燃机转速都不超过250r/min，而这台汽油机的转速却高达800~1000r/min，并且马力大、重量轻、体积小、效率高，特别适于作为车辆的动力机。

1897年，德国人鲁道夫·狄塞尔（Rudolf Diesel，1858—1913）成功地试制出了第一台四冲程压缩点火式柴油发动机，功率为18.4kW，热效率高达26%，如图2-17所示。

图2-16 第一台立式小型汽油发动机（祖父立钟）

图2-17 狄塞尔试制的第一台四冲程压缩点火式柴油发动机

为了研制柴油发动机，狄塞尔利用业余时间在作坊式的小工厂里用自己的设备进行实验，一次氨气实验时，发生了爆炸，险些丧命。狄塞尔虽然未能活到柴油机用于汽车的那一天,但他亲眼看到自己的发明用于造船业,并以绝对优势取代了蒸汽机。柴油机的出现不仅为柴油找到了用武之地,而且它比汽油机动力大、经济性好。可惜的是,这位对柴油机做出重大贡献的发明家,于1913年9月29日在从比利时安特卫普去英国的轮船上结束了生命。人们为了纪念他,就把柴油机称为狄塞尔柴油机,狄塞尔被称为"柴油机之父"。

2. 第一辆三轮汽车的发明

1886年,德国工程师卡尔·本茨(Karl Benz,1840—1929)和戈特利布·戴姆勒在不同的地方各自独立发明了汽油发动机机动车,因此,卡尔·本茨和戈特利布·戴姆勒被世人公认为汽车的发明者。

卡尔·本茨出生在德国卡尔斯鲁厄一个火车司机的家庭。1885年,他把一台自制的两冲程单缸662W汽油机,安置在一辆三轮马车前、后轮之间的底盘上(图2-18)。

图2-18 卡尔·本茨发明的第一辆三轮汽车"奔驰一号"

卡尔·本茨发明的三轮汽车具备了现代汽车的主要特点,如火花点火、水冷循环、钢管车架、铜丝辐条车轮、钢板弹簧悬架、后轮驱动、前轮转向和制动把手,并且首次采用了伞形差速齿轮,每小时可行驶15km。1886年1月29日,德国曼海姆专利局批准了卡尔·本茨申请的专利,这一日期被国际汽车界定为汽车的诞生日。第一辆三轮汽车的专利证书如图2-19所示。

其实,在卡尔·本茨之前已经有不少人在研制车用内燃机和汽车,如法国报刊早在1863年就报道过雷诺(Renault)发明的汽车,以及戴波梯维尔(Depotiville)在1884年运用内燃机作为动力源,制成一辆装有单缸内燃机的三轮汽车和一辆装有两缸内燃机的四轮汽车。但世界上公认的还是卡尔·本茨在曼海姆(Mannheim)制成的第一辆本茨专利内燃机汽车(被人们称为"奔驰一号",以本茨的名字命名,中国译为"奔驰")。"奔驰一号"获得专利后,由于经常在路上抛锚,受到不少冷嘲热讽,因此卡尔·本茨不愿在公开场合驾驶该车上街。

在卡尔·本茨事业遭受挫折与困境时,他的妻子贝尔塔·本茨(Bertha Benz)用行动给了丈夫信心。1888年8月暑假的一个清晨,这位勇敢的女性,带着两个孩子从曼海姆出发,试行了144km到达娘家普福尔茨海姆(Pforzheim),成为世界上第一个试车者和女驾驶人

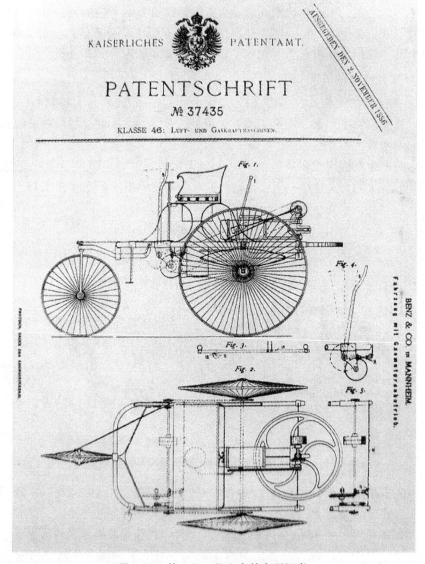

图 2-19　第一辆三轮汽车的专利证书

(图 2-20)。

当行驶至海德堡（Heidelberg）附近的威斯洛赫市（Wiesloch）的城市药房，贝尔塔·本茨从这家药店购买了一些汽油和水，因而有人把这家药店称为世界上第一个汽车加油站（图 2-21），直到 20 世纪，德国的汽油和其他燃料都只能在药房买到。

1888 年，卡尔·本茨雇用了 50 名工人，组织批量生产三轮汽车。

3. 第一辆四轮汽车的发明

戈特利布·戴姆勒出身于一个面包师的家庭，毕业于斯图加特联合技术工业学校。他从小热爱机械制造，长期担任内燃机发明者奥托创建的道依茨发动机公司的技术工作，对固定式煤气内燃机的研制做出了重要贡献。1881 年，戴姆勒辞去道依茨公司的一切职务，与威廉·迈巴赫合作开办了当时第一家汽车工厂，1883 年，戴姆勒和迈巴赫发明了汽油内燃机。

第二章 国内外汽车工业概况

图 2-20 世界上第一个试车者和女驾驶人

图 2-21 世界上第一个汽车加油站

1886年8月，戴姆勒为庆祝妻子埃玛的43岁生日，花795马克订购了一辆四轮马车，他在埃斯林加机械制造厂将马车加以改装，将他的立式汽油机安装于马车上，增添了传动、转向等必备机构，成功地制造出世界上最早的乘坐用四轮汽油机汽车，即"戴姆勒1号"（图2-22）。

"戴姆勒1号"车装有单缸，缸径为122mm，排量为0.47L，水冷，功率为845W（1.15马力），转速为655r/min的汽油机；汽车车速可达17.5km/h，可变4个速度（17.5km/h、11km/h、7km/h、4.5km/h）；发动机后置，装有摩擦式离合器，后轮驱动，采用转向杆转向；车架涂深蓝色漆，座位上套着黑色皮套；车前挂着一盏灯笼用以夜晚照明。1887年3月，进行了第一次行驶试验。

图 2-22 戴姆勒发明的第一辆四轮汽油机汽车"戴姆勒1号"

4. 第一辆摩托车的发明

1885年8月29日，戈特利布·戴姆勒把汽油机装到专制的自行车上，获得了摩托车专利，注册时取名为"石油发动机骑行车"（图2-23）。

戴姆勒发明的摩托车装有戴姆勒自制的单缸、风冷、四冲程、742W（1.1马力）的汽油机；左右还有两个支地小车轮，车速为12km/h。1885年11月10日，戴姆勒的长子鲍尔（Bauer）驾驶这辆摩托车试验行驶了3km。这辆世界上最早的摩托车现保存在慕尼黑科学技术博物馆内。

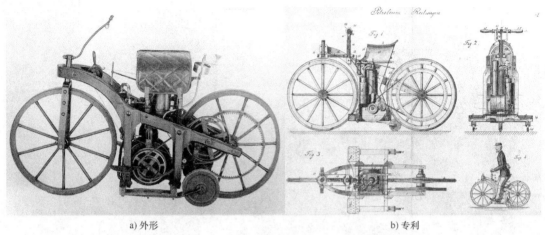

a) 外形　　　　　　　　　　　　　　b) 专利

图 2-23　戴姆勒发明的第一辆摩托车及专利

5. 汽车的迅速发展

汽车自1886年诞生后，其发展的步伐一刻也没有停止，开始了逐步完善、成熟的过程。从卡尔·本茨的第一辆三轮汽车以18km/h的速度，到从速度为0加速到100km/h只需要3s的超级跑车，130年来，汽车发展的速度是如此惊人。无论是性能，还是结构，汽车已发生了质的变化。新工艺、新材料、新技术得到广泛应用，尤其是电子控制技术，使当今的汽车集各种先进技术于一体，新颖别致的汽车时时翻新。

第二节　国外汽车工业概况

经过几十年的演变与全球范围内的并购风潮，世界汽车工业已相对稳定。主要有通用、福特、戴姆勒-克莱斯勒、丰田、大众、雷诺、本田、宝马、标致-雪铁龙等汽车集团。

一、欧洲汽车工业概况

与汽车的发明几乎同步，欧洲出现了用于商品销售的汽车产品。世界上完成第一辆内燃机动力汽车销售的人是卡尔·本茨。1887年，他将他发明的第一辆汽车卖给了法国人埃米尔·罗杰斯（Emile Rogers）。同年，卡尔·本茨创立了世界上第一家汽车制造公司——奔驰汽车公司。随后，德国、法国、意大利相继成立了戴姆勒、标致、雷诺、菲亚特等汽车公司。但欧洲人并没有将汽车定位为实用的交通工具，而是绅士贵族们的娱乐工具。因此在汽车发明后的十几年内，这些汽车公司一直是以小规模生产方式进行生产的。而以大规模生产为标志的汽车工业的形成则是20世纪初的事。

不过，欧洲汽车工业的发展主要集中在西欧五个国家，即德国、法国、英国、意大利和西班牙，这五个国家的汽车总产量约占欧洲汽车产量的75%。

1. 德国汽车工业概况

德国位于欧洲西部，东邻波兰、捷克，南接奥地利、瑞士，西接荷兰、比利时、卢森堡、法国，北与丹麦相连并邻北海和波罗的海与北欧国家隔海相望。2017年，德国人口约8280万，汽车保有量4765万辆。

德国是东欧与西欧之间、斯堪的纳维亚与地中海地区之间的交通枢纽，被称为"欧洲的走廊"。德国是汽车的故乡，汽车产业也很早地成为德国的第一支柱产业。

(1) 德国主要汽车生产企业 德国汽车生产企业主要有：德国大众汽车集团、梅赛德斯-奔驰汽车公司、巴伐利亚机械制造厂股份公司（宝马）、德国欧宝公司等。

1) 德国大众汽车集团（Volkswagen Group）。它成立于1937年，是德国最大企业，2010年打败日本丰田、美国通用汽车公司，成为世界最大汽车公司。大众汽车公司是一个在全世界许多国家都有生产厂的跨国汽车集团，名列世界十大汽车公司之首。公司总部曾迁往柏林，现在仍设在沃尔夫斯堡。全球雇员总数超过336000人，整个汽车集团产销能力在600万辆左右。

大众汽车集团主要成员有：大众（Volks Wagenwerk），奥迪（Audi），斯柯达（Skoda），保时捷（Porsche），兰博基尼（Lamborghini），西雅特（Seat），布加迪（Bugatti），宾利（Bentley），斯堪尼亚（Scania），曼恩（Man），杜卡迪（Ducati）等。

2) 梅赛德斯-奔驰汽车公司。它是世界十大汽车公司之一，以生产高质量、高性能的豪华汽车闻名于世。它创立于1900年，公司总部设在德国斯图加特，创建人是被世人誉为"汽车之父"的卡尔·本茨和戈特利布·戴姆勒。梅塞德斯-奔驰汽车公司经营风格始终如一，不追求汽车产量的扩大，只追求生产出高品质、高性能和高级别的汽车产品。除了高档豪华轿车外，梅塞德斯-奔驰汽车公司还是世界上最著名的大客车和重型载重汽车的生产厂家。

3) 巴伐利亚机械制造厂股份公司（宝马）。德文是Bayerische Motoren Werke AG，即BMW，创立于1916年，总部设在德国慕尼黑，员工达124729人（2017年），主要汽车品牌有：宝马、劳斯莱斯、MINI。在世界五百强企业中排第52位（2017年）。

4) 德国欧宝公司。1862年，亚当·欧宝（Adam Opel）在吕塞尔海姆创建了欧宝公司，1929年公司80%的股份卖给美国通用汽车公司。从此，欧宝汽车公司成为美国通用汽车公司在德国的子公司。它是通用公司在欧洲的一个窗口。Opel在我国大陆称为欧宝，在台湾地区称为欧普。

德国主要汽车品牌标志如图2-24所示。

(2) 德国汽车工业发展过程 德国是现代汽车的发祥地，是生产汽车历史最悠久的国家。自从1886年卡尔·本茨发明第一辆汽车至今，德国的汽车工业已经走过了130多年的发展历程。

回顾这130多年的历史，德国汽车工业的发展也和世界其他国家一样，经历了"发明实验""不断完善""迅速发展"和"高科技广泛应用"这四个阶段。而且每一个阶段的发展，都与德国的政治、经济、社会文化等领域的重大事件紧密联系在一起。

1) 第一阶段：1886~1910年，是汽车的发明实验阶段。

19世纪70年代，正是西方第二次工业革命浪潮兴起的时候，德国人抓住了从1871年德意志第二帝国统一后的几十年时间，在19世纪末创造了一个奇迹：德国在短短的30年里走完了英国人用了100多年才走完的工业化道路，从而使德国跻身于世界工业化的强国之列。

这一时期，由于内燃机的发明和汽车的诞生，它的诱人前景使当时德国的汽车厂纷纷涌

图 2-24 德国主要汽车品牌标志

现,一些其他行业的厂家也转向汽车生产。1901年,德国只有12家汽车厂,职工1773人,年产汽车884辆;而到了1908年,德国的汽车厂已达到53家,职工12400人,年产汽车5547辆。到第一次世界大战前,德国汽车工业已基本形成了一个独立的工业部门,汽车制造工人5万多人,年产量达2万辆,仅次于美国的汽车产量。

为什么德国能在19世纪70年代以后从一个落后的封建国家迅速发展并超越英法而成为居欧洲第一的工业化强国呢?最根本的原因是:

① 当时的普鲁士在"铁血宰相"俾斯麦的领导下,经过连续几年的战争,终于在1871年完成了德国的统一,创立了一个统一的国内市场和统一的经济环境,极大地促进了德国资本主义工商业和农业的发展。

② 德国在1870年的普法战争(普法战争是普鲁士王国为统一德意志并与法国争夺欧洲大陆霸权而爆发的战争,发生于1870年7月19日~1871年5月10日)中击败法国,从法国掠夺了50亿金法郎的战争赔款,并吞并了阿尔萨斯和洛林,使德国一下子成了"暴发户",为德国的工业革命提供了有力的资本保证。

③ 同其他资本主义国家的发展初期一样,德国这一时期资本主义的发展也带有浓厚的"血腥味",那就是对广大人民的剥削和压榨。

④ 科学技术的发展,使当时德国的生产力获得了突飞猛进的发展,在这一时期科学技术的突破不但改变了德国本身,而且对世界的发展都具有深远的意义。

德国的汽车工业正是在这样一个历史时期里诞生、兴起并逐步走过汽车工业发明实验阶段的。

2）第二阶段：1911～1940年，是汽车技术不断完善阶段。

这个时期，德国从第一次世界大战前夕到挑起第一次世界大战（第一次世界大战：1914年8月～1918年11月，是一场主要发生在欧洲但波及全世界的世界大战，当时世界上大多数国家都卷入了这场战争，是欧洲历史上破坏性最强的战争之一。主要是同盟国和协约国之间的战斗），接着是战后的魏玛共和国时期，一直到希特勒上台，直至第二次世界大战（第二次世界大战：1939年9月1日～1945年9月2日，以德国、意大利、日本法西斯等轴心国及保加利亚、匈牙利、罗马尼亚等国为一方，以反法西斯同盟和全世界反法西斯力量为另一方进行的第二次全球规模的战争）的全面爆发。

德国的汽车工业到1914年第一次世界大战爆发时，已基本形成了一个独立的工业部门，年产量达到2万辆。尽管如此，由于此前的欧洲一直还处在蒸汽机统治的时代，所以斯大林当年曾经把第一次世界大战称作是交战国双方蒸汽机的较量，而把第二次世界大战称作是交战双方真正意义上的内燃机的较量。

尽管第一次世界大战给德国的汽车工业发展带来了不利的影响，但战争结束以后，德国人仅用了10年左右的时间就大大超过了战前的繁荣。其中1923～1929年这7年时间，被称为是德国汽车工业"黄金般的20世纪20年代"。这一时期，汽车工业发展迅速，现代汽车技术不断得到完善。

1933年希特勒上台，为了达到他的个人目的，希特勒把魏玛共和国时期已经规划好的高速公路建设和国民轿车的生产提上了日程表，把发展汽车工业及与此相关的行业摆到十分显著的位置。这对于当时的德国来说，在刚刚经历了20世纪20年代末、30年代初世界性的经济大萧条后，汽车的诱人前景和迅速发展起来的高速公路网，使此后的20世纪30年代再次成为德国汽车生产的"黄金时代"。

到第二次世界大战爆发前，德国的汽车工业已具有相当的基础，戴姆勒-奔驰、奥迪、大众等汽车公司均已形成一定的生产规模。从而为汽车真正成为体现20世纪30年代以后相当长一段时间里，这个世界上产品文化的一个主要载体之一，奠定了基础。

3）第三阶段：1941～1960年，是汽车工业迅速发展阶段。

这一阶段，对于德国来说，20世纪40年代的前期，汽车工业参与了一场史无前例的战争；20世纪40年代的后期，又经历了战后艰难的恢复与获得重生这样一个特殊的阶段；所以直到进入20世纪50年代，德国的汽车工业才真正进入了迅速发展时期。

当第二次世界大战爆发后，德国很快卷入全面战争。整个战争期间，德国的汽车工业转而成了军事工业的一部分，为战争服务。到第二次世界大战结束时，大部分汽车工厂都遭受重创，几乎成了废墟。

第二次世界大战结束后，德国的汽车厂都被盟军接管。由于德国处于战败国的地位，许多工业的发展都受到了限制。在十分困难的条件下，依靠德国人顽强的民族精神，德国的汽车工业很快得到恢复并获得了重生。尤其是联邦德国的经济在一片废墟上创造出著名的"艾哈德经济奇迹"，只用了十几年的功夫，就再一次超越英国、法国而成为欧洲第一的经济强国。这一经济奇迹的产生，与德国汽车工业的迅速发展密不可分。

1950年，联邦德国的汽车产量达到30万辆。随着国内高速普及汽车以及汽车出口竞争能力的不断提高，汽车产量大幅度上升，尤其以大众公司的"甲壳虫"汽车为代表，标志着德国汽车工业开始进入飞速发展的阶段。

到 1960 年，德国的汽车年产量已达 200 万辆，10 年内，增长了 5.7 倍，年均增长率达 21%，从此成为欧洲最大的汽车生产国和出口国。

4）第四阶段：自 1961 年至今，是汽车高科技广泛应用阶段。

这个时期，以柏林墙的建立为标志，联邦德国与民主德国被整整分割了 28 年。冷战期间，由于社会体制的不同，联邦德国与民主德国的汽车工业发展形成了很大的差距。一直到 20 世纪 80 年代末柏林墙倒塌，两德重新统一，德国的汽车工业在不断地进行着调整和重组。随着欧洲一体化进程的加快，德国的汽车工业开始进入一个新的发展阶段。

从 20 世纪 60 年代开始，联邦德国的汽车工业继续以较高速度增长，经过竞争，汽车厂家由 100 多家到仅剩下 10 多家，产量却不断提高。许多现代科技被广泛应用于汽车工业，汽车生产开始进入一个成熟阶段。

1966 年，联邦德国的汽车产量被日本超过，排名居世界第三位。

1971 年，联邦德国的汽车年产量达到 400 万辆。在这以后，由于受两次石油危机的影响，加上联邦德国国内汽车已基本普及，联邦德国汽车出口的势头也有所减慢，而进口量却有较大的增加，从而使德国汽车产量呈现下降、徘徊和低速增长的态势。

整个 20 世纪 70 年代，联邦德国汽车工业的产量一直徘徊在 300 万~400 万辆之间。而整个 20 世纪 80 年代，联邦德国的汽车产量则一直在 400 万~500 万辆之间波动。到 20 世纪末的 1998 年，联邦德国的汽车产量达到了 570 万辆。

从 20 世纪 90 年代后期起，全球汽车业发生的最重要事件莫过于资产重组、联合兼并的浪潮了。这一时期，德国汽车业发生的比较引人注目和产生较大反响的重组及联合兼并事件主要有：奔驰与克莱斯勒的合并，大众与宝马收购劳斯莱斯、宾利等。

2004 年，德国汽车工业在全球范围内生产的汽车超过 1300 万辆，占全球汽车产量的 20.7%。德国国内生产的汽车 557 万辆，其中轿车产量 520 万辆，出口 367 万辆、进口 114 万辆。而德国品牌的轿车在海外的生产量则超过了 422 万辆。目前，德国汽车业主要由五大公司所垄断，它们分别为奔驰（即戴姆勒-克莱斯勒公司）、大众、宝马、欧宝和美国福特汽车公司在德国的子公司。

戴姆勒-克莱斯勒公司 2004 年的销售额为 1420 亿欧元，是世界第三大汽车制造商和高档车中的老大。成功运作的还有德国大众汽车公司，2004 年的销售额为 890 亿欧元，所占的世界市场份额为 11.5%，是欧洲最大的汽车制造商。此外，慕尼黑的宝马汽车公司销售额为 440 亿欧元，已跻身于德国汽车制造业的前列。至 2004 年底，德国人的轿车拥有量约为 4540 万辆，每千人轿车拥有量为 550 辆。

2005 年，德国国内生产汽车 575.7 万辆，居世界第三位。德国国内汽车市场占有率方面，大众 30%，奔驰 14%；在德国高档车市场上，奔驰占 44% 左右，宝马和奥迪各占 20%。德国汽车厂家在全球 24 个国家进行生产，海外汽车的产量占总产量的 46.33%。

2006 年，虽然国际油价持续走高，但对高档车的影响不是很大，德国的三大高档汽车品牌制造商——奔驰、宝马和奥迪都取得了进展。其中宝马集团全球销量增长 3.5%，全球共售出 137.3926 万辆汽车（宝马、劳斯莱斯和 MINI）。奔驰比上年增长了 3%，总共销售了 126.06 万辆汽车（梅赛德斯-奔驰、迈巴赫和斯玛特）。而大众集团旗下的奥迪增长幅度达到了 9.3%，总共销售了 90.51 万辆奥迪车。

目前，德国汽车销售额在不断下滑，至 2012 年，德国市场汽车销量 310 万辆，同比下滑了将近3%。2013年汽车销量为295万辆，2014年为304万辆，2015年为290万辆，2016年为335万辆，2017年为344万辆。但是，汽车工业仍是德国国民经济的支柱产业，德国1/7的就业岗位、1/4的税收收入，都来源于汽车及其相关产业。

进入21世纪的德国汽车工业，也同世界其他发达国家的汽车业一样，正面临着一场新的竞争形势和发展机遇，其主要的发展趋势表现为：

① 汽车工业全球性联合改组的步伐加快，其特点是跨国界的重组和联合。

② 世界汽车工业广泛采用平台战略，汽车产业链包括投资、生产、采购、销售及售后服务、研发等主要环节的日益全球化。

③ 新的汽车技术即将取得重大突破，技术创新能力已成为汽车业竞争取胜的关键。

历经百年辉煌的德国汽车工业，即将迎来一个全新的发展阶段。

2. 法国汽车工业概况

法国全称为法兰西共和国，与比利时、卢森堡、德国、瑞士、意大利、摩纳哥、安道尔和西班牙接壤，隔英吉利海峡与英国隔海相望。法国人口为6699万（2017年），国土面积674843 km^2，汽车保有量为3806.7万辆，其中82%是私家车。

（1）法国主要汽车企业 法国主要汽车企业有：标致-雪铁龙集团、雷诺汽车公司、布加迪汽车公司等。

1）标致-雪铁龙集团。它是一家法国私营汽车制造公司，旗下拥有标致和雪铁龙两大汽车品牌。1976年标致和雪铁龙合并成立了标致-雪铁龙集团，标致-雪铁龙集团是仅次于德国大众汽车的欧洲第二大汽车制造商，并在欧洲市场以外的销量持续增加（尤其是在拉美地区和中国）。标致-雪铁龙集团的起源可追溯到1890年，由阿尔芒·标致（Armand Peugeot）创立，总部在法国巴黎。

2）雷诺汽车公司。于1898年由路易斯·雷诺（Louis Renault）三兄弟在比仰古创建，是世界上最悠久的汽车公司之一。它是法国第二大汽车公司，主要产品有雷诺牌轿车、公务用车及运动车等。图形商标是四个菱形拼成的图案，表示能在无限的（四维）空间中竞争、生存、发展。

法国主要汽车品牌标志如图2-25所示。

（2）法国汽车工业的发展 汽车产业是法国经济的支柱产业之一，在历史上曾经为法国带来过一个又一个辉煌，也曾经把法兰西的浪漫文化撒播到全世界。2006年法国汽车总产量为317万辆，位居世界第六位。法国汽车工业产值达920亿欧元，占国民经济总产值的15%；雇员总数约150000人；出口额占汽车产值的

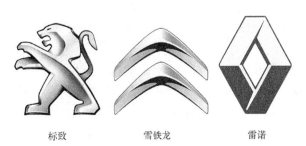

图2-25 法国主要汽车品牌标志

70%。法国拥有13家汽车制造厂商，其中包括两大本土企业：标致-雪铁龙集团和雷诺汽车公司，以及大众、福特、菲亚特、戴姆勒-克莱斯勒、丰田、宝马和尼桑等国外厂商。法国本土汽车厂商在汽车市场占主导地位。

在汽车发展史上，法国人有着自己独特的地位。早在1769年，法国陆军技术军官居尼

奥（Cugnot）就在政府的支持下试制成功了世界上第一辆具有实用价值的蒸汽汽车，从而引发了世界性的研究和制造汽车的热潮。但随后到来的法国大革命却让法国的汽车研究中断了几十年，直到1828年，巴黎技工学校校长配夸尔制造了一辆蒸汽牵引汽车，其独创的差速器及独立悬架技术至今仍在汽车上广泛应用着。

法国出现第一辆汽油汽车是在1890年，由阿尔芒·标致创立的标致公司生产。第一次世界大战前，标致的年产量达到1.2万辆，到1939年时年产量达4.8万辆。而1915年创办的雪铁龙汽车公司发展更快，在20世纪20年代初年产量就突破10万辆。1928年日产汽车400辆，占全法汽车产量的1/3。另一创办于1898年的大型汽车厂雷诺汽车公司发展也很快，1914年便形成了大规模生产，第一次世界大战期间更是因军火生产而筹集了大量资金用于汽车生产。

第二次世界大战期间，雷诺汽车公司为德国法西斯效劳，为德国军队提供大量坦克、飞机发动机和其他武器，因而战争结束后，雷诺汽车公司被法国政府接管，路易斯·雷诺也被逮捕。在政府支持下，雷诺汽车公司兼并了许多小汽车公司，1975年汽车年产量超过了150万辆，成为法国第一大汽车厂商，而标致汽车公司的产量也在战后20年内猛增十几倍，一跃成为法国第二大汽车公司，20世纪80年代更是超过雷诺汽车公司而登上榜首。雪铁龙汽车公司则因经营不善而被标致汽车公司于1976年收购。

进入20世纪80年代，世界性的经济危机使法国汽车工业受到了一定的挫折，雷诺汽车公司更是连年亏损，1984年产量急剧下降到30万辆，但几年后雷诺汽车公司便恢复了元气，1999年3月还收购了日产汽车公司36.8%的股份。

法国汽车制造商协会数据显示：近4年来法国车市一直处于低迷中。2012年，法国新车销量从2011年的220万辆跌到190万辆，2013年和2014年均处于180万辆水平。2015年新车销售量达191.72万辆，比上一年增长6.8%，销量和增幅均远超预期，双双达2012年以来新高。2016年达到200万辆，2017年达到255万辆。

法国汽车的总体特点就是车体较小而设计新颖，符合大众化的方向，因此在西欧成为家庭轿车的热门，雷诺的"丽人行"微型车在欧洲曾多次获销量第一。但是在豪华车、跑车领域，法国汽车公司就不如美国、德国、日本等国家的汽车公司出色，这成为法国汽车业的遗憾。

二、美国汽车工业概况

美国全称为美利坚合众国（USA），是一个由50个州和1个联邦直辖特区组成的宪政联邦制共和制国家，东濒大西洋，西临太平洋，北靠加拿大，南接墨西哥。美国是个多文化和多民族的国家，国土面积超过962万km^2；人口总量为3.22亿（2017年）。美国汽车保有量是2.53亿辆，按人口计算，美国汽车的保有量是78.3%。

1. 美国主要汽车生产企业

美国主要汽车生产企业有：通用汽车公司、福特汽车公司、克莱斯勒汽车公司、罗森汽车公司等。

1）通用汽车公司（GM）。由威廉·杜兰特（William Crapo Durant）于1908年创建。先后收购别克、雪佛兰、凯迪拉克、GMC、欧宝、宝骏、五菱、霍顿、沃克斯豪尔等世界著名汽车公司。2009年，破产重组。2010年，重返华尔街。2012年，通用汽车全球汽车销量达到9285991辆,仅次于丰田汽车汽车公司,排名第二。经历破产重组后的通用汽车焕发出了新的活力。

2)福特汽车公司。它是世界最大的汽车企业之一,1903年由亨利·福特(Henry Ford)先生创立创办于美国底特律市。现在的福特汽车公司是世界上超级跨国公司,总部设在美国密歇根州迪尔伯恩市。福特的产品种类繁多。在世界各地30多个国家拥有生产、总装或销售企业。福特载货汽车与轿车的销售网遍及6大洲、200多个国家,经销商超过10500家。福特的企业和员工形成了国际网络,福特员工超过了37万人。

3)克莱斯勒汽车公司。由沃尔特·克莱斯勒(Walter Chrysler)于1925年创建。它是美国第三大汽车制造企业,主要生产道奇、顺风、克莱斯勒等牌号的汽车。公司总部设在美国底特律,在加拿大、瑞士、英国、巴拿马、南非、澳大利亚等国仍旧拥有许多分支机构。克莱斯勒于1998年被德国戴姆勒集团以330亿美元价格收购,成立戴姆勒·克莱斯勒汽车公司。2007年由美国泽普世(Cerberus)资本管理公司完成了对克莱斯勒汽车公司的收购。

4)罗森汽车公司。由两位合作伙伴伊安·格伦内斯和迪恩·罗森共同创立,是一家2000年后成立的汽车公司。总部设在佛罗里达州的庞帕诺海滩,该公司创造了新型的Q1跑车。罗森汽车公司致力于在车辆的设计当中实现最纯粹的性能、速度和平衡处理形式。

美国主要汽车品牌标志如图2-26所示。

图2-26 美国主要汽车品牌标志

2. 美国汽车工业的发展过程

从20世纪初到现在,美国汽车工业已有超过100多年的历史,长期主宰世界汽车工业,美国成了名副其实的汽车大国,即汽车工业大国、汽车消费大国和汽车文化大国。

美国汽车工业的发展可以概括为以下7个阶段:

1) 第一阶段：1900~1915年。

汽车发明后的第7年，即1893年，汽车开始大量生产，人们进入汽车时代。奥尔兹莫比汽车公司成立于1887年，是美国历史最悠久的汽车制造厂商。该公司于1903年生产的Doctor Coupe是单气缸发动机汽车，也是该公司第一批大量生产的汽车。1903年共约生产了4000辆。1909年福特汽车公司生产的福特T型汽车为汽车制造开创了新纪元，可以说是20世纪让汽车成为大众交通工具的先驱，因为它是世界上第一条生产线上装配而成的汽车。当时的媒体一致推选福特T型汽车为20世纪最重要的汽车发明。福特采用大量生产方式，改善T型汽车，同时降低价格，也因此改变了人类的生活方式。1908年，当今全球第一大汽车生产厂商通用汽车公司成立。在这两大汽车公司的努力下，汽车性能益发精进，销售量蒸蒸日上。1916年美国汽车销量首度突破100万辆，1920年再度建立超越20075辆的新里程碑。

2) 第二阶段：1916~1929年。

汽车制造在这个时期日趋成熟。越来越多的中等阶层拥有汽车，而汽车的造型已经成为汽车制造过程中的一个重要步骤。通用汽车公司更率先成立艺术与色彩生产部门。在这个时期，富裕人家流行汽车车身定做，即先购买某种汽车的机械部件，然后再另外设计定做车身。虽然许多被视为经典的汽车外观都是这个时期的产物，但车身定做其实是费钱而不实际的。

成立于1902年的凯迪拉克汽车公司一向以机械部件优良著称。公司曾经有过把3辆汽车拆开，将机械零部件整个打散，再重新混合组合成3辆汽车的记录。这项创举，旨在强调凯迪拉克的零部件的标准化及一致性。另外，当时声望极高的高级汽车制造厂商Pierce Arrow汽车公司从1901年至1938年在纽约州水牛城生产汽车，公司早期即采用铝合金车身并配备有动力制动系统。这个时期，美国汽车工业为适合消费者需求已经能够生产8缸发动机跑车，速度可达到115mile/h（185km/h）。1925年美国第三大汽车制造厂商克莱斯勒汽车公司成立。在美国经济大萧条前夕的1929年，美国汽车销售量突破500万辆。

3) 第三阶段：1930~1942年。

利用空气动力原理，汽车的发动机设计在这个时期有了长足的进步。然而，第二次世界大战让汽车制造厂商投入到军事车辆及机械的制造，汽车外观并无明显演变，几乎无造型可言的吉普车的出现完全是基于实际的需要。Packard汽车公司共制造7种速度可达100mile/h（160.9km/h）的高性能Packard Speedstar汽车，被视为当时豪华汽车的代表。当时全球市场上有15家厂商制造豪华型汽车，Packard就占了50%的市场。Franklin Sport Runabout汽车公司自1902至1934年在纽约州的雪城生产汽车，发动机开始使用空气冷却系统。

4) 第四阶段：1946~1959年。

随着喷气飞机时代的来临，汽车造型也趋向更低、更长、更宽，并在车后加上大大的尾翼。这个时期的汽车造型有两大特色：一是车身的防撞设计；一是尾翼的流行。20世纪50年代美国最具特色的汽车是家庭式旅行车（Station Wagon），象征着郊区家庭的美好生活。这个时期，福特雷鸟汽车是公司跑车的代言者。1955年公司生产的雷鸟8缸双人座敞篷跑车，车顶为活动纤维玻璃，其华丽造型获得了高度评价，后因其控制轻巧，又被喻为私人车的象征。1958年，美国汽车厂商专为纽约国际汽车展览设计了一款只有1辆的Dual Ghia 100原型汽车，具有400马力（294kW），最高速度为140mile/h（224km/h），并配有当时车迷所梦想的盒式磁带汽车音响。

5) 第五阶段：1960~1979年。

消费者抛弃以往强调越大越美的汽车造型，传统而保守的造型蔚然成风，以甲壳虫为代表的小型汽车大为流行。一些价格合理的小跑车如Mustang和Corvette等普遍受到欢迎。小型汽车市场开始增长。美国三大汽车公司都有此类产品推出，1964年福特野马跑车率先掀起小型车的革命。

美洲豹E型汽车以玲珑的流线型外形赢得消费者青睐。当捷豹XKE汽车第一次在1961年的纽约国际汽车展览出现时，立刻引起轰动。这款双人座双门敞篷车速度高达150mile/h（240km/h），而它创新的独立后悬架系统使其在当年的车展上备受宠爱。

6) 第六阶段：1980~2000年。

从20世纪80年代起，美国汽车工业几乎难以招架日本汽车业的凌厉攻势。日本的本田、日产、三菱和富士公司相继在美国设厂。美国汽车工业为与日本汽车进行竞争，又不断推出新造型汽车，被称为小型厢式车（Minivan）的客货两用轻型汽车一举成为最受家庭喜爱的车种，这种汽车的外形更接近于普通小汽车，只是车厢后部增加了可以放置物品的空间，约占车厢的1/3，驾驶时的感觉也与普通小汽车类似。而家庭轿车、双门轿车、跑车也都讲究流线型设计，一改近20年来的直线设计。20世纪90年代，多功能车又独领风骚，因为很多美国人喜欢有载货和越野功能而又可以用作代步工具，驾驶它上下班的汽车。

7) 第七阶段：2001年至今。

进入21世纪，美国汽车工业得到了突飞猛进的发展，汽车上装备了各种各样的电子控制装置，性能不断提高，2001~2007年的年销量为1500~1700万辆。但自2007年金融危机爆发后，2008年的年销售量急剧下降，2009年只有1043万辆。随着经济的复苏，美国市场上车型不断改进，推动了美国汽车销量的增长，2012年美国整个汽车行业总的销售量达1450万辆。这一数字比2011年上涨了13%，同时这也是自金融危机爆发以来销售量最大的一年。2015年美国汽车销量达到创纪录的1747万辆，打破2000年创下的1741万辆的纪录，2016年，美国汽车销量再创新高，达到1755万辆。2017年为1723万辆，开始下滑。

美国汽车工业在这100多年中，与同行的激烈竞争中不断创新发展，迎合消费者对汽车造型和性能的需求，主宰了世界汽车工业。在这一过程中，美国福特汽车公司、通用汽车公司都曾是世界上首屈一指的跨国集团，至今仍是世界上主要汽车制造公司之一。

三、亚洲汽车工业概况

亚洲面积4457.9万km²，约占世界陆地总面积的29.4%；人口41.643亿，占全世界人口（72.629亿）的57.3%。

随着亚洲经济的发展，特别是中国的汽车需求增长迅速，不论是汽车的生产还是销售，国际汽车行业的发展重点都在向亚洲转移，全球主要的汽车厂商纷纷通过独资或合资的方式在亚洲地区投资建厂，扩大在亚洲地区的汽车产能，以满足亚洲的汽车消费需求，抢占市场，近10年来亚洲地区的汽车产量增速远超欧洲及北美地区。受2008年经济危机的影响，欧洲、北美的汽车消费需求下降，欧洲、美国的汽车厂商受到较大影响，一些老牌欧美汽车厂商被迫关停部分生产线，出售旗下的汽车品牌甚至陷入破产危机。而日本、韩国及其他亚洲本土汽车厂商依靠广阔的亚洲市场，受影响较小。

从图2-27可以看出，近10年以来亚太地区的汽车产量增速一直高于欧洲和北美地区，

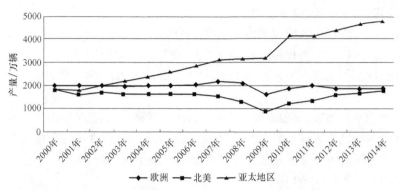

图2-27 2000~2014年欧洲、北美和亚太地区的汽车产量变动情况

两类地区的汽车产量在金融危机前后的表现也不同，发展中地区的汽车产量受金融危机的影响较小，复苏也更快。

1. 日本汽车工业概况

日本是位于亚洲大陆东岸外的太平洋岛国。西、北隔东海、日本海、鄂霍次克海与中国、朝鲜、韩国、俄罗斯相望，东濒太平洋。领土由北海道、本州、四国、九州4个大岛和3900多个小岛组成。日本的人口为1.27亿（2017年），是世界人口数量第10大国，国土面积为37.8万km^2，汽车保有量为7500万辆。

（1）**日本主要汽车企业** 日本汽车企业主要有：丰田汽车工业公司、日产汽车公司、三菱汽车工业公司、马自达汽车公司、本田汽车公司、铃木汽车公司、五十铃汽车公司、大发汽车公司、富士重工汽车公司等。

1）丰田汽车工业公司（TOYOTA）。它是日本最大的汽车公司，由丰田喜一郎于1933年创立，总部设在日本东京市。丰田公司年产汽车近500万辆，其中出口近50%。丰田公司知名品牌极多，丰田、皇冠、光冠、花冠曾名噪一时，而近年新推出的克雷西达、凌志豪华车也享誉世界车坛。现在丰田集团还控股了日野汽车公司和大发汽车公司。

2）日产汽车公司（NISSAN）。它是日本的第二大汽车公司，也是世界十大汽车公司之一。创立于1933年，1934年开始使用现名"日产汽车公司"。总部现设在日本东京市，雇员总数近13万人，年产汽车320万辆。日产公司的汽车品牌众多，货车类品牌有巴宁、途乐、皮卡和佳碧等，豪华型轿车有公爵、蓝鸟、千里马、无限、光荣、桂冠和总统等，普通型轿车则有阳光、自由别墅、地平线和兰利等，此外还有无限45跑车等。

3）三菱汽车工业公司（MITSUBISHI）。它是日本三菱集团成员之一，1970年由三菱重工业公司和美国克莱斯勒公司共同出资组建，公司总部设在日本东京市，目前公司汽车年产量在100万辆以上。三菱汽车公司在日本国内有10个生产厂、2个轿车研究中心和1个载货车、客车研究中心，国外有25个生产厂。曾生产出日本第一辆柴油客车扶桑BD46。主要产品有微型轿车和载货汽车、小型轿车和载货车、中重型载货车、厢式车、客车、运动车、发动机和其他零部件等。

4）马自达汽车公司（MAZDA）。由松田于1920年创立，原名东洋软木工业公司，1984年公司以创始人松田的姓氏命名，翻译时则采用"松田"的音译"马自达"。公司总部设在日本广岛县安君府，雇员为2.8万人，年产汽车135万辆，公司排名位居世界20家最大汽车公司之列，以生产转子发动机汽车而闻名。这种发动机采用微机控制发动机负载状态，自动调整怠速装置和废气再循环装置，使发动机工作平稳，从而降低油耗，减少废气的排出。

5) 本田汽车公司（HONDA）。由本田宗一郎于1948年创立，早年以生产摩托车为主，现仍为世界最大的摩托车生产厂商。1960年后本田走向汽车发展之路，1976年推出第1代"雅阁"（Accord），现已推出第6代，该车在1989年曾登上美国同级轿车销量冠军。本田的其他轿车品牌还有阿科达、市民、序曲、都市等。

6) 铃木汽车公司（SUZUKI）。公司的前身是一间纺织机械制造厂，20世纪50年代初转产摩托车和汽车，并于1954年正式命名为铃木汽车公司，总部设在日本静冈县，以生产微型汽车为主。铃木品牌既有摩托车也有汽车，虽然铃木汽车的知名度比摩托车逊色，但在世界车坛上也居相当高的位置。铃木摩托车早在20世纪80年代已经进入中国内地销售。铃木也是丰田集团成员，同时通用持有铃木10%的股权。主要汽车产品有吉姆尼、武士、奥拓等，其中奥拓汽车已引入中国生产。

7) 五十铃汽车公司（ISUZU）。公司的前身是东京石川岛造船所，1920年起与英国沃斯利（Wolseley）公司合作生产轿车，1949年改名为五十铃汽车公司。现在总部设在日本东京市，1993年起停止生产轿车，专门生产载重汽车、客车、越野汽车等，其中载重汽车占70%以上。江西五十铃、重庆五十铃都引进了五十铃技术。目前通用集团已持有五十铃公司49%的股份。

8) 大发汽车公司（DAIHATSU）。成立于1907年，公司总部设在日本大阪市，雇员约1万多人。不论是在汽车还是在发动机方面，大发汽车公司以"小"见长，在小型发动机制造技术具有相当高的水平，处于世界领先地位。1983年研制出世界最小排量的0.993L三缸四冲程柴油发动机，突破了柴油机每缸排量需0.4L以上的技术限制，天津夏利即采用了大发的技术。目前丰田汽车公司占有大发的多数股份。

9) 富士重工（斯巴鲁）汽车公司（SUBARU）。公司的前身是一间飞机制造所，1953年更名为富士重工业股份有限公司。富士赛车享有盛誉，1989年1月富士力狮跑车以平均223.345km/h的速度，连续奔驰19天，同时刷新了10万km竞速世界纪录，纪录保持多年未破。主要产品有四驱动轿车、微型车、轻型汽车和大客车，其中以四驱动轿车畅销世界，著名品牌有力狮和翼豹，与中国贵航集团合资生产云雀微型轿车。

日本主要汽车品牌标志如图2-28所示。

图2-28 日本主要汽车品牌标志

（2）**日本汽车工业的发展** 日本汽车制造业始于吉田真太郎，1904年他成立日本第一家汽车厂东京汽车制造厂（现五十铃汽车公司），3年后制造出第一台日本国产汽油轿车"太古里1号"。至今，日本汽车工业已经走过100多个年头。

第二次世界大战以前是日本汽车工业的萌芽期。这一时期日本人开始制造汽车，政府也开始意识到汽车产业的重要性，并出台政策进行扶持。1936年，《汽车制造行业法》正式在日本国内开始实施，日本汽车真正国产化的序幕由此拉开。

第二次世界大战后的20年（1945年~20世纪60年代中期）是日本现代汽车工业的基础阶段。日本经济在经历了第二次世界大战的毁灭和战后10年的复苏之后，在1955年进入高速发展阶段。汽车产业也在这一段时间打下了坚实的基础。公务车比例稍有下降，出租车加快发展，私人用车开始起步。

20世纪60年代中期~20世纪70年代，日本汽车工业高速发展。1967年日本超过德国而成为第二大汽车生产国，国内汽车销量首次超过百万辆。1970年，日本国内汽车销量达到238万辆，千人平均保有量达到170辆。比1950年增加了将近60倍。在这段时间，普通劳动者成为汽车的主流买主，汽车不再是社会地位的象征而成了代步工具。

20世纪70年代的石油危机重创了欧美车商，但是却让推崇小排量车的日本车企从中受益，1976年，日本汽车出口达到250万辆之多，首次超过国内销量。有资料显示，20世纪70年代以后，虽然日本经济走向成熟，经济增长率下降，但汽车产业继续保持近15%的高增长率。而日本汽车产业的这一"黄金时期"基本持续到20世纪80年代中期。

此后，日本汽车市场的增长速度也开始减缓，但出口依然强势，推动汽车产业的不断发展。日本汽车工业的发展进程是：

20世纪50年代，日本汽车工业形成了完整的体系。

1961年，日本汽车产量超过意大利跃居世界第5位。

1965年，超过法国居世界第4位。

1966年，超过英国居世界第3位。

1968年，超过联邦德国居世界第2位。

1980年，日本汽车年产量首次突破1000万辆大关，达1104万辆，占世界汽车年总产量的30%，一举击败美国成为"世界第一"。

1990年，日本以年产量1348万辆又创历史新高。

由此可以看出，日本在100余年中就从一个汽车工业刚刚起步的国家，发展成为一个强大的汽车帝国。

据日本汽车销售协会联合会报道：2014年新车销量（包括微型车在内）为529.71万辆，2015年为504.65万辆，2016年为497.03万辆，2017年为523.4万辆，连续3年下降。这主要是受到2015年微型车购置税上调后销量下滑的影响。

2. 韩国汽车工业概况

大韩民国，简称韩国，成立于1948年8月。位于亚洲大陆东北朝鲜半岛南部，东、南、西三面环海，国土面积为10.02万km^2，半岛海岸线全长约1.7万km（包括岛屿海岸线）。在短短几十年里，由贫穷落后的国家，成为"亚洲四小龙"之一，也是世界上经济发展最快的国家之一。人口数量为5175万（2017年）。韩国汽车保有量为2260.98万辆，每2.27名韩国人就拥有1辆汽车。韩国本土品牌占汽车保有量的80%。

（1）韩国主要汽车企业　韩国汽车企业主要有：现代汽车公司、起亚汽车公司、双龙汽车公司、雷诺三星汽车公司、通用大宇汽车科技公司等。

1）现代汽车公司。1967年，由韩国商业巨子郑周永创办，公司总部在韩国首尔。与全球其他领先的汽车公司相比，现代汽车历史虽短，却浓缩了汽车产业的发展史，它从建立工厂到能够独立自主开发车型仅用了18年（1967~1985年），并成为韩国最大的汽车集团，跻身全球汽车公司20强。

2）起亚汽车公司。它成立于1944年，前身为京城精密工业，位于首尔永登浦区，在朝鲜战争期间迁移到釜山。开始是一家手工制作自行车零部件的小厂。1952年更名为起亚工业公司。1971年，起亚服务公司成立，1973年，起亚生产出韩国第一台汽油发动机，1976年，起亚合并了亚细亚车厂，1978年生产出韩国的第一台柴油发动机。2007年，现代起亚汽车集团成为世界第五大汽车生产集团。

3）双龙汽车公司（SSANG YONG Motor Company）。创立于1954年的东亚汽车公司，1986年并入双龙集团，1988年更名为双龙汽车公司。它是以制造四轮驱动汽车为主，并生产大型客车、特种车、汽车发动机及零配件的著名汽车制造企业。2005年，上海汽车集团股份有限公司完成韩国双龙汽车公司的股权交割手续，获得双龙汽车51.33%的股份，正式成为其第一大股东。

4）雷诺三星汽车公司。原名为三星汽车，由时任三星集团社长的李健熙于1994年成立。雷诺集团于2000年购入三星公司的70%股权，公司更名为雷诺三星汽车公司。

5）通用大宇汽车科技公司。1967年，金宇中创建新韩公司，后改为新进公司，1983年改为大宇汽车公司，是韩国第二大汽车生产企业。2000年大宇汽车公司母公司大宇集团宣布破产。2002年，通用大宇汽车科技公司（简称通用大宇）在韩国首尔正式宣布成立。

韩国主要汽车品牌标志如图2-29所示。

| 现代 | 起亚 | 双龙 | 雷诺三星 | 通用大宇 |

图2-29　韩国主要汽车品牌标志

（2）韩国汽车工业的发展　韩国的汽车工业是从20世纪50年代中期开始起步的。1962年，韩国汽车产量还不到2000辆，到1994年，汽车产量已经达到231.2万辆，汽车出口达到73.8万辆，成为世界第6汽车生产大国和世界第5汽车出口大国。2010年，韩国汽车产量达到427万辆，位居世界第5。2012年，在韩国国内和海外的汽车销量达819.6901万辆，较2011年的775.8596万辆增加5.6%，首次突破800万辆的大关。

韩国最早从事汽车生产的公司是起亚汽车公司，始建于1944年12月，但第二次世界大战后由于政治局势动荡，公司长期处于不景气的状态。韩国汽车业的真正起步在20世纪60年代初，各汽车厂商以组装进口零部件生产整车的方式开始试制汽车，直到1970年，韩国的汽车年产量仅为2.8万辆。

进入20世纪70年代，韩国政府实行"汽车国产化"政策，各汽车公司开始大规模引进国外生产技术。1973年，现代汽车公司引进日本三菱公司发动机、传动系统和底盘技术，1975年便开始自己开发生产汽车，并大量向非洲出口。大宇汽车公司1972年与美国通用汽车开始合资，随着1990年第一辆自主设计名为"王子"的国产车的推出并在市场获得成功，1992年解除了与通用20年的合作关系。

国产化政策使韩国的汽车工业获得了飞速发展。1985年，韩国的汽车年产量为37万辆，1986年达到60万辆，1989年为113万辆，1990年达到132万辆。在随后的5年时间里，年均增长率基本保持在15%左右，1995年达254万辆。韩国汽车业也形成了以现代、起亚、大宇、双龙四公司鼎立的市场格局，韩国也一跃成为世界汽车生产大国。

随着汽车国产化的实现，韩国政府又实施出口导向战略，从20世纪80年代开始，韩国汽车开始大量出口。到1994年时韩国汽车的年出口量达到73.8万辆，而1995年则为110万辆，增长了48.6%，从而在世界汽车出口国排名第6。而进入20世纪90年代中后期，韩国汽车业在西欧、美洲、东欧、亚洲和大洋洲建立生产基地，实现生产本地化，在此基础上建立了海外生产体系和全球营销网络。1996年，韩国汽车总产量达到281.6万辆。

第二次世界大战后，韩国经济的腾飞被视为奇迹，而汽车业的发展在其中扮演了极为重要的角色。同韩国的其他工业体系一样，汽车工业的发展是与国家的扶持政策分不开的，但是1997年亚洲金融危机爆发后，韩国的汽车产业遭受了重大打击，原来被飞速发展所掩盖的政企不分、家族式经营日益显露出弊端，企业走到了破产与亏损的边缘。

在风雨中，韩国汽车工业被迫进行新的调整。1997年，双龙汽车公司因资不抵债而被大宇收购。同年起亚汽车公司也被政府招标拍卖，现代集团奋起应标，于1998年收购起亚，但不久自己内部却出现债务问题。1999年大宇汽车公司也背上了180亿美元的债务，不得不向欧美汽车公司求援。2000年7月，在与通用、戴姆勒-克莱斯勒的竞争中，福特汽车公司如愿以偿地收购了大宇汽车公司。

目前，韩国有5大整车企业，分别是：现代、起亚、韩国通用、三星雷诺、双龙，其中现代和起亚汽车占75.1%。2017年韩国本土汽车品牌占有率维持在80%左右，韩国车市销量前几名都是本土品牌。

第三节 中国汽车工业概况

一、新中国成立前的汽车工业

1901年（清光绪二十七年），旅居上海的匈牙利人李恩时（Leine）将两辆"奥兹莫比尔"牌汽车带入上海。汽车在诞生16年之后，终于驶上了中国的土地。当时，李恩时也许并没有意识到，这一举动令他成为中国汽车历史的开端。这两辆"奥兹莫比尔"牌汽车为黑色木制车身，车轮也是木制的，外面包有实心橡胶轮胎，还装有煤油灯和手捏喇叭，两辆车还特意加装了车顶，外表与马车十分相似。当汽车开到上海大街上时，立刻引来众多市民围观。一时间，这种会发出巨大轰鸣，跑得比马车还快的机器"马车"震动了上海滩。由于尚无先例，上海公共租界工部局特地开会研究如何向李恩时的汽车颁发牌照，最后决定给予临时牌照，暂列入马车类，每月征税2元。从此之后，汽车开始逐渐出现在中国人的视野中，但过了很久，人们仍把它视为一个稀罕物，甚至到了1926年，成都一家公司在为几辆汽车试车时,围观者还惊叹不已,说这个东西开动起来是"洋房子走路,铁轿子打屁"。

1902年11月,慈禧太后迎来了六十大寿。为了讨好慈禧,直隶总督袁世凯花了1万两白银,从香港购进了一辆美国杜利亚牌小汽车作为寿礼送给了慈禧。

尽管与现在的汽车相比,这辆汽车显得十分简陋。但在当时,这辆拥有双排座、黑色皮革内饰的汽车,可以算得上是最豪华的汽车了。慈禧一生生活奢侈,汽车这种洋玩意倒是头一次见,于是便兴致勃勃地乘坐汽车去颐和园,随从们则抬着大轿在后边跟着。然而,汽车刚刚开出宫,慈禧突然发现担任司机的太监孙富龄不仅与自己一样平起平坐,而且坐在自己前面。慈禧顿时大怒,喝令孙富龄跪着开车。被吓破胆的孙富龄只好跪下开车,可是由于跪姿无法用脚操作,他的手又要顾及转向盘,又要代替脚来踩加速踏板,点制动踏板,驾驶实在困难,汽车便左摇右摆起来,差点酿成中国第一起汽车车祸。这下可吓坏了慈禧,随从们更是怕得要死,纷纷下跪乞求慈禧下车。慈禧于是换了大轿,也对汽车这个新鲜玩意失去了兴趣,将这辆车丢弃在颐和园。

1903年以后,上海已陆续出现了从事汽车或零部件销售、汽车出租的洋行。1929年汽车进口量已达8781辆,世界各国汽车蜂拥而入,1930年中国汽车保有量为38484辆,却没有一辆国产汽车,不少有知之士都想制造中国的汽车,可是限于当时的情况,都没能实现。

1912年,孙中山先生在江阴视察江防工作时,曾做了"关于道路与自动车建设"的专题报告,阐明了修筑公路、开办长途客货汽车运输对货物流畅、便利交通、发展经济的重要作用。

1928年,张学良在东北易帜后,要化兵为工,在辽宁迫击炮厂成立了民用工业制造处,后改称为辽宁民生工厂,试制汽车。中国人当时还没有生产汽车的经验,于是聘请了美国人为总工程师。1929年3月,民生工厂引进了一辆美国"瑞雷号"汽车进行装配试验,并以该车为样板,于1931年试制成功了一辆命名为"民生牌"75型汽车(图2-30),它开辟了中国人试制汽车的先河。

民生牌汽车为长头,棕色,采用6缸水冷汽油发动机,65马力(47.8kW),前、后轮距4.7m,前后四轮为单胎,最高车速为40km/h。自行设计的缓冲式后轴也有自己的特点,散热器分为四部,即使一部损坏,汽车仍然照常行驶。可惜第二辆汽车还没制造出来,"九一八"事变就爆发了,东北三省被日本占领。民生工厂未组装成车的零部件均被日本侵略军掠夺一

图2-30 "民生牌"75型汽车

空,张学良将军创办民族汽车工业的雄心壮志也随之前功尽弃,毁于一旦。

1932年12月,山西汽车修理厂仿美国飞德乐牌汽车试制成装载量为1.5t的汽油载货汽车一辆,定名为山西牌。到1933年夏,试车行驶约18000km,各部件都完好。

1936年筹建的中国汽车制造公司,于1937~1939年间用进口的散件组装约2000多辆柴油汽车。抗日战争期间,资源委员会也曾筹办并由中央机器厂生产过汽车。

旧中国的造车梦毁于统治者的腐败无能，毁于帝国主义的硝烟战火。新中国成立后，才建立和发展了中国的汽车工业。

二、新中国成立后的汽车工业

新中国的汽车工业，与共和国共命运，经过半个世纪的努力，发生了天翻地覆的变化。从一个曾经是"只有卡车没有轿车""只有公车没有私车""只有计划没有市场"的汽车工业，终于形成了一个种类比较齐全、生产能力不断增长、产品水平日益提高的汽车工业体系。回顾新中国汽车工业60年来走过的路程，一步一个脚印，处处印证着各个历史时期的时代特色，经历了从无到有、从小到大，创建、成长、全面、高速发展四个历史阶段。

1. 创建阶段（1953～1965年）

1953年7月15日在长春打下了第一根桩，从而拉开了新中国汽车工业筹建工作的帷幕。国产第一辆汽车于1956年7月13日驶下总装配生产线。这是由长春第一汽车制造厂（简称"一汽"）生产的"解放牌"载货汽车（图2-31），结束了中国不能制造汽车的历史，圆了中国人自己生产国产汽车之梦。

从1953年建厂到1956年第一辆"解放"CA10载货汽车车下线，经过两万多名建设者三年来夜以继日的艰苦奋斗，一汽人结束了中国不能制造汽车

图2-31　1956年第一辆"解放"CA10型载货汽车下线

的历史，从此，960万 km^2 的祖国大地上开始驰骋我们自己的光荣与骄傲。至今，"老解放"仍然保持着一项纪录，当时奔驰在马路上的汽车，每两辆就有一辆是解放牌。直至1986年，"解放"创造了1281502辆产量的历史，这个数字几乎是当时全国汽车产量的一半。而"解放"这个由毛泽东主席圈定的名字也一时间传遍了祖国大地。

一汽是中国第一个汽车工业生产基地。同时，也决定了中国汽车业自诞生之日起就重点选择以中型载货车、军用车以及其他改装车（如民用救护车、消防车等）为主的发展战略，因此使得中国汽车工业的产业结构从开始就形成了"缺重少轻"的特点。

1957年5月，一汽开始仿照国外样车自行设计轿车；1958年先后试制成功CA71型"东风牌"小轿车（图2-32）。

1958年8月，中央急于在建国10周年的庆典上用上国产的高级轿车，向一汽下达了制造国产高级轿车的任务。一汽的工人们以从吉林工业大学（现已并入吉林大学）借来的一辆1955款的克莱斯勒高级轿车为蓝本，根据中国的民族特色进行

图2-32　1958年诞生于一汽的中国第一辆国产小轿车"东风CA71"

改进后以手工制成了一辆高级轿车。这辆轿车的动力系统和装备几乎与克莱斯勒一样，其实就是把克莱斯勒车完全拆开，对每个零件进行手工测绘，然后自己制造。吉林省委第一书记吴德在全厂万人集会时，正式给轿车命名为"红旗"。1958年8月~1959年5月，一汽的设计师又认真对红旗轿车整车做了5次系统的试验。5次试验后，红旗轿车定型样车被正式编号为CA72，这才是中国有编号的第一辆真正的红旗牌高级轿车（图2-33）。1959年9月，第一批两辆红旗检阅车（图2-34）送往北京，供国庆10周年阅兵式使用。

图2-33 第一辆真正的红旗牌高级轿车——红旗CA72型轿车

图2-34 第一批红旗检阅车

1958年以后，中国汽车工业出现了新的情况，由于国家实行企业下放，各省市纷纷利用汽车配件厂和修理厂仿制和拼装汽车，形成了中国汽车工业发展史上第一次"热潮"，建成了一批汽车制造厂、汽车制配厂和改装车厂。

各地方发挥自己的力量，在修理厂和配件厂的基础上进行扩建和改建所形成的这些地方汽车制造企业，一方面丰富了中国汽车产品的构成，使中国汽车不但有了中型车，而且有了轻型车和重型车，还有各种改装车，满足了国民经济的需要。另一方面，这些地方汽车制造企业从自身利益出发，片面追求自成体系，从而造成整个行业投资严重分散和浪费，布局混乱，重复生产的"小而全"畸形发展格局，为以后汽车工业发展留下了隐患。

进入20世纪60年代，国民经济实行"调整、巩固、充实、提高"方针，在国家和省市支持下，力求探索汽车工业管理的改革，国家决定试办汽车工业托拉斯[○]，实施了促进汽车工业发展的多项举措，20世纪60年代中期工业托拉斯停办。与此同时，汽车改装业起步，重点发展了一批军用改装车。民用消防车、救护车、自卸车和牵引车相继问世，并为社会经济发展提供了城市、长途和团体这三大类客车，在这些汽车中，代表性的品牌主要有南京汽车制造厂的跃进NJ130型轻型载货汽车（图2-35）和上海交电汽车装修厂的上海牌SH760型轿车（图2-36）等。

NJ130型2.5t载货汽车是新中国第一辆轻型载货车。上海牌SH760型轿车是国内当时唯一的普通型公务用车，也是机关、企事业单位和接待外宾的主力车型。

○ 托拉斯即Trust，是资本主义垄断组织的一种形式，生产同类商品或在生产上有密切联系的垄断资本企业，为了获取高额利润而从生产到销售全面合作组成的垄断联合。

图 2-35　跃进 NJ130 型轻型载货汽车

图 2-36　上海牌 SH760 型轿车

2. 成长阶段（1966~1980 年）

1969 年，国家确定在三线建设以生产越野汽车为主的第二汽车制造厂（简称二汽），二汽是中国汽车工业第二个生产基地，与一汽不同，二汽是依靠中国自己的力量创建起来的工厂（由国内自行设计、自己提供装备），采取了"包建"（专业对口老厂包建新厂、小厂包建大厂）和"聚宝"（国内的先进成果移植到二汽）的方法，同时在湖北省内外安排新建、扩建 26 个重点协作配套厂。一个崭新的大型汽车制造厂在湖北省十堰市兴建和投产，当时主要生产中型载货汽车和越野汽车。二汽拥有约 2 万台设备，100 多条自动生产线，只有 1% 的关键设备是引进的，1978 年 7 月，东风 5t 载重汽车投产（图 2-37）。二汽的建成，开创了中国汽车工业以自己的力量设计产品、确定工艺、制造设备、兴建工厂的纪录，检验了整个中国汽车工业和相关工业的水平，标志着中国汽车工业上了一个新台阶。

图 2-37　1978 年 7 月，东风 5t 载重汽车投产

小知识

第二汽车制造厂简介

第二汽车制造厂，也称"二汽"，是 1969 年开始在湖北的十堰市建造的。从地域上看，二汽所在的十堰市位处湖北、四川、陕西三省交界，深入中国腹部；从地形上看，群山环抱，只有一条铁路和公路通进来。建设二汽，最早于 1952 年年底提出，但正式开

始建设，已到1969年，其间经历了前后17年、"两下三上"的漫长波折。生产"东风牌"载货汽车、"富康牌"轿车以及后来的"爱丽舍"轿车等。1992年9月1日，"二汽"正式更名为东风汽车公司。东风汽车公司已成为国家明确重点支持的三大汽车集团之一。1989年起连续多年跻身全国工业500强前十位，1999年，"东风汽车"成功改制上市。经过40余年的建设和发展，东风汽车公司相继建成了十堰、襄阳、武汉、广州四大汽车开发生产基地，2010年，公司汽车销售达到260万辆，位列国内汽车行业第二位。现总部迁往武汉市武汉经济技术开发区。

与此同时，四川和陕西汽车制造厂和与陕西汽车制造厂生产配套的陕西汽车齿轮厂，分别在重庆市大足县和陕西省宝鸡市（现已迁西安）兴建和投产，主要生产重型载货汽车和越野汽车。

20世纪60年代中后期，国家提出"大打矿山之仗"的决策，矿用自卸车成为其重点装备，上海32t试制成功投产之后，天津15t、常州15t、北京20t、一汽60t（后转本溪）和甘肃白银42t电动轮矿用自卸车也相继试制成功投产，缓解了冶金行业采矿生产装备需求的不足。

1969年10月，中国第一台32t矿用自卸车在上海问世。

这一时期，全国汽车供不应求，再加上国家再次将企业下放给地方，因此形成中国汽车工业发展的第二次"热潮"。从1964年起，上海汽车厂批量生产了"上海牌"（原"凤凰牌"）轿车，逐渐形成5000辆的年产水平，同时，上海一批零部件厂和附配件厂也随着汽车工业的发展而相继成长。

1978年，中国迎来改革开放，国外的先进技术也猛烈地冲击了国内汽车市场，为之后30年中国汽车事业的发展注入了新的活力。

3. 全面发展阶段（1981~2001年）

在改革开放方针指引下，汽车工业进入全面发展阶段。汽车老产品（解放、跃进、黄河车型）升级换代，结束30年一贯制的历史；调整商用车产品结构，改变"缺重少轻"的生产格局；引进技术和资金，建设轿车工业，形成生产规模；行业管理体制和企业经营机制改革，汽车车型品种、质量和生产能力大幅增长。

1984年1月，北京汽车制造厂与美国AMC汽车公司合资组建北京吉普汽车有限公司，生产AMC公司1983年投产的切诺基型系列产品和原北京汽车厂吉普车改进后的车型，1985年形成年产7000辆的能力，1990年形成年产6万辆的能力。

1984年，天津汽车工业公司引进日本大发汽车公司微型汽车技术，于1998年形成年产微型汽车2万辆、发动机3万台的能力；1989年8月，二期技术改造工程完工，当年组装生产夏利轿车2000多辆，1992年形成年产3万辆的能力；1996年通过扩建形成年产15万辆轿车和15万台发动机的规模。

1985年3月，广州汽车厂、中国国际信托投资公司和法国标致汽车公司、巴黎银行、国际金融公司合资建立广州标致汽车有限公司，生产法国标致公司504、505系列车型，累计生产近2万辆。之后，广州汽车工业集团公司将原广州标致汽车有限公司的中方资产和生产基地与日本本田汽车公司合资建立广州本田汽车有限公司，生产本田雅阁，建设能力年产5万辆，1998年6月开业。

奇瑞公司成立于1997年，全称"上汽集团奇瑞汽车有限公司"。公司拥有整车外形等十多项专利技术，先后推出了SO、R系列发动机和"奇瑞风云"系列轿车，2003年4月推出"奇瑞QQ"系列和"奇瑞东方之子"系列轿车。奇瑞公司成立以来，在不到2年的时间里，顺利实现3万辆轿车下线。2002年，奇瑞轿车产销量双双突破5万辆，同比上年增长78.11%，在国内汽车市场占有率达到4.4%，成功跻身于国内轿车行业前八强，成为行业内公认的车坛"黑马"。与此同时，奇瑞还创下五个国内第一，六次走出国门，以自己的不懈努力创造了中国汽车史上的奇迹。

浙江吉利控股集团有限公司是一家以汽车及汽车配件生产经营为主要产业的大型民营企业集团，始建于1986年。2005年中国汽车工业协会公布了中国轿车销量排名前十名的企业，吉利汽车销量近15万辆，再次入围中国十大汽车制造企业，成为唯一"杀入"中国汽车制造十强的民营企业。

1981~1998年，全国生产各类汽车累计1452万辆，其中轿车260万辆，累计投资（包括引进外资）近1500亿元。至1998年年底初步统计，有20多个国家、地区在中国建立了600多家外商投资企业，注册资本100多亿美元。

中共十四大和人大八届四次会议确定将汽车工业列为国民经济支柱产业，1994年国家颁布《汽车工业产业政策》，1992~1998年是中国汽车工业快速发展的7年，主要体现在：

1) 汽车、摩托车产量稳步增长，经济效益有所改善。

2) 产品品种增加，开发能力增强。一些企业集团开始投资研发，具有一定的自主研发能力。

3) 生产集中度明显提高，经济规模初见端倪。1998年全国生产摩托车879万辆中。年产20万辆以上的11家，占全国年产量的60%。

4) 市场结构、产品结构趋向合理，产品质量进一步提高。

1994年3月12日，国务院批准中国第一部、到目前为止也是中国唯一一部产业政策——《汽车工业产业政策》。

1996年，中国摩托车产量超过1000万辆，使中国成为名副其实的摩托车第一生产大国。

2000年，中国汽车产量首次超过200万辆。

2002年，产量居世界第5位。

私家车，曾是个陌生的概念。20世纪90年代，一辆挂有自备车牌照的轿车停在上海展览馆门前，好多人围着看不懂，议论了一番。为了避人耳目，怕露富，私家车牌照挂上了"Z"字头，甚至有人怕遭"麻烦"，干脆私家车挂上公家的牌照。有趣的是，从前开公家车是个很风光、体面的事，现在倒过来了，开私家车的显得自信起来了。当造车人也买得起车时，人们才意识到中国汽车元年真的到来了。

4. 高速发展阶段（2003至今）

在此期间，我国的汽车工业尤其是轿车工业技术进步的步伐大大加快，新车型层出不穷，并在2009年中国就成为世界最大的汽车产销国，连续8年蝉联世界第一。科技创新步伐加快，整车技术特别是环保指标大幅度提高，电动汽车开发初见进展；与国外汽车巨头的生产与营销合作步伐明显加快，引进国外企业的资金、技术和管理的力度不断加深；企业组织结构的调整稳步推进。

2016年中国品牌乘用车销量首次超过千万辆（1052.9万辆），比2015年的873.8万辆增长20.50%；占乘用车销售总量的43.2%，占有率比2015年（41.2%）同期提升2个百分点（图2-38）。

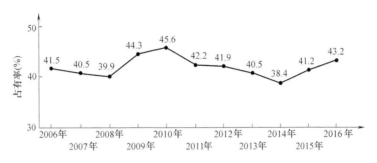

图2-38　2006~2016年中国品牌乘用车市场份额变化趋势

随着东风柳汽（2001年推出风行MPV）、长城汽车（2002年推出赛弗SUV）、比亚迪（2005年推出F3）、一汽奔腾（2006年推出B70）、长安汽车（2006年推出奔奔）、上汽荣威（2007年推出750）、东风风神（2009年推出S30）等进入乘用车领域，自主品牌产销量迅猛增长，日益成为中国汽车工业不容忽视的一支新生力量。中国主要汽车品牌标志如图2-39所示。

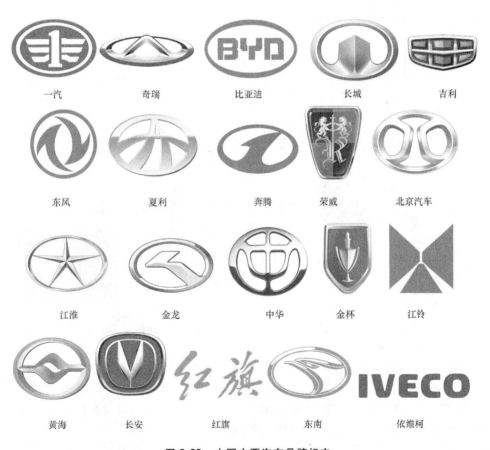

图2-39　中国主要汽车品牌标志

三、中国汽车工业的现状

1. 中国汽车的保有量

汽车保有量是指一个地区拥有车辆的数量，一般是指在当地登记的车辆。但汽车保有量不同于机动车保有量，机动车保有量包括摩托车、农用车保有量等在内。

2006~2017年中国机动车与汽车的保有量如图2-40所示。主要国家的千人口汽车保有量如图2-41所示。

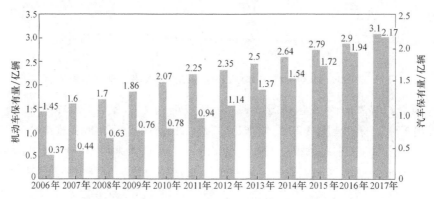

图2-40　2006~2017年中国机动力与汽车保有量

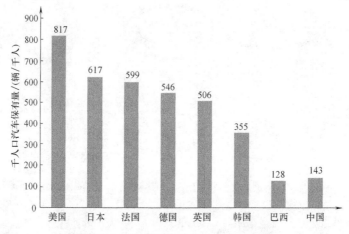

图2-41　主要国家的千人口汽车保有量

从汽车保有量来看，截至2017年底，全国机动车保有量达3.10亿辆，其中汽车2.17亿辆；机动车驾驶人达3.85亿人，其中汽车驾驶人3.42亿人。

千人口汽车保有量首次超过百辆，达到143辆/千人。而美国、日本、德国2013年千人口汽车保有量均在500辆以上，美国甚至超过800辆。

按照10年的更新周期计算，目前汽车保有量的更新换代每年就会产生1000万辆以上的汽车需求，这也构建了中国汽车市场未来的增长基础。

当前中国人均GDP接近美国20世纪60年代的水平，但千人口汽车保有量只有美国同期的1/6。从长期来看，伴随经济、道路、能源等条件的持续改善，中国千人口汽车保有量如能接近美国20世纪50~60年代的水平，以300~400辆/千人口的渗透率测算，中国汽车保有量有望超过 4 亿辆，对应汽车年销量超过 4000 万辆，汽车市场仍有翻倍的增长空间。

2. 中国历年汽车生产量

我国的汽车产业在 1993 年的销售收入位居通信设备、计算机及其他电子设备制造业、电力行业、黑色冶金行业和化工行业之后，首次成为我国工业第五大支柱产业。2000 年汽车产量突破 200 万辆，2002 年汽车产量突破 300 万辆，2004 年汽车产量突破 500 万辆，2009 年汽车产量突破 1000 万辆，2010 年汽车产量突破 1500 万辆，2013 年汽车产量突破 2000 万辆，2017 年中国汽车产销分别完成 2901.54 万辆和 2887.89 万辆，创历史新高，再次刷新全球纪录，连续 9 年蝉联世界第一。

1955~2017 年中国汽车生产量统计见表 2-1。

表 2-1　1955~2017 年中国汽车生产量统计　　　　　　　　（单位：辆）

年份	生产量	年份	生产量	年份	生产量	年份	生产量	年份	生产量
2017 年	29015400	2004 年	5070765	1991 年	708820	1978 年	149062	1965 年	40542
2016 年	28119000	2003 年	4443491	1990 年	509242	1977 年	125400	1964 年	28062
2015 年	24503300	2002 年	3253655	1989 年	586936	1976 年	135200	1963 年	20579
2014 年	23722900	2001 年	2341528	1988 年	646951	1975 年	139800	1962 年	9740
2013 年	22116800	2000 年	2068186	1987 年	472538	1974 年	104771	1961 年	3589
2012 年	19271800	1999 年	1831596	1986 年	372753	1973 年	116193	1960 年	22574
2011 年	18418900	1998 年	1627829	1985 年	443377	1972 年	108227	1959 年	19601
2010 年	18264667	1997 年	1582628	1984 年	316367	1971 年	111022	1958 年	16000
2009 年	13790994	1996 年	1474905	1983 年	239886	1970 年	87166	1957 年	7904
2008 年	9345101	1995 年	1452697	1982 年	196304	1969 年	53100	1956 年	1654
2007 年	8882456	1994 年	1353368	1981 年	175645	1968 年	25100	1955 年	61
2006 年	7279726	1993 年	1296778	1980 年	222288	1967 年	20381		
2005 年	5070765	1992 年	1061721	1979 年	185700	1966 年	55861		

3. 中国主要的汽车制造厂

中国整车生产企业有 100 多家，2017 年前 10 位的整车生产企业分别是：上汽集团、东风汽车、一汽集团、长安汽车、北京汽车、广汽集团、吉利汽车、长城集团、华晨汽车和奇瑞汽车。占汽车年销售总量近 90%，另外近 100 名汽车企业仅占 10% 左右的份额。而前 5 位汽车集团公司又占汽车销售总量的 75%，是中国目前的主要汽车制造厂。

（1）**上海汽车工业（集团）总公司**　上海汽车工业（集团）总公司简称"上汽集团"，是国内 A 股市场最大的汽车上市公司，总股本达到 110 亿股。目前，上汽集团主要业务涵盖整车（包括乘用车、商用车）、零部件（包括发动机、变速器、动力传动、底盘、内外饰、电子电器等）的研发、生产、销售，物流、车载信息、二手车等汽车服务贸易业务，以及汽车金融业务。

2017 年，上汽集团整车销量达到 691.6 万辆，继续稳居冠军，继续保持国内汽车市场领先优势。

上汽集团所属主要整车企业：上汽集团乘用车公司、上汽集团商用车公司、上汽大众汽车有限公司、上汽通用汽车有限公司、上汽通用五菱汽车股份有限公司、南京汽车集团有限公司、南京依维柯汽车有限公司、上汽依维柯红岩商用车有限公司和上海申沃客车有限公司等。

上海汽车工业（集团）总公司的资本分布如图2-42所示。

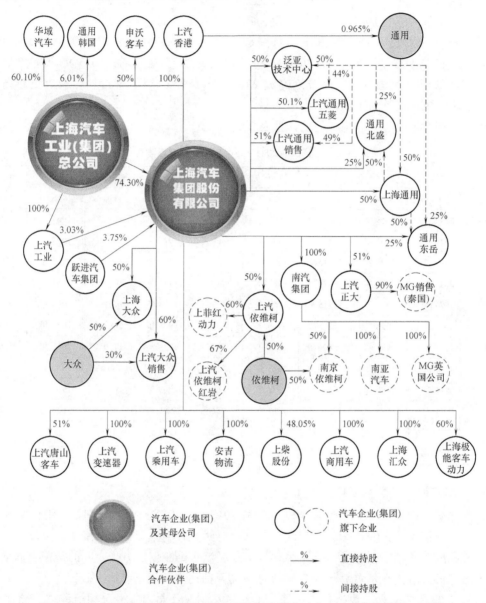

图2-42 上海汽车工业（集团）总公司的资本分布（来自：中商情报网，下同）

（2）**东风汽车集团股份有限公司** 东风汽车公司（原第二汽车制造厂）始建于1969年，是中国特大型国有骨干企业，总部设在"九省通衢"的武汉，主要业务分布在十堰、襄樊、武汉、广州四大基地。主营业务涵盖商用车、乘用车及汽车发动机、零部件的生产和销售业务，装备制造业务，金融业务以及与汽车相关的其他业务。

2000年，东风汽车公司进行债务重组。2004年，将旗下的东风汽车有限公司、神龙汽车有限公司、东风本田汽车有限公司、东风电动车辆股份有限公司、东风越野车有限公司等主要业务进行整合,成立了东风汽车集团股份有限公司,并于 2005 年 12 月在香港联交所上市。

2017 年,东风汽车集团累计销售约 412.1 万辆,销量规模稳居行业第二位,市场占有率 14.3%。目前,公司拥有主要 23 家附属公司、共同控制实体及其他拥有直接股本权益公司,构成东风汽车集团股份有限公司,其资本分布如图 2-43 所示。

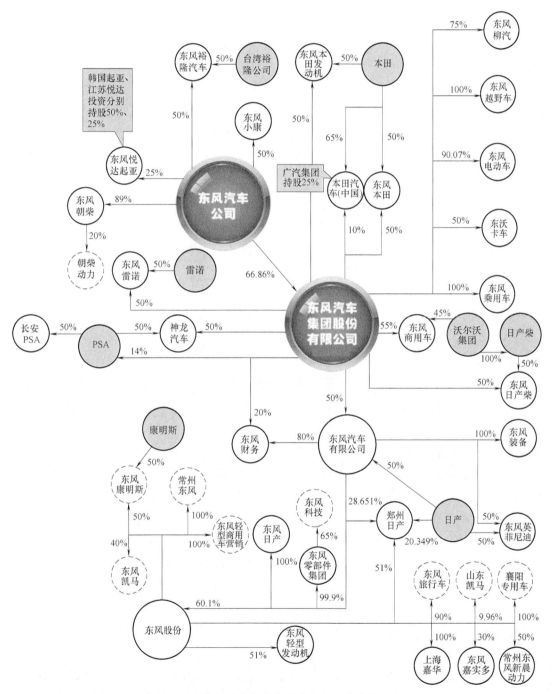

图 2-43　东风汽车集团股份有限公司的资本分布

（3）中国第一汽车集团公司　中国第一汽车集团公司简称"中国一汽"或"一汽"，国有特大型汽车生产企业。一汽总部位于吉林省长春市，前身是第一汽车制造厂，毛泽东主席题写厂名。一汽 1953 年奠基兴建，1956 年建成并投产，制造出新中国第一辆解放牌载货汽车。1958 年制造出新中国第一辆东风牌小轿车和第一辆红旗牌高级轿车。经过 50 多年的发展，一汽已经成为国内最大的汽车企业集团之一。2011 年，中国一汽进行主业重组，成立中国第一汽车股份有限公司。逐步形成了东北、华北、西南、华南等生产基地，形成了载货汽车、轿车、轻微型车、客车多品种、宽系列的产品格局。

2017 年中国一汽累计销售 334.6 万辆，市场占有率为 11.6%，年销量自 2014 年后再次突破 300 万辆大关。销量规模居行业第三位，连续多年被上汽和东风超越。

中国第一汽车集团公司拥有解放、红旗、奔腾、欧朗、骏派、夏利、威志、森雅等自主品牌，以及大众、奥迪、丰田、马自达等合资合作品牌。中国第一汽车集团公司的资本分布如图 2-44 所示。

（4）中国长安汽车集团股份有限公司　中国长安汽车集团股份有限公司简称"中国长安"，成立于 2005 年 12 月 26 日，是中国南方工业集团公司、中国航空工业集团公司旗下汽车产业进行战略重组、共同成立的一家特大型企业集团，总部位于北京。目前，中国长安旗下拥有长安汽车、江铃汽车、东安动力、济南轻骑 4 家上市公司。2009 年 7 月 1 日更为现名。

主要业务：整车、动力总成、零部件、商贸服务四大主业板块。

2017 年，长安集团累计实现汽车产量 281.5 万辆；累计实现销量 287.3 万辆，市场占有率为 9.9%。销量规模稳居行业第 4 位。

经过多年的发展，中国长安已形成覆盖微车、轿车、客车、校车、重卡、专用车等宽系列、多品种的产品谱系，拥有排量从 0.8L 到 2.5L 的发动机平台。其中，长安汽车、哈飞汽车、江铃汽车、江滨活塞、建安车桥、山川减振、湖南天雁（江雁）均荣获"中国驰名商标"称号，"长安"品牌价值达到人民币 401 亿元（2014 年）。此外，还拥有青山变速器、东安动力、东安三菱、建安车桥、宁江山川减振器等众多汽车零部件自主品牌。

中国长安汽车集团股份有限公司的资本分布如图 2-45 所示。

（5）北京汽车股份有限公司　北京汽车股份有限公司成立于 2010 年 9 月 28 日，由北京汽车集团有限公司等六家大型企业发起组成，是北京市政府重点支持发展的企业。2014 年 12 月 19 日，首次公开发行 H 股并在香港联交所主板挂牌上市。

主要从事乘用车车型设计、研发、制造、销售及相关服务。拥有先进技术平台且销售快速增长的北京汽车自主品牌业务，历史悠久的梅赛德斯-奔驰豪华车业务，以及销售稳健增长的北京现代中高端品牌业务。

2017 年北汽集团销量保持行业第 5 位，实现销售 251.2 万辆，市场占有率为 9.7%。

北京汽车股份有限公司的资本分布如图 2-46 所示。

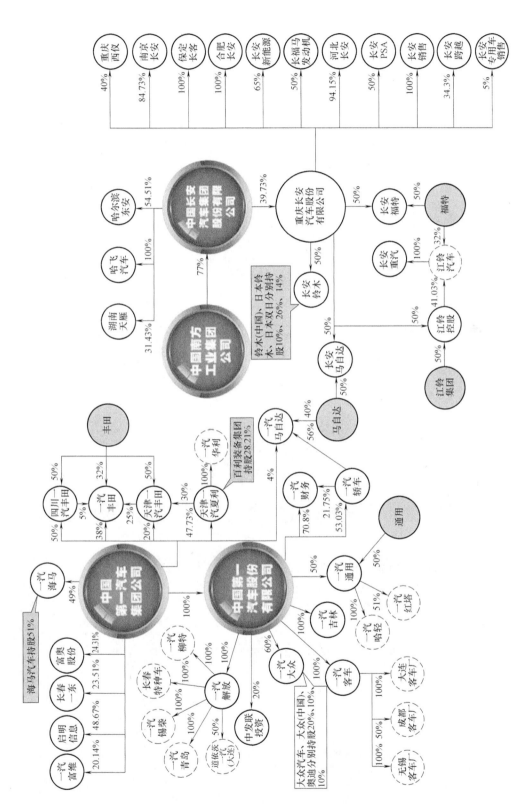

图 2-44 中国第一汽车集团公司的资本分布

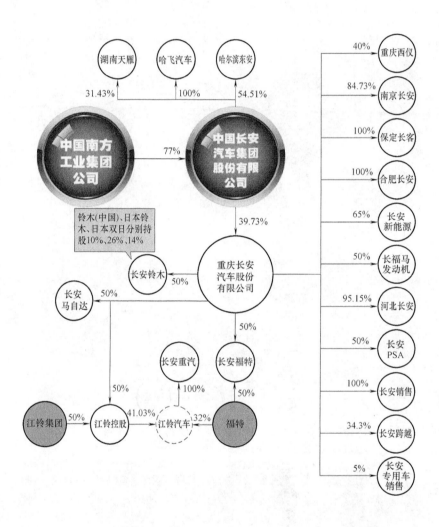

图 2-45　中国长安汽车集团股份有限公司的资本分布

第二章 国内外汽车工业概况

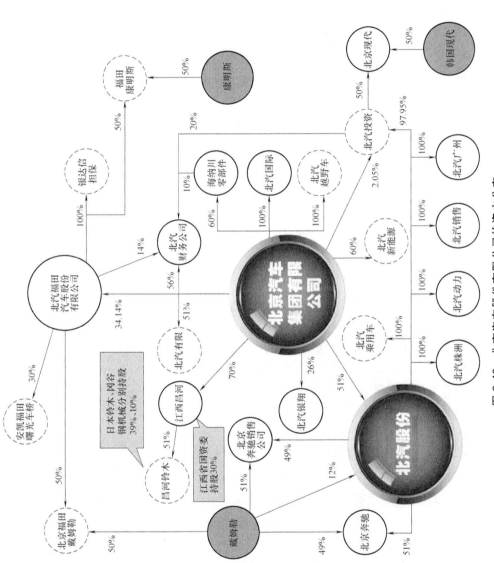

图 2-46 北京汽车股份有限公司的资本分布

本章相关的主要网站

1. 行业协会或学会相关的网址

（1）中国汽车工程学会　http：//www.sae-china.org/

（2）中国汽车工业协会　http：//caam.org.cn/

（3）中国工程机械工业协会　http：//www.cncma.org/

（4）中国汽车工业信息网　http：//www.autoinfo.gov.cn/

（5）中国农业机械工业协会　http：//www.caamm.org.cn/

（6）中国农业机械学会　http：//www.agro-csam.org/

（7）中国工程机械工业协会摩托车分会　http：//www.motorcycle-caam.org.cn/

（8）中商情报网　http：//www.askci.com/

（9）中国汽车流通协会　http：//www.cada.cn/

2. 主要汽车企业的网址

（1）上海汽车工业（集团）总公司　http：//www.saicgroup.com/

（2）东风汽车集团股份有限公司　http：//www.dfmc.com.cn/

（3）中国第一汽车集团公司　http：//www.faw.com.cn/

（4）中国长安汽车集团股份有限公司　http：//www.ccag.cn/

（5）北京汽车股份有限公司　http：//www.baicmotor.com/

（6）广州汽车工业集团有限公司　http：//www.gaig.com.cn/

（7）华晨汽车集团控股有限公司　http：//www.brilliance-auto.com/

（8）中国重型汽车集团有限公司　http：//www.cnhtc.com.cn/

（9）长城汽车股份有限公司　http：//www.gwm.com.cn/

（10）奇瑞汽车股份有限公司　http：//www.chery.cn/

（11）安徽江淮汽车集团有限公司　http：//www.jac.com.cn/

（12）陕西汽车集团有限责任公司　http：//www.sxqc.com/

（13）郑州宇通集团有限公司　http：//www.yutong.com/

（14）浙江吉利控股集团有限公司　http：//www.geely.com/

（15）比亚迪汽车有限公司　http：//www.bydauto.com.cn/

（16）厦门金龙汽车集团股份有限公司　http：//www.xmklm.com.cn/

（17）重庆力帆控股有限公司　http：//www.lifan.com/

（18）庆铃汽车（集团）有限公司　http：//www.qingling.com.cn/

（19）柳州五菱汽车有限责任公司　http：//www.wuling.com.cn/

（20）东南（福建）汽车工业有限公司　http：//www.soueast-motor.com/

（21）宝马公司　http：//www.bmwgroup.com/

（22）奔驰公司　http：//www.mercedes-benz.com.cn/

（23）大众公司　http：//www.volkswagenag.com/

思 考 题

1. 为何说中国是最早使用车的国家之一?
2. 为何说蒸汽机的发明和应用是第一次工业革命的标志?
3. 蒸汽汽车是哪一年发明的? 为什么蒸汽汽车得不到普及?
4. 为何汽车发明日是采用内燃机汽车发明日,而不是采用蒸汽汽车发明日?
5. 世界上第一条汽车流水生产线是哪一年建成的? 流水生产线有什么好处?
6. 何谓甲壳虫汽车神话? 对现代车型设计有何借鉴作用?
7. 日本和韩国汽车技术和汽车工业的快速发展有什么值得我们借鉴的地方?
8. 我国大型汽车企业有哪些? 各自的年产量、年产值是多少?
9. 我国自主汽车品牌有哪些?
10. 你认为我国达到美国、欧洲等发达国家千人口汽车保有量的水平会实现吗? 会有什么问题?
11. 你对我国汽车工业发展的前景有什么看法?
12. 试展望 2030 年后世界汽车的发展和汽车工业的状况。

第三章

汽 车 概 论

汽车服务工程专业的服务载体是汽车，只有掌握汽车的构造、原理、性能等基础知识，才能对汽车进行维修、营销、运用、设计、试验等服务。为此，本章主要介绍汽车的总体构造、部件组成、行驶原理、性能指标等知识，以认识汽车奥秘。

第一节 汽车的总体构造与行驶原理

一、汽车的总体构造

汽车通常由发动机、底盘、车身、电气设备四个部分组成（图3-1）。

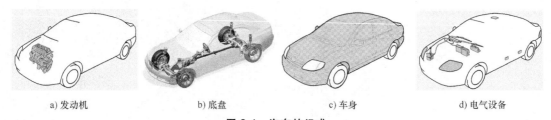

a) 发动机　　　　b) 底盘　　　　c) 车身　　　　d) 电气设备

图 3-1 汽车的组成

1. 发动机

发动机是一种能够把其他形式的能转化为机械能的机器，包括内燃机（汽油发动机等）、外燃机（斯特林发动机、蒸汽机等）、电动机等。狭义上，汽车发动机就是指内燃机。

汽车发动机是将汽车燃料的化学能转变成机械能的机器。大多数汽车都采用往复活塞式内燃机，它一般由曲柄连杆机构、配气机构、燃料供给系统、冷却系统、润滑系统、点火系统（仅汽油发动机）、起动系统等部分组成。

发动机主要有 L（直列式）发动机、V 形发动机、W 形发动机和水平对置气缸式发动机。另外比较特殊的就是转子发动机，这是马自达的专利。

对于电动汽车，其发动机就是电动机。

2. 底盘

汽车底盘接受发动机的动力，将发动机的旋转运动转变成汽车的水平运动，并保证汽车按照驾驶人的操纵正常行驶。底盘由传动系统、行驶系统、转向系统、制动系统4部分组成。

传动系统是指将发动机的动能传递到车轮上的全部动力传动装置，并能实现动力的接通与切断、起步、变速、倒车等功能。它由离合器、变速器、传动轴、驱动桥等部件组成。

行驶系统是将汽车各总成、部件连接成一个整体，支承整车，并将旋转运动的动力转变成汽车的直线运动，实现汽车的平顺行驶。它由车架、车桥、车轮和悬架等部件组成。

转向系统用来控制汽车的行驶方向。它由转向盘、转向器和转向传动机构组成。

制动系统用来使行驶中的汽车按照需要降低速度，停止行驶和在坡道上驻车。它由制动控制部分、制动传动部分、制动器等部件组成，一般汽车制动系统至少有两套各自独立的制动装置，即行车制动装置和驻车制动装置。

3．车身

汽车的车身是驾驶人工作的场所，也是装载乘客和货物的场所。车身应为驾驶人提供方便的操作条件，以及为乘客提供舒适安全的环境或保证货物完好无损。

4．电气设备

汽车电气设备用于汽车发动机的起动、点火、照明、灯光信号及仪表等监控装置。我国汽车电气系统的电压均采用12V或24V，负极搭铁。汽车的电气设备包括电源系统、起动系统、照明装置、信号装置、仪表等，电子设备主要有安全气囊、防盗系统、空调系统、总线、门控系统等，这些设备大大地提高了汽车的各种性能。

汽车主要部件的分布如图3-2所示。

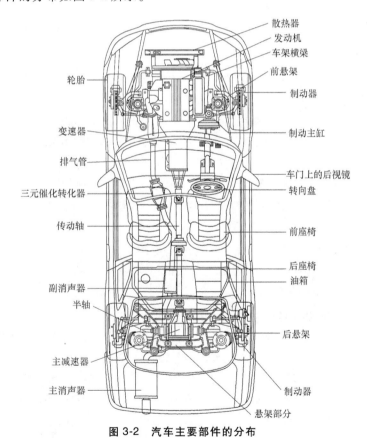

图3-2　汽车主要部件的分布

二、汽车的行驶原理

汽车行驶是依靠发动机的动力，经过传动系统降低转速和增大转矩后，传递到驱动轮上，再通过驱动轮与地面间的相互作用而实现的。要确定汽车沿行驶方向的运动状况，必须掌握沿汽车行驶方向作用于汽车的各种外力，即驱动力与行驶阻力。

1. 驱动力

驱动力是由发动机的转矩经传动系统传到驱动轮上得到的。发动机输出的转矩，经传动系统传到驱动轮上。此时作用于驱动轮上的转矩 T_t 产生对地面的圆周力 F_0，地面对驱动轮的反作用力 F_t（方向与 F_0 相反）即驱动汽车的外力（图3-3），此外力称为汽车的驱动力 F_t。

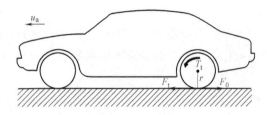

图 3-3 汽车的驱动力

驱动力的产生需要依靠两个作用：

1）依靠发动机提供转矩，经过传动系统改变大小和方向后，传递给驱动轮一定的驱动力矩，进而提供引发驱动力沿轮胎切向方向的作用力，这是产生驱动力的内部条件。

2）依靠驱动轮与地面的相互作用，把驱动轮对地面的作用力，转化为地面对驱动轮切向方向的反作用力，这是产生驱动力的外部条件。

汽车每得到一个具体的驱动力，是上述两个方面共同作用、协调一致的结果。

2. 行驶阻力

汽车在水平道路上直线等速行驶时，必须克服来自地面与轮胎相互作用而产生的滚动阻力 F_f 和来自车身与空气相互作用而产生的空气阻力 F_w。

当汽车在坡道上直线上坡行驶时，还必须克服其重力沿坡道的分力，称为坡度阻力 F_i，汽车直线加速行驶时，还必须克服加速阻力 F_j。因此，汽车直线行驶时其总阻力为

$$\sum F = F_f + F_w + F_i + F_j$$

汽车各种行驶阻力中，滚动阻力 F_f 和空气阻力 F_w 是在任何行驶条件下都存在的，坡度阻力 F_i 和加速阻力 F_j 仅在一定行驶条件下存在。汽车下坡时，F_i 为负值，此时汽车重力沿坡道的分力已不是汽车的行驶阻力，而是动力了。同样，汽车减速行驶时，惯性作用是使汽车前进的，F_j 也为负值，也不是阻力了。在水平道路上等速直线行驶时，就没有坡度阻力和加速阻力。

3. 汽车行驶的驱动——附着条件

（1）汽车行驶的驱动条件 若驱动力小于滚动阻力、坡度阻力、空气阻力和加速阻力之和，则汽车无法开动或正在行驶的汽车将减速直至停车。所以汽车行驶的驱动条件为

$$F_t \geq F_f + F_w + F_i + F_j$$

汽车行驶的驱动条件不是汽车行驶的充分条件，只反映了汽车本身的行驶能力。

可以采用增加发动机转矩、加大传动比等措施来增大汽车驱动力。但这些措施只有在驱动轮与路面不发生滑转现象时才有效。如果驱动轮在路面滑转，则增大驱动力只会使驱动轮加速旋转，地面切向反作用力并不会增加。这种现象表明，汽车行驶除受驱动条件制约外，还受轮胎与地面附着条件的限制。

（2）汽车行驶的附着条件 地面之所以产生切向反作用力，主要是依靠地面与驱动轮接地表面之间的摩擦作用（对轮式拖拉机或履带式拖拉机而言，还有土壤与压入土壤中的

驱动轮刺或履带行走器履刺之间的剪切作用)。这种作用称为附着作用,附着作用所能提供的地面反作用力的极限值,称为附着力 F_φ。附着力是一种潜力,当它被利用而表现出来的时候就成了驱动力。很显然,驱动力的发挥受到附着力的限制,实际发出的驱动力,只能小于或等于附着力,而不能大于附着力 F_φ,否则将发生驱动轮滑转现象,即

$$F_t \leq F_\varphi$$

这就是汽车行驶的附着条件,也是汽车行驶的充分条件。

汽车行驶的充分与必要条件为

$$F_f + F_w + F_i + F_j \leq F_t \leq F_\varphi$$

上式称为汽车行驶的驱动-附着条件。

一般情况下,当附着力足够大时,驱动力的最大允许值由最低工作档位上发动机标定转矩来决定,此时若行驶总阻力超过驱动力,则汽车由于发动机经常超载或频繁熄火而无法正常工作。当发动机转矩足以满足(即驱动力足够大)而附着力不足时,驱动力的最大允许值由附着力决定。若此时行驶总阻力超过附着力,则汽车由于驱动轮产生严重滑转而不能正常工作。

由此可见,发动机的转矩并不是任何情况下都能充分发挥出来的,有时因受到汽车驱动轮与路面之间附着性能的限制而不能完全被利用。所以要充分发挥汽车的工作潜力,应提高汽车的附着性能,同时降低行驶阻力。

第二节 发动机的总体构造

发动机是一种由许多机构和系统组成的复杂机器。无论是汽油机,还是柴油机;无论是四冲程发动机,还是二冲程发动机;无论是单缸发动机,还是多缸发动机,要完成能量转换,实现工作循环,保证长时间连续正常工作,都必须具备以下一些机构和系统。汽油机由两大机构和五大系统组成,即曲柄连杆机构、配气机构、燃料供给系统、润滑系统、冷却系统、点火系统(仅汽油机)和起动系统组成(图3-4);柴油机由两大机构和四大系统组成,即由曲柄连杆机构、配气机构、燃料供给系统、润滑系统、冷却系统和起动系统组成,柴油机是压燃的,不需要点火系统。

图 3-4 汽油发动机的外形(带中冷)

一、曲柄连杆机构

1. 作用

曲柄连杆机构的作用是将燃料燃烧时产生的热能转变为活塞往复运动的机械能,再通过连杆将活塞的往复运动变为曲轴的旋转运动而对外输出动力。

2. 组成

曲柄连杆机构由机体组、活塞连杆组、曲轴飞轮组等三部分组成。

（1）**机体组** 机体组主要包括气缸体、曲轴箱、油底壳、气缸套、气缸盖和气缸垫等不动件（图3-5）。

（2）**活塞连杆组** 活塞连杆组由活塞、活塞环、活塞销和连杆等主要机件组成（图3-6）。

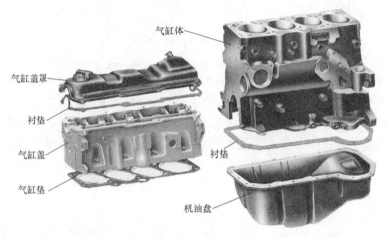

图3-5 机体组

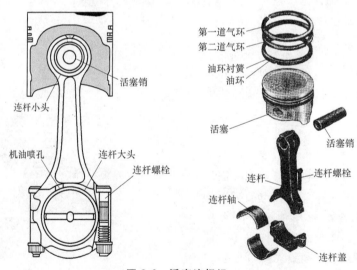

图3-6 活塞连杆组

（3）**曲轴飞轮组** 曲轴飞轮组主要由曲轴、飞轮、带轮、正时齿带轮（或链轮）等组成（图3-7）。

二、配气机构

1. 作用

配气机构的作用是按照发动机各缸工作过程的需要，定时地开启和关闭进气门和排气门，使新鲜可燃混合气（汽油机）或空气（柴油机）得以及时进入气缸，废气得以及时排出气缸。

2. 类型

根据凸轮轴的位置不同，分为下置式、中置式和上置式。配气机构多采用顶置式气门。

配气系统主要包括以下几部分，即凸轮轴及其传动系统，气门及与气门有关的零件。图 3-8 所示为一台顶置凸轮轴直列四缸发动机的配气系统布置情况。该发动机使用正时齿形带驱动凸轮轴，凸轮轴直接驱动 8 个气门，在凸轮轴和气门之间布置了液压挺杆。

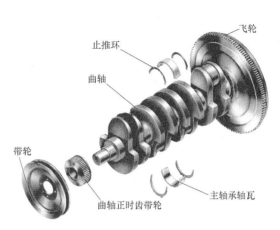

图 3-7　曲轴飞轮组

3. 组成

以顶置式为例，配气机构由气门驱动组、气门传动组和气门组三部分组成。

气门驱动组由正时齿轮及凸轮轴组成。

气门传动组由挺杆、推杆、摇臂轴及支座、摇臂及调整螺钉等组成。

气门组由气门、气门导管、气门弹簧、气门锁片及弹簧等组成。

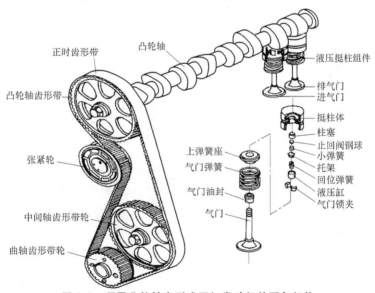

图 3-8　顶置凸轮轴直列式四缸发动机的配气机构

三、燃料供给系统

根据供给的燃料不同，燃料供给系统一般分为汽油机燃料供给系统和柴油机燃料供给系统。

1. 汽油机燃料供给系统

（1）作用　汽油机燃料供给系统的任务是将汽油经过雾化和蒸发（汽化）并和空气按

一定比例均匀混合成可燃混合气,再根据发动机各种不同工况的要求,向发动机气缸内供给不同质(即不同浓度)和不同量的可燃混合气,以便在临近压缩终了时点火燃烧而放出热量燃气膨胀做功,最后将气缸内的废气排至大气中。

(2)类型　目前汽油机的燃料供给系统有:缸外喷射和缸内喷射两大类(图3-9),缸外喷射式汽油供给系统主要由燃油供给系统、进气系统和电子控制系统三部分组成(图3-10)。

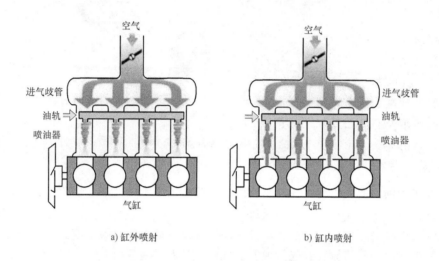

a)缸外喷射　　　　　　　　　　b)缸内喷射

图3-9　汽油机供油系统的类型

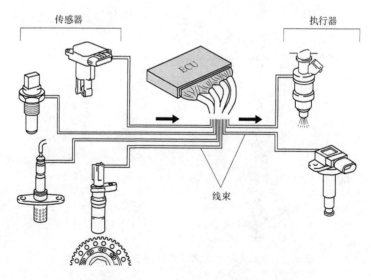

图3-10　缸外喷射式汽油供给系统的组成

发动机电子控制单元(ECU)收集信息发动机的运转工况,根据发动机的转速、节气门开度、冷却液温度、进气温度、排气中的氧浓度、蓄电池电压、进气流量等信号,按着预选给定的程序,计算出最佳汽油喷射量和最佳喷射正时,并发出指令,由汽油喷油器按时按量地进行喷射。

2. 柴油机燃料供给系统

(1) 作用 柴油机燃料供给系统的作用是根据柴油机的工作要求，定时、定量、定压地将雾化质量良好的柴油按一定的喷油规律喷入气缸内，并使其与空气迅速而良好地混合和燃烧。燃料供给系统是柴油机最重要的辅助系统，它的工作情况对柴油机的功率和经济性能都有重要影响。

(2) 组成 目前柴油机燃料供给系统有传统机械式和电控式两大类。其中，传统机械式燃料供给系统主要用于对排放要求不高的非道路行驶车辆，而电控式燃料供给系统用于道路行驶的汽车。

电控式柴油机燃料供给系统有电控直列泵式、电控分配泵式、泵喷嘴式、高压共轨式等类型，其中，电控高压共轨式应用较广。

高压共轨电喷技术是指在高压油泵、压力传感器和电子控制单元组成的闭环系统中，将喷射压力的产生和喷射过程彼此完全分开的一种供油方式（图3-11）。它是由高压油泵将高压燃油输送到公共供油管，通过公共供油管内的油压实现精确控制，使高压油管压力大小与发动机的转速无关，可以大幅度减小柴油机供油压力随发动机转速变化的程度。

燃油喷射压力是柴油发动机的重要指标，因为它联系着发动机的动力、油耗、排放等。共轨柴油喷射系统已将燃油喷射压力提高到 $1.8 \times 10^8 \mathrm{Pa}$。

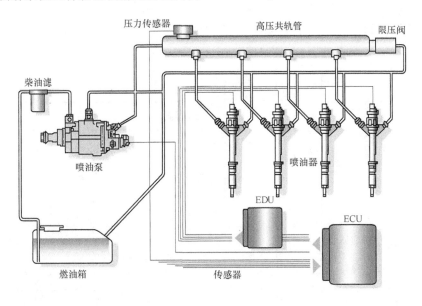

图3-11 高压共轨电喷技术

四、点火系统

1. 作用

点火系统的功能是点燃式发动机为了正常工作，按照各缸点火次序，定时地供给火花塞以足够高能量的高压电（大约15000～30000V），使火花塞产生足够强的火花，点燃可燃混合气。

2. 类型

发动机的点火系统的类型有很多，主要类型如图 3-12 所示。

目前汽车均采用无分电器式（直接点火）方式。

3. 组成

无分电器式（直接点火）点火系统的主要装置如下（图 3-13）：

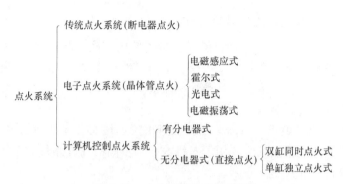

图 3-12　点火系统的主要类型

（1）**传感器**　感知发动机的工作状态，为电控单元提供信息。

（2）**电控单元**　根据发动机转速、空气流量、节气门位置、蓄电池电压、冷却液温度、进气温度、爆燃等信号，算出最佳点火正时提前角度，再发出点火信号，达到控制点火正时的目的。

（3）**点火控制组件**　执行电控单元的命令，为点火提供高压电。

（4）**高压线**　把点火控制组件中的点火线圈产生的高压电送给火花塞。

（5）**火花塞**　利用高压电击穿气隙，产生火花点燃气缸内的可燃混合气。

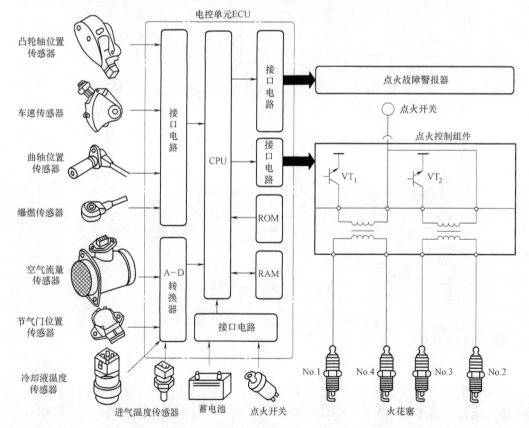

图 3-13　无分电器式（直接点火）点火系统的组成

五、冷却系统

1. 作用

发动机工作时,由于燃料的燃烧,气缸内的气体温度高达 1927~2527℃,使发动机零部件温度升高,特别是直接与高温气体接触的零件,若不及时冷却,则难以保证发动机正常工作。

冷却系统的作用就是保持发动机在最适宜的温度范围(90~100℃)内工作。

2. 冷却方式

根据冷却介质的不同,冷却方式可分为水冷式和风冷式。

(1) **水冷式** 以水为冷却介质,热量先由机件传递给水,靠水的流动把热量带走而后散入大气中。散热后的水再重新流回到受热机件处,适当调节水路和冷却强度,就能保持发动机的正常工作温度,同时,还可以用热水预热发动机,便于冬季起动。

(2) **风冷式** 高温零件的热量直接散入大气。

3. 组成

目前汽车发动机均采用强制循环式水冷却系统,它主要由冷却风扇、散热器、散热器盖、节温器和水泵等组成,各零部件布置如图 3-14 所示。

(1) **冷却风扇** 风扇旋转送风辅助散热器进行热交换。

(2) **散热器** 散热器又名水箱,其作用是利用冷风冷却被加热的冷却液。散热器的芯管常用扁形直管,周围制有散热片,芯管有竖置和横置两种方式。

(3) **散热器盖** 散热器盖具有较高的密封性。其作用是使冷却系统保持一定的压力,提高冷却液的沸点。

(4) **节温器** 节温器是控制冷却液液流的开关阀,从而使冷却液保持适当的温度。

(5) **水泵** 水泵的作用是使冷却液循环。

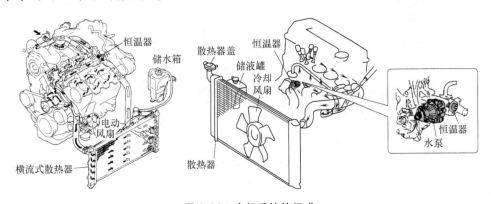

图 3-14 冷却系统的组成

六、润滑系统

1. 作用

在发动机运转时,必须向各润滑部位提供机油进行润滑。润滑系统的作用就是不断地使机油循环,从而润滑发动机的各个部位,使发动机的各个零件都能发挥出最大的性能。归纳起来如下：

(1) **润滑作用** 润滑作用是指将零件间的直接摩擦变为间接摩擦，减少零件磨损和功率损耗。

(2) **密封作用** 密封作用是指利用润滑油的黏性，提高零件的密封效果。例如，活塞与气缸套之间保持一层油膜，增强了活塞的密封作用。

(3) **散热作用** 散热作用是指通过润滑油的循环，将零件摩擦时产生的热量带走。

(4) **清洗作用** 清洗作用是指利用润滑油的循环，将零件相互摩擦时产生的金属屑带走。

(5) **防锈作用** 防锈作用是指将零件表面附上一层润滑油膜，可以防止零件表面被氧化锈蚀。

根据发动机类型和润滑部位不同，其润滑方式也不同。

2. 组成

润滑系统主要由油底壳、机油粗滤器、机油泵、机油滤清器、机油压力开关、机油尺等组成（图3-15）。

发动机工作时，机油泵将机油从油底壳吸入，并压送到机油滤清器，经机油滤清器滤清后的机油流入主油道，然后分别流入各曲轴轴承、凸轮轴轴承、连杆轴承等处，最后又重新回到油底壳。

由于乘用车发动机转速高、功率大、凸轮轴多为顶置，机油泵一般由中间轴驱动；配气机构多采用液力挺柱；在主油道与机油泵之间多用单级全流式滤清器，以简化滤清系统。集滤器为固定淹没式，避免机油泵吸入表面泡沫，保证润滑系统工作可靠。

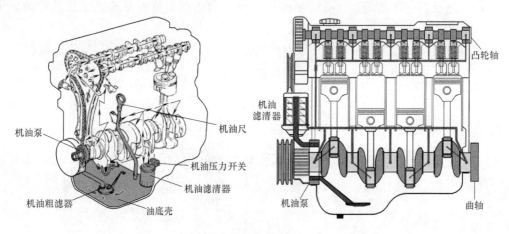

图3-15 润滑系统的组成

七、起动系统

1. 作用

所谓发动机起动就是用外力转动静止的曲轴，直至曲轴达到能保证混合气形成、压缩和燃烧并顺利运行的转速（称为起动转速，通常在50r/min以上），使发动机自行运转的过程。

常用的起动方法有手摇起动和起动机起动。手摇起动就是把手摇臂嵌入曲轴前端的起动爪内，用人力转动曲轴起动，手摇起动简单但不方便，劳动强度大且不安全，现已很少使用。现代汽车都采用电力起动机起动，由于这种方法操作方便、起动迅速、安全可靠，因此得到了广泛应用。

起动机的作用是由直流电动机产生动力，经传动机构带动发动机曲轴转动，从而实现发动机的起动。

2. 组成

起动系统主要由起动机、起动机继电器、点火开关、起动齿圈等组成（图3-16）。

起动机主要由直流电动机、传动机构和控制机构组成。

直流电动机在直流电压的作用下产生旋转力矩，称为电磁力矩或电磁转矩。起动发动机时，它通过驱动齿轮、飞轮的齿圈驱动发动机的曲轴旋转，使发动机起动。

起动机的传动机构安装在电动机电枢轴上。在起动发动机时，将驱动齿轮与电枢轴连成一体，并使驱动齿轮与起动齿圈啮合，将起动机产生的电磁转矩传递给发动机的曲轴，使发动机起动；发动机起动后，飞轮转速提高，带着驱动齿轮旋转，将使电枢轴超速旋转而损坏。因此，在发动机起动后，驱动齿轮转速超过电枢轴转

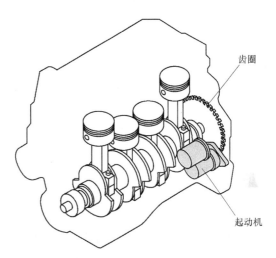

图3-16 起动系统的组成

速时，传动机构应使驱动齿轮与电枢轴自动脱开，防止电枢轴超速。为此，起动机的传动机构必须具有超速保护装置。

控制机构的作用是控制起动机主电路的通、断，并控制驱动齿轮与电枢轴的连接。起动机的控制机构也称为操纵机构，有直接操纵式控制机构和电磁操纵式控制机构两种形式。

第三节 底盘

底盘是汽车的基础。一般汽车底盘由传动系统、行驶系统、转向系统和制动系统组成，以适应汽车行驶时行驶速度与所需的牵引力随道路及交通条件的变化而变化；承受外界对汽车施加的各种作用力（包括重力）以及相应的地面反作用力；改变汽车行驶方向和保持直线行驶；需要时使行驶的汽车减速；在需要停车时，能使汽车在驾驶人离车情况下在原地（包括斜坡上）停住不动。汽车底盘的技术状态直接影响汽车的使用。

一、传动系统

1. 作用

由于发动机与驱动车轮装置在不同位置上，两者之间相隔很长距离，故必须装置一个传动系统。传动系统的作用是：传递动力、增大转矩、变换速度、保证两驱动车轮能做等速和

不等速滚动，切断动力。

2. 组成

传动系统主要由离合器、变速器、万向传动装置及安装在驱动桥中的主减速器、差速器和半轴组成（图 3-17）。

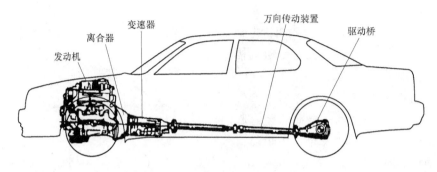

图 3-17　传动系统的组成

3. 典型结构

（1）乘用车传动系统　图 3-18 所示为一种发动机前置、前轮驱动而且采用独立悬架的乘用车传动系统示意图。在图示的布置方案中，发动机、离合器和变速器都布置在驱动桥（前桥）的前方，而且三者与主减速器、差速器装配成一个十分紧凑的整体，固定在车架或车身架上。这样，在变速器和驱动桥之间没有必要设置万向节和传动轴，发动机可以纵置，也可以横置。在发动机横置情况下，由于变速器轴线与驱动桥轴线平行，主减速器可以采用结构和加工都较简单的圆柱齿轮副，由于取消了纵贯前后的传动轴，车身底板高度得以降低，有助于提高高速行驶时的稳定性。整个传动系统集中在汽车前部，因而其操纵机构比较简单。图 3-18 所示方案中，半轴两端用万向节分别与差速器和驱动轮轴连接，是由于前轮既是驱动轮又是转向轮，而且采用了独立悬架。这种发动机和传动系统的布置形式目前已在微型和

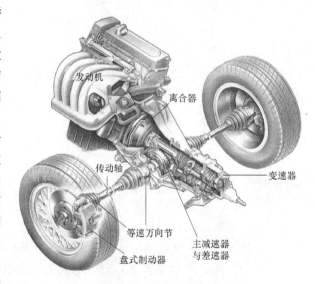

图 3-18　乘用车传动系统

轻型乘用车上广泛应用，在中、高级乘用车上的应用的也日见增多。货车没有采用这种方案是因为上坡时作为驱动轮的前轮附着力太小，不能获得足够大的牵引力。

（2）货车传动系统　图 3-19 所示为货车传动系统示意图。发动机纵向布置在汽车的前部，后轮为驱动轮。发动机的转矩经传动系统，即离合器、变速器、由传动轴和万向节组成的万向传动装置、安置在驱动桥内的主减速器、差速器和半轴，传递给驱动轮。驱动轮得到的转矩施加给地面一个向后的作用力，并因此而使地面对驱动轮产生一个向前的反作用力，这个反

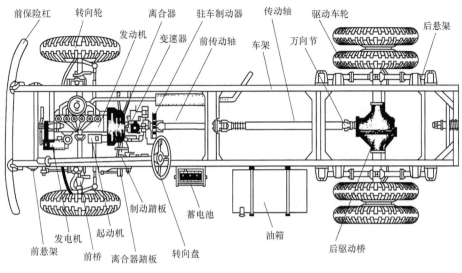

图 3-19　货车传动系统

作用力称为驱动力或牵引力。当驱动力足以克服行驶阻力时，汽车才会起步和正常行驶。

（3）**大型客车传动系统**　图 3-20 所示的布置方案用于发动机后置、后轮驱动的大型客车。发动机、离合器和变速器都横置于驱动桥之后，驱动桥采用非独立悬架。主减速器与变速器之间距离较大，其相对位置经常变化。由于这些原因，有必要设置万向传动装置和角传动装置。大型客车采用这种布置形式更容易做到汽车总质量在前后车轴之间的合理分配。但是，在此情况下，发动机冷却条件较差，发动机和变速器、离合器的操纵机构都较复杂。

（4）**越野汽车传动系统**　对于要求能在坏路或无路区域行驶的越野汽车，为了充分利用车轮与地面之间的附着条件，以获得尽可能大的牵引力，总是将全部车轮都作为驱动轮。图 3-21 所示为 4×4 轻型越野汽车传动系统示意图。

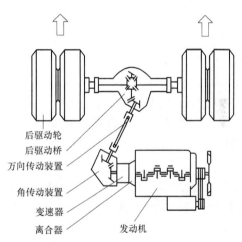

图 3-20　大型客车传动系统

为了将变速器输出的动力分配给前、后两驱动桥，在变速器与两驱动桥之间设置有分动器，并且相应地增设了自分动器通向前驱动桥的万向传动装置。分动器虽然也装在车架上，但若不与变速器直接连接，且相距较远时，考虑到安装精确和车架变形的影响，两者之间也需要采用万向传动装置。前驱动桥半轴与前驱动轮之间设置万向节，是为了满足前轮兼作转向轮的需要。

4. 离合器

（1）**作用**　使发动机与传动系统平稳结合或彻底分离，便于起步和换档，并防止传动系统超过承载能力。

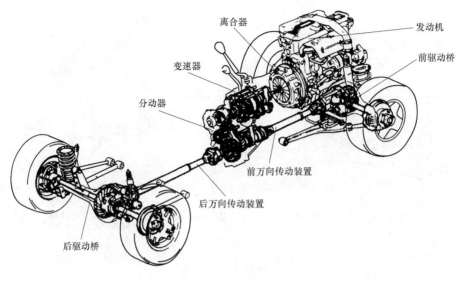

图 3-21　4×4 轻型越野汽车传动系统示意图

（2）类型　离合器的类型很多，主要类型如图 3-22 所示。

（3）组成　离合器主要由主动部分、从动部分、压紧部分和操纵部分组成（图 3-23）。

1）主动部分。离合器主动部分由装在曲轴上的飞轮和压盘组成。

2）从动部分。离合器从动部分即指双面带摩擦衬片的从动盘。

3）压紧部分。离合器压紧部分由压紧弹簧和离合器盖组成。

4）操纵部分。离合器操纵部分由离合器踏板、分离叉、分离杠杆、分离轴承和分离套筒组成，大型汽车上设有液压助力装置。

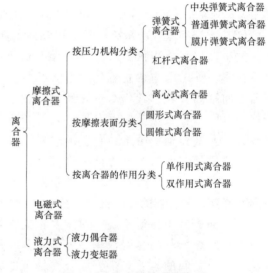

图 3-22　离合器的主要类型

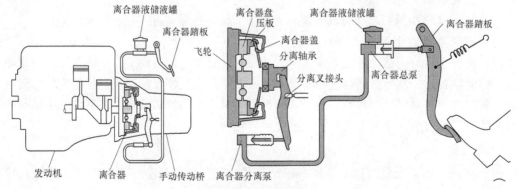

图 3-23　离合器的组成

5. 变速器

(1) **作用** 变速器的作用是：改变汽车的行驶速度和转矩；利用倒档实现倒车；利用空档暂时切断动力传递。

(2) **类型** 变速器的类型如图 3-24 所示。

(3) **手动变速器** 手动变速器主要由输入轴、输出轴、变速机构、换档操纵机构、同步器等组成（图 3-25）。

1）变速器输入轴。通过离合器，变速器输入轴和曲轴连接在一起。输入轴的作用是输入动力，输入轴又称为第一轴。

2）变速器输出轴。变速器输出轴直接和汽车的驱动轴或传动轴连接。输出轴的作用是输出动力，输出轴又称为第二轴。

3）变速机构。变速器齿轮分别装在变速器的输入轴及输出轴或中间轴上。通过变换齿轮的传动比，使输出轴获得所需要的转速和转矩。

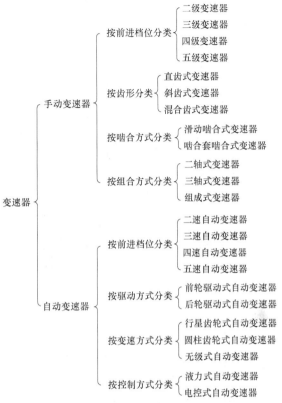

图 3-24 变速器的类型

4）换档操纵机构。换档操纵机构的作用是：改变啮合齿轮的组合，实现变速操作的目的。

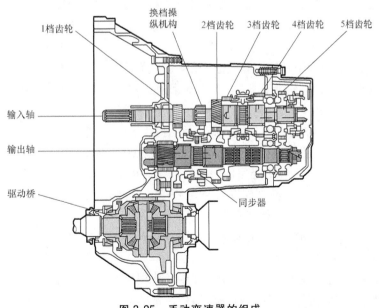

图 3-25 手动变速器的组成

5）同步器。同步器的作用是：帮助变速齿轮啮合，保证变速操纵平顺。

变速器的结构复杂、加工精度高。在各种产品中，很少有像变速器这样的装置，每个零件加工精度要求都很高。

（4）**自动变速器** 自动变速器主要由液力变矩器、齿轮变速器、油泵、电子控制系统（液力式或电液式）等几个部分组成（图3-26）。

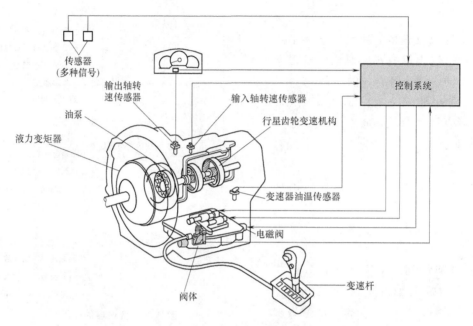

图3-26 自动变速器的组成

1）液力变矩器。液力变矩器位于自动变速器的最前端，它安装在发动机的飞轮上，其作用与采用手动变速器的汽车中的离合器相似。它利用液力传递的原理，将发动机的动力传给自动变速器的输入轴。此外，它还能实现无级变速，并具有一定的减速增矩功能。

2）齿轮变速器。齿轮变速器是具有自动变速功能的主要组成部分，它包括齿轮变速机构和换档执行机构。换档执行机构可以使齿轮变速机构处于不同的档位，以实现不同的传动比。大部分自动变速器的齿轮变速机构有4~6个前进档和1个倒档。这些档位与液力变矩器相配合，就可获得由起步至最高车速的整个范围内的无级变速。

3）油泵。油泵通常安装在液力变矩器之后，由飞轮通过液力变矩器壳直接驱动，为液力变矩器、控制系统及换档执行机构的工作提供一定压力的液压油。

4）控制系统。新型汽车自动变速器的控制系统有液力式和电液式两种。液力式控制系统包括由许多控制阀组成的阀板总成以及液压管路。电液式控制系统除了阀板及液压管之外，还包括计算机、传感器、执行器及控制电路等。阀板总成通常安装在齿轮变速器下方的油底壳内。驾驶人通过自动变速器的操纵手柄改变阀板内的手动阀的位置。控制系统根据手动阀的位置及节气门开度、车速、控制开关的状态等因素，利用液压自动控制原理或电子自动控制原理，按照一定的规律控制齿轮变速器中的换档执行机构的工作，实现自动换档。

此外，在自动变速器的外部还设有一个液压油散热器，用于散发自动变速器内的液压油在工作过程中产生的热量。

6. 万向传动装置

（1）**作用** 万向传动装置连接两根轴线不重合，而且相对位置经常发生变化的轴，并能可靠地传递动力。万向传动装置的布置如图 3-27 所示。

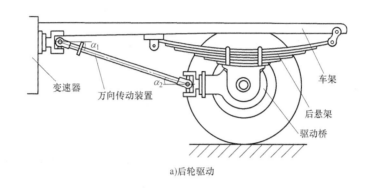

a) 后轮驱动

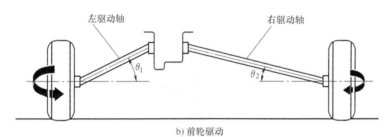

b) 前轮驱动

图 3-27　万向传动装置的布置

（2）**组成** 万向传动装置主要由万向节、传动轴组成，有的装有中间轴承。

前轮驱动乘用车的万向传动装置由球笼式等速万向节和传动轴组成（图 3-28）。货车的万向传动装置一般由十字轴刚性万向节和传动轴组成。

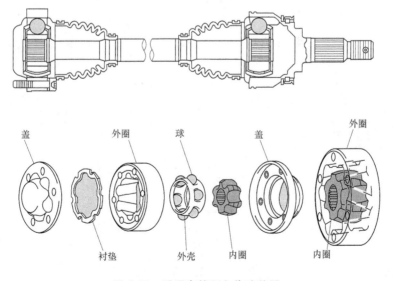

图 3-28　乘用车的万向传动装置

7. 主减速器

（1）**作用** 主减速器的作用是：将变速器传来的转矩进一步增大，并降低转速以保证汽车在良好的路面上有足够的驱动力和适当的车速。此外，对于纵置发动机还具有改变转矩旋转方向的作用。

（2）**类型** 主减速器的类型如图3-29所示。

（3）**组成** 目前，乘用车、轻型货车、中型货车等均采用单级主减速器（图3-30）。它由一对锥齿轮组合而成，轴承预紧度和主、从动齿轮啮合间隙可通过调速垫片进行调整。

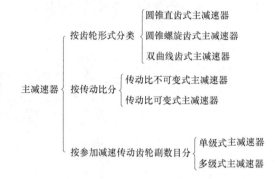

图3-29 主减速器的类型

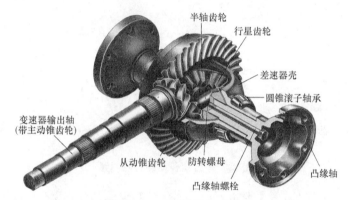

图3-30 主减速器的组成

8. 差速器

（1）**作用** 差速器是汽车上的一个重要装置。汽车转弯时，由于内、外轮转弯半径不同，使左、右驱动轮的转速不相等。差速器的作用就是：避免轮胎打滑，使汽车圆滑地转弯。

（2）**组成** 差速器主要由行星齿轮、行星齿轮轴、半轴齿轮和差速器壳等组成（图3-31）。

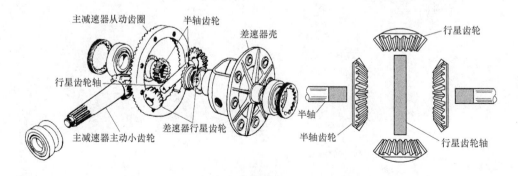

图3-31 差速器的组成

二、行驶系统

1. 作用

汽车行驶系统的作用是：把来自于传动系统的转矩转化为地面对车辆的牵引力；承受外界对汽车施加的各种作用和力矩；减小振动，缓解冲击，保证汽车正常、平顺地行驶。

2. 组成

行驶系统一般由车架、车桥、车轮和悬架组成（图 3-32）。车架是全车的装配基体，它将汽车的各相关总成连接成一整体。车轮分别支承着从动桥和驱动桥。为减小车辆在不平路面上行驶时车身所受到的冲击和振动，车桥又通过弹性前悬架和后悬架与车架连接。在某些没有整体车桥的行驶系统中，两侧车轮的心轴也可分别通过各自的弹性悬架与车架连接，即为独立悬架。

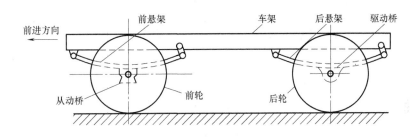

图 3-32 行驶系统的组成

三、转向系统

1. 作用

汽车转向系统的作用是：改变和保持汽车行驶方向。

2. 组成

汽车转向系统分为机械转向系统和助力转向系统，大型汽车一般采用动力转向系统。

（1）**机械转向系统** 机械转向系统以驾驶人的体力作为转向能源，其中所有传力件都是机械的。机械转向系统由转向操纵机构、转向器和转向传动机构三大部分组成，其一般布置情况如图 3-33 所示。

（2）**助力转向系统** 助力转向系统是兼用驾驶人体力和发动机（或电动机）动力作为转向能源的转向系统。在正常情况下，汽车转向所需能量，只有一小部分由驾驶人提供，而

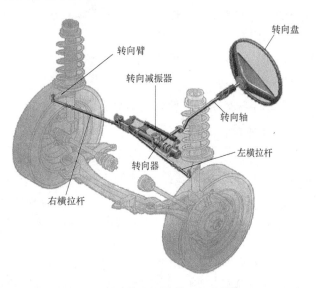

图 3-33 机械转向系统的一般布置情况

大部分是由发动机（或电动机）通过转向动力装置提供的。但在转向助力装置失效时，一般还是能由驾驶人独立承担汽车转向任务。因此，助力转向系统是在机械转向系统的基础上加设一套转向助力装置而形成的。

助力转向系统主要有液压助力、电动助力、气压助力等形式。图 3-34 所示为一种普通的液压助力转向系统，其中属于转向助力装置的部件是：转向罐、转向油泵、转向控制阀和转向动力缸。

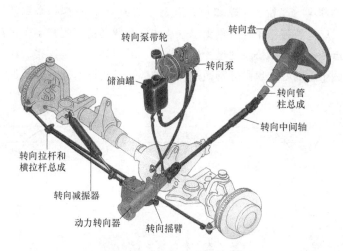

图 3-34　液压助力转向系统

四、制动系统

1. 作用

制动系统的作用是：根据需要使汽车减速或在最短的距离内停车，以保证行车安全。使驾驶人敢于发挥出汽车的高速行驶能力，从而提高汽车运输的生产率；又能使汽车可靠地停放在坡道上。

2. 类型

制动系统的主要类型如图 3-35 所示。

图 3-35　制动系统的主要类型

制动系统
- 动力式制动系统
  - 气压式制动系统
  - 真空液压式制动系统
  - 空气液压式制动系统
- 人力式制动系统
  - 液压式制动系统
  - 机械式制动系统

3. 组成

（1）液压制动系统的组成　液压制动系统的基本组成如图 3-36 所示。液压制动系统主要由制动主缸、制动轮缸、真空助力器、前轮制动器、后轮制动器等组成。

（2）气压制动系统的组成　气压制动传动装置是利用压缩空气作力源的动力式制动装置。驾驶人只需按不同的制动强度要求，控制制动踏板的行程，便可控制制动气压的大小来获得所需要的制动力。

气压制动传动装置由两大部分组成（图 3-37），一是气源部分，它包括空气压缩机、调压机构（卸荷阀和调压阀）、储气筒、气压表和安全阀等部件；二是控制部分，它包括制动踏板、制动控制阀、控制管路、制动气室、制动灯开关等部件。

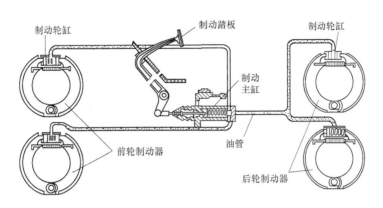

图 3-36　液压制动系统的基本组成

现代汽车的气压式制动传动装置，远不只这些基本部件，都是双管路控制系统，外加不少改善制动性能的泵类、阀类装置，使得气压制动系统变得更为复杂也更加完善。

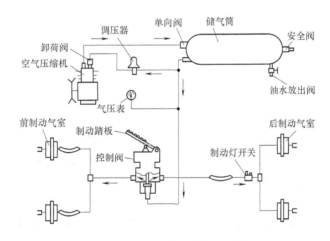

图 3-37　气压制动系统的组成

（3）车轮制动器　汽车车轮制动器分为鼓式和盘式两种，它们的区别在于前者的摩擦副中旋转元件为制动鼓，其圆柱面为工作表面；后者摩擦副中的旋转元件为圆盘状制动盘，其端面为工作表面。

盘式制动是由摩擦衬块夹紧制动盘产生制动，鼓式制动是摩擦衬片压紧旋转的制动鼓内侧产生制动。两种制动方式都产生大量的摩擦热，制动装置就是把行驶中汽车的动能转换为热能，使汽车减速的装置（图 3-38）。

4. 驻车制动器

（1）作用　驻车制动器的作用是：停驶后防止滑溜；坡道起步；行车制动失

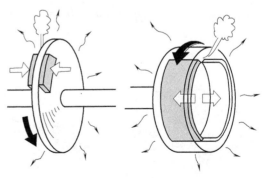

图 3-38　制动器的制动原理

效后临时使用或配合行车制动器进行紧急制动。

（2）组成　驻车制动器有两种形式，一种是安装在变速器或分动器后，称为中央制动器（图3-39）；另一种是利用后桥的行车制动器兼作驻车制动器。

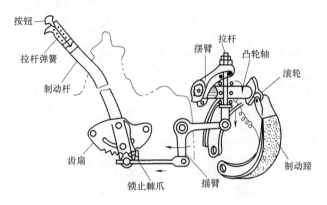

图3-39　驻车制动器

第四节　车身

一、车身的作用

汽车车身既是驾驶人的工作场所，也是容纳乘客和货物的场所。车身应对驾驶人提供便利的工作环境，对乘员提供舒适的乘坐条件，保护他们免受汽车行驶时的振动、噪声、废气的侵袭以及外界恶劣气候的影响，并且应保证完好无损地运载货物且装卸方便。汽车车身上的一些结构措施和装备还有助于安全行车和减轻车祸等严重事故的后果。车身应保证汽车具有合理的外部形状，在汽车行驶时能有效地引导周围的气流，减少空气阻力，从而提高汽车的动力性、燃油经济性和行驶稳定性，并改善发动机的冷却条件和保证车内通风。

二、车身的分类

1. 按照承载形式分类

车身按照承载形式的不同可分为承载式车身、非承载式车身和半承载式车身三大类（图3-40）。

a) 承载式车身　　　b) 非承载式车身　　　c) 半承载式车身

图3-40　按承载形式分类的车身

（1）**承载式车身**　承载式车身的结构特点是没有车架。车身由底板、骨架、内蒙皮和外蒙皮、车顶等组焊成刚性框架结构，整个车身构件全部参与承载，所以称为承载式车身。由于无车架，因此也称为无车架式车身。

对承载式车身而言，由于整个车身都参与承载，强度条件好，因此可以减轻车身的自重。因不需要车架，车室内空间可增大，地板高度可降低，整车的高度也可下降，有利于提高乘用车的行驶稳定性和上、下车的方便性。

（2）**非承载式车身**　非承载式车身的结构特点是有独立的车架，所以也称为车架式车身。

车身用弹簧或橡胶垫弹性地固定在车架上面，底盘总成如传动、驱动、转向以及发动机总成等也安装在车架上。安装和承载的主体是车架。车身只承受所载人员和行李的重力。

对于非承载式车身，其发动机和底盘总成直接安装在车架上，然后与车身组装成一体，这给车身的改型和改装带来了方便。而且，车身的维修也比较方便。

由于非承载式车身只承受人和行李的重量，不参与承载，所以整车质量和尺寸增大了。这对整车的动力性和燃油经济性以及行驶稳定性有不利的影响。

（3）**半承载式车身**　半承载式车身的结构与非承载式车身的结构基本相同，也属于有车架式的。它们之间的区别在于：半承载式车身与车架的连接不是柔性的而是刚性连接，即车架与车身焊接或用螺栓固定。由于是刚性连接，所以车身只是部分地参与承载，车架是主承载体。

2. 按照汽车用途分类

车身按照汽车用途的不同可分为乘用车车身、客车车身、载货汽车车身等几大类。

三、车身参数

汽车车身的主要尺寸参数有外廓尺寸、轴距、轮距、前悬、后悬、接近角、离去角、通过角、最小离地间隙、最小转弯直径、货车车头长度和车厢尺寸等。汽车外廓尺寸包括汽车的长、宽、高，如图3-41所示。

汽车长度是指汽车长度方向两极端点间的距离。在测量长度时不包括汽车牌照但包括汽车牌照架，保险杠的长度一般计算在内。

汽车宽度是指汽车宽度方向两极端点间的距离。在测量车宽的时候，过车辆两侧固定突出部位（但不包括后视镜、侧面标志灯、示位灯、转向指示灯、挠性挡泥板、折叠式踏板、防滑链以及轮胎与地面接触变形部分）。

汽车高度是指汽车最高点至地面间的距离。在测量车高时，轮胎气压应符合设计要求，并且空载。

汽车轴距是指汽车前轴中心至后轴中心的距离。

汽车轮距是指同一车桥左右轮胎胎面中心线间的距离。

汽车前悬是指汽车最前端至前轴中心的距离。

汽车后悬是指汽车最后端至后轴中心的距离。

汽车接近角是指车辆空载时汽车前端突出点向前轮引的切线与地面的夹角。且前轴前面任何固定在车辆上的零部件不得在此平面的下方。

汽车离去角是指车辆空载时汽车后端突出点向后轮引的切线与地面的夹角。且后轴后面任何固定在车辆上的零部件不得在此平面的下方。

汽车通过角是指汽车空载时，水平面（地面）与切于前、后轮轮胎外缘的两平面交于车体下部较低部位时所夹的最小锐角。

汽车最小离地间隙是指汽车满载时，最低点至地面的距离。就是指地面与车辆底部刚性物体之间的距离。

汽车最小转弯直径是指当转向盘转到极限位置，汽车以最低稳定车速转向行驶时，外侧转向轮的中心平面在支承平面上滚过的轨迹圆直径。

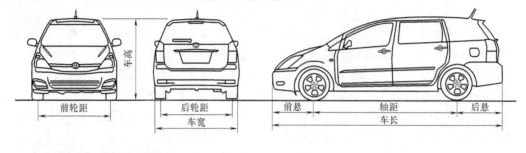

图 3-41　汽车车身的主要尺寸参数

四、乘用车车身

乘用车车身是现代汽车工业最引以为自豪的创新之一，也是现代社会最吸引人们目光的事物之一。即使因为汽车数量大增造成现代社会严重的交通问题和生态环境恶化，但乘用车车身造型作为一种现代优秀文化是不可否认的。

乘用车车身包含内部空间布置和车身构件的设计。人机工程学是车身内部布置的指导原则之一，它要求营造合理、舒适的驾驶工作场所和乘客旅行环境。车身构件设计既要尽量减轻重量，又要有良好的制造工艺性，因而是一项复杂的机械工程。

1. 乘用车车身的类型

（1）**按乘用车的类型分类**　乘用车车身按乘用车类型的不同可分为四门乘用车、双门乘用车（两排座位）、双门乘用车（单排座位）、旅行车、四门硬顶乘用车、双门硬顶乘用车、高级乘用车（两排座位）、高级乘用车（三排座位）、四门敞篷车、双门敞篷车、跑车、运动车、多用途车、厢式车等车身，如图 3-42 所示。

（2）**按舱数分类**　乘用车车身按舱数的不同可分为三厢车、两厢车和单厢车（图 3-43）。

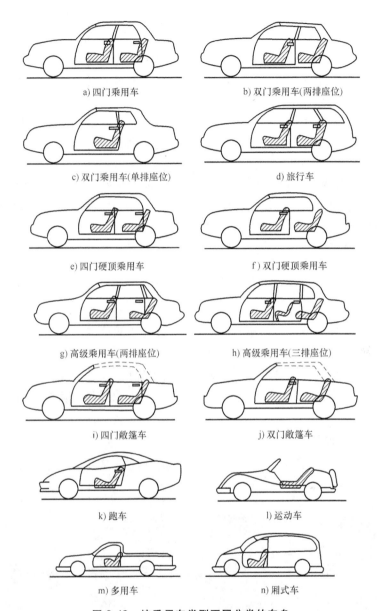

图 3-42 按乘用车类型不同分类的车身

图 3-43 按乘用车舱数不同分类的车身

1）三厢车。三厢车的"三厢"，是指一个发动机舱、一个乘员舱、一个行李箱。大多数车身均采用三厢车，如普通桑塔纳乘用车、捷达、奥迪 A6 等。

发动机舱除了安置发动机、变速器、转向、制动等部件外，还肩负着被动安全性的重要使命,即当汽车发生意外的正面碰撞时,发动机舱会折曲变形以吸收碰撞产生的巨大能量,减少碰撞对车内外人员的猛烈冲击,起到保护车内乘员的作用。

车身中部的乘员舱设计坚固、刚性大,遇到碰撞和翻滚的冲击时车厢变形小,能够防止车门在运动中自行打开甩出乘客,减小乘员因车厢变形挤压致伤的危险,并有利于车祸后乘员能顺利地打开车门逃生。

行李箱不仅要负责行李的放置,它还肩负着降低后车追尾所致伤害的功能。

三厢式乘用车中间高两头低,从侧面看前后对称,造型美观大方。三厢式乘用车的缺点是车身尺寸长,在交通拥挤的大城市里行驶及停泊不是很方便。

2)两厢车。两厢车是指将乘员舱和行李箱做成同一个厢体,并且发动机独立的布置形式。这种布局形式能增加车内空间,因此多用于小型车和紧凑型车。两厢车尾部有宽敞的后车门,使这种汽车具备了使用灵活、用途广泛的特点。但两厢车的尾部容易产生明显的紊乱气流,不仅影响车身的流线型,而且还容易导致后风窗蒙上灰尘。因此,两厢车一般都会装备后刮水器。

3)单厢车。就是发动机舱与乘员舱的构架是连贯一体,使三个舱被整合在一起的车身。单厢车最大的优点就是车内空间宽大、车身结构更为坚固安全、具有更优良的空气动力学特性,能大大降低风阻系数,节约能耗。但单厢车也有致命的缺点,就是没有单独的发动机舱,在发生正面撞击时没有缓冲。

由于严格的安全法规,除日本外,北美和欧洲已禁止生产这种原始形态的"单厢车"。但受该车型的启发,结合两厢车和面包车的特点,产生了颇具魅力的新型的"单厢车"。比较常见的"毕加索"就是很有代表的一种单厢车。

2. 乘用车车身的发展

乘用车诞生100多年来,其车身经过了马车形、箱形、甲壳虫形、船形、鱼形、楔形、贝壳形和子弹头形等演变(图3-44)。

图3-44 乘用车车身外形的演变

3. 乘用车车身的组成

承载式车身构件按照其功能和强度可分成结构件和非结构件,结构件通过点焊或激光焊接工艺连接在一起,构成一个高强度的整体式车身箱体,这就是车体焊接总成。非结构件是指车身面板、内饰件和外饰件等,它们通过螺栓、胶粘、铰接或焊接等方式覆盖在车体外面，起到密封车身、减小空气阻力、美化汽车的作用，通常也称它们为车身覆盖件。车身结构件和非结构件如图 3-45 所示。

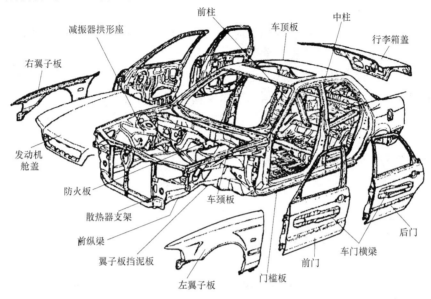

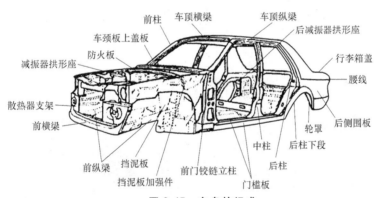

图 3-45　车身的组成

第五节　电气设备

一、电气设备的组成

现代汽车上所装电气设备种类繁多功能各异，主要分为电源和用电设备两大部分。电源部分包括蓄电池、发电机及其调节器。

用电设备主要有：点火系统、起动系统、照明系统、信号系统、仪表系统、显示系统、空调系统、辅助电气设备及电子控制系统等。

点火系统是汽油机不可缺少的组成部分，其功能是按发动机工作顺序产生高压电并通过火花塞跳火，保证适时、准确地点燃气缸内的可燃混合气。有蓄电池点火系统和电子点火系统两大类。

起动系统由蓄电池供电，将电能转变为机械能带动发动机转动。完成起动任务后，立即停止工作。

照明及信号系统包括前照灯、各种照明灯、信号灯以及电喇叭、蜂鸣器等。保证各种运行条件下的行车安全。

仪表及显示系统包括各种机械式或电子式的燃油表、机油压力表、冷却液温度表、电流表、车速里程表及各种显示装置等，用以指示发动机与汽车的工作情况。

附属电气设备包括电动刮水器、电动玻璃升降器、空调系统、声像视听、防盗系统、电动座椅、电动天窗、GPS设备等，以提高汽车行驶的安全性、经济性和舒适性。

电子控制系统包括燃油喷射控制系统、整车稳定性控制系统、自动变速器控制系统、电子悬架控制系统等。

二、供电系统

汽车的供电系统由蓄电池、发电机及其调节器组成（图3-46）。在发动机正常工作的情况下，发电机向点火系统及其他用电设备供电，并同时向蓄电池充电。当汽车上的用电设备耗电量过大，所需功率超过发电机的额定功率时，蓄电池和发电机同时向全部用电设备供电。当发动机低速运行时，发电机不发电或发出的电压很低，此时汽车用电设备所需的电能完全由蓄电池供给。在发动机起动时，起动机、点火系统、仪表等主要用电设备所需电能也由蓄电池供给。

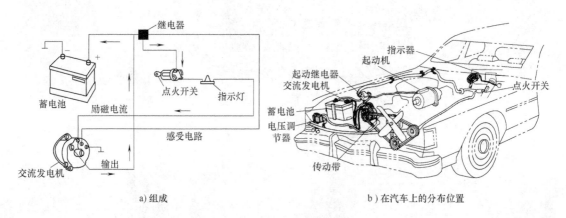

a）组成　　　　　　　　　　　　　　　b）在汽车上的分布位置

图3-46　供电系统

1. 蓄电池

蓄电池的主要作用如下：

1）发动机起动时，向起动机和点火系统供电。

2）发动机低速运转、发电机电压较低或不发电时，向用电设备供电，同时还向交流发电机励磁绕组供电。

3）发动机中高速运转、发电机正常供电时，将发电机剩余电能转换为化学能储存起来。

4）发电机过载时，协助发电机向用电设备供电。

5) 稳定系统电压、保护电子设备。因为蓄电池相当于一只大容量电容器，所以不仅能够保持汽车用电系统的电压稳定，而且还能吸收电路中出现的瞬时电压，防止电子设备击穿损坏。

蓄电池按是否需要维护分为传统型（需维护）和免维护型两大类（图 3-47）。

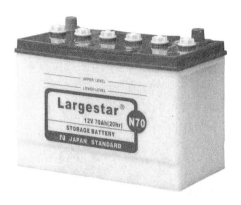
a）传统型

b）免维护型

图 3-47　蓄电池

2. 交流发电机

硅整流交流发电机（图 3-48）的主要作用是：当发电机输出电压高于蓄电池电压时，便代替蓄电池向全车用电设备（除起动机）直接供电，同时对蓄电池进行充电。

三、照明设备

汽车在夜间或雾中行驶，需要用灯光来照亮道路的前方，同时要有发光的标志和信号，便于联络和保障行车安全。因此，汽车上必须有照明设备。

汽车照明分为外部照明和内部照明两大类。外部照明主要有：前照灯（图 3-49）、雾灯、牌照灯、防空灯等。内部照明主要有：厢灯、顶灯、阅读灯、

图 3-48　交流发电机

图 3-49　前照灯

踏步灯、工作灯、发动机舱灯、仪表灯等。

四、仪表系统

为了使驾驶人能够随时掌握汽车各系统的工作情况，在汽车驾驶室的仪表板上装有各种指示仪表及各种报警装置（图3-50）。

图3-50 汽车仪表

汽车一般采用组合仪表板，组合仪表板主要由车速表、转速表、冷却液温度表、燃油表、里程表、时钟等组成。仪表电路为薄膜印刷电路，冷却液温度表与燃油表制成一个总成，为了防止电源电压变化给燃油表、冷却液温度表的指示精度带来影响，燃油表和冷却液温度表配有仪表稳压器。一些新型汽车开始使用虚拟仪表。

五、信号系统

1. 转向信号灯

转向信号灯安装在车身前端和后端的左、右两侧，由驾驶人在转向之前，根据将向左转弯或向右转弯，相应地开亮左侧或右侧的转向信号灯，以通知交通警察、行人和其他汽车上的驾驶人。为了在白天能引人注目，转向信号灯的亮度很强，此外为引起对方注意，在转向信号灯电路中装有转向信号闪光器，借以使转向信号灯光发生闪烁。转向信号灯闪光器有电热式、电容式和晶体管式三种。

2. 制动信号灯

制动信号灯装在汽车后部，在驾驶人踩下制动踏板时即发亮，发出即使在白天也能明显看出的强烈红光，以提醒后车驾驶人注意。制动信号灯可以单独设置，也可以和后灯合装成一体。

3. 倒车信号灯及倒车报警器

有些汽车的后部装有倒车信号灯和倒车报警器，当驾驶人倒车时，倒车信号灯发亮，同时报警器的电喇叭发出断续的响声，用以警告车后的行人和车辆驾驶人。倒车信号灯以及倒车报警器均由装在变速器盖上的倒车灯开关控制。

4. 喇叭

为警告行人和其他车辆驾驶人注意安全，汽车上都有声响信号装置——喇叭。汽车喇叭按其能源有电喇叭和气喇叭两种。

电喇叭按其外部形状分为螺旋形（也称蜗牛形）、长筒形和盆形三种；按音调又可分为单音、双音和三音喇叭。当装用多音喇叭时，为减小通过喇叭按钮开关的电流和线路中的电压降，应加装喇叭继电器。

气喇叭按结构形状也可分为长筒形和螺旋形两种。按音调又可分为单音和双音两种。

六、空调系统

1. 作用

大部分乘用车、客车和货车驾驶室都装有空调系统，其作用是在车外环境温度较高时降低车内温度，使乘客感到凉爽。冷气装置工作时，必须使汽车的门窗紧闭以保证车内良好的密封。

2. 组成

空调系统主要由压缩机、冷凝器、储液干燥器和蒸发器等组成，如图 3-51 所示。

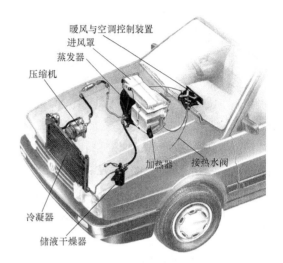

图 3-51 空调系统的组成

冷凝器用于散发热量，故又称为散热器，蒸发器用于吸收热量，故又称为吸热器。

第六节 汽车的性能指标

汽车的性能指标主要是指汽车的动力性、经济性、制动性、平顺性、通过性、安全性、操纵性和稳定性等。

一、汽车的动力性

影响汽车行驶平均速度的最主要性能是汽车的动力性。

汽车的动力性是指汽车在良好路面上直线行驶时由汽车受到的纵向外力决定的、所能达到的平均行驶速度。它表示了汽车以最大可能的平均行驶速度运送货物或乘客的能力。汽车的动力性是汽车各种使用性能中最重要、最基本的性能。

从获得尽可能高的平均行驶速度的观点出发，汽车的动力性主要可由下面三个指标来评定，即

1) 汽车的最高车速，单位为 km/h。
2) 汽车的加速时间，单位为 s。
3) 汽车能爬上的最大坡度，简称最大爬坡度，用（%）或（°）表示。

汽车的最高车速是指在水平良好的路面（混凝土或沥青路）上能达到的最高行驶车速。

汽车的加速时间表示汽车的加速能力。常用原地起步加速时间和超车加速时间来表示汽车的加速能力。

汽车的爬坡能力是用满载时汽车在良好路面上的最大爬坡度来表示的。显然，最大爬坡

度是指Ⅰ档最大爬坡度。对于乘用车,一般不强调它的爬坡能力,货车一般在30%(即16.5°)左右,越野汽车可达60%(即30°)左右或更高。

二、汽车的燃油经济性

汽车的燃油经济性是指汽车以最少的燃料消耗量完成单位运输工作的能力,它是汽车的主要使用性能之一。

燃油经济性通常用一定运行工况下汽车行驶百公里的燃油消耗量或一定燃油量使汽车行驶的里程来衡量。汽车的燃油费用约占汽车运输成本的30%,因此,提高燃油经济性可以降低运输成本。

百公里燃油消耗量是指汽车在一定运行工况下行驶100km的燃油消耗量。一般情况下,燃油消耗量采用容积(L)计算,百公里油耗是最常采用的燃油经济性评价指标。

厂家标出某种车的油耗(如6.5L/100km)是该车在国家规定工况条件下,经过测算得出的百公里耗油量。其实,这样的油耗指标在日常驾驶中很难达到。

由于等速油耗与实际行驶情况有很大差别,实际上不能全面地评定汽车的燃油经济性。现在一般都采用循环油耗来评定汽车的燃油经济性。循环油耗是指在一段指定的典型路段内汽车以设定的不同工况行驶时的油耗,至少要规定等速、加速和减速3种工况,复杂的还要计入起动和怠速停驶等多种工况,然后折算成百公里油耗。例如,我国有15工况循环油耗(乘用车)、6工况循环油耗(货车)和城市4工况循环油耗(客车)。

工业和信息化部规定,从2010年1月1日起,建立轻型汽车燃料消耗量公示制度。即车企必须在车辆出厂前在车身上粘贴实际油耗标识,消费者对所购买车辆的油耗情况将一目了然。工信部油耗包含市区工况、市郊工况以及综合工况。

三、汽车的制动性

汽车的制动性是指行驶中的汽车能在短距离内停车且维持行驶方向稳定,以及在下长坡时能控制一定车速的能力。

制动性是汽车的主要性能之一,是汽车安全行驶的保证,直接关系到生命财产的安全。汽车具有良好的制动性能,才能充分发挥动力性,提高汽车的平均技术速度,从而获得较高的工作效率。

汽车制动性主要通过制动效能、制动效能的恒定性和制动时汽车的方向稳定性三方面进行评价。

制动效能是指汽车迅速降低行驶速度直至停车的能力,是制动性最基本的评价指标。它是用制动力、制动减速度、制动距离和制动时间等指标来评定的。

制动效能的恒定性主要是指制动效能的抗热衰退能力,反映了汽车高速制动或下长坡连续制动时制动效能的稳定程度。

制动时的方向稳定性是指制动时汽车不发生跑偏、侧滑及失去转向控制的能力。制动时方向稳定性较好的汽车,能够按驾驶人给定轨迹行驶,即能够维持直线行驶或能按预定弯道行驶。

四、汽车的平顺性

汽车的平顺性是指保持汽车在行驶过程中乘员所处的振动和冲击环境在一定舒适度范围内的性能。因此，平顺性主要根据乘员主观感觉的舒适性来评价。对于载货汽车，还包括保持货物完好的性能。汽车的平顺性既是决定汽车舒适性最主要的方面，也是评价汽车性能的主要指标。

五、汽车的通过性

汽车的通过性是指汽车在一定载质量条件下能以足够高的平均车速通过各种坏路及无路地带和克服各种障碍的能力。坏路及无路地带是指松软土壤、沙漠、雪地、沼泽等松软地面及坎坷不平地段；各种障碍是指陡坡、侧坡、台阶、壕沟等。

汽车的通过性可分为轮廓通过性和牵引支承通过性。前者是指汽车通过坎坷不平路段和障碍（如陡坡、侧坡、台阶、壕沟等）的能力；后者是指汽车能顺利地通过松软土壤、沙漠、雪地、冰面、沼泽等地面的能力。

汽车在松软地面上行驶时，驱动轮对地面施加向后的水平力，地面随之发生剪切变形，相应的剪切力便构成土壤对汽车的推力，该力比在一般硬路面上的附着力要小得多；而汽车遇到的土壤阻力（指轮胎对土壤的压实作用和推移作用产生的压实阻力、推土阻力及充气轮胎变形引起的弹性迟滞损耗阻力）要比在硬路面上的滚动阻力大得多，因此，通常不能满足汽车行驶的附着力条件的要求。这是松软路面限制汽车行驶的主要原因。

汽车的通过性主要取决于汽车的支承-牵引参数及几何参数，也与汽车的其他性能，如动力性、平顺性、机动性、稳定性、视野性等密切相关。

六、汽车的安全性

汽车的安全性一般分为主动安全性、被动安全性和生态安全性。

汽车主动安全性，是指汽车本身防止或减少道路交通事故发生的性能，主要取决于汽车的总体尺寸、制动性、行驶稳定性、操纵性、信息性以及驾驶人工作条件（操纵机构人机特性、座椅舒适性、噪声、温度和通风、操纵轻便性等）。此外，汽车动力性（特别是超车的时间和距离）也是很重要的影响因素。

汽车被动安全性，是指交通事故发生后，汽车本身减轻人员伤害和货物损失的能力。它又可分为汽车内部被动安全性（减轻车内乘员受伤和货物受损）以及外部被动安全性（减轻对事故所涉及的其他人员和汽车的损害）。

汽车生态安全性是指发动机排气污染、汽车行驶噪声和电磁波对环境的影响。

七、汽车的操纵稳定性

汽车的操纵稳定性包括相互联系的两个部分，一是操纵性，二是稳定性。操纵性是指汽车能够确切地响应驾驶人转向指令的能力；稳定性是指汽车在行驶过程中，具有抵抗改变其行驶方向的各种干扰，并保持稳定行驶而不致失去控制甚至翻车或侧滑的能力。实际上两者很难截然分开，稳定性的好坏直接影响操纵性，常统称为汽车操纵稳定性。

汽车的操纵稳定性不仅影响到汽车驾驶的操纵方便程度，而且也是决定高速汽车安全行驶的一个主要性能。随着汽车保有量的增加和车速的提高，汽车的操纵稳定性显得越来越重要，被人们称为"高速行车的生命线"。

汽车的操纵稳定性涉及的问题较为广泛，需要采用较多的物理参量从多方面来进行评价。可以通过考察下列关系来评价操纵稳定性的好坏。

1）在一定车速下，汽车质心轨迹曲线与转向盘转角的关系。
2）以一定角速度转动转向盘后，汽车转向角速度随时间的变化关系。
3）汽车在圆周行驶时其转向盘上的作用力与汽车侧向加速度的关系。
4）为保证额定车速行驶的汽车，其轨迹曲率半径能按额定要求变化，而必须在转向盘上施加作用力。

八、汽车的环保性

随着汽车工业的迅速发展，汽车保有量急剧增加，汽车排放对大气的污染、汽车噪声对环境的危害和电磁干扰对环境的影响已构成汽车三大公害。目前，世界许多国家都制定了汽车排放、噪声和电磁干扰标准，这对汽车生产和使用维修部门都提出了新的要求。

汽车的有害气体主要通过汽车尾气排放、曲轴箱窜气和汽油蒸气三个途径进入大气中，造成对大气的污染。汽车排放的污染物主要是 CO、HC、NO_x、细微颗粒物等。

噪声是汽车的第二公害。按照噪声产生的过程，汽车噪声源大致可分为与发动机转速有关的声源和与车速有关的声源。图 3-52 说明了这些基本噪声源。

与发动机转速有关的噪声源主要有：进气噪声、排气噪声、冷却系统风扇噪声和发动机表面辐射噪声。用发动机带动旋转的各种发动机附件（如空气压缩机和发电机等）的噪声，也属于此类。

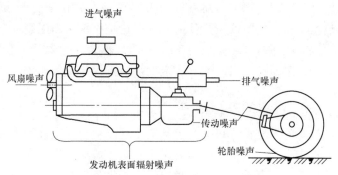

图 3-52　汽车主要噪声源示意图

与车速有关的噪声源包括：传动噪声（变速器、传动轴等）、轮胎噪声、车体产生的空气动力噪声。

汽车电磁噪声分为汽车内部的电磁噪声和汽车外部的电磁噪声。汽车内部的电磁噪声是指车用发电机、继电器、开关等部件工作时及开关触点断开瞬间所发出的噪声；外部噪声是指人为的各种电气设备（如高压输电线、铁轨、广播电台设备）所辐射出来的对汽车引起干扰的电磁辐射和雷电、静电等自然现象引起的噪声。

本章相关的主要网站

1. 中国大学精品开放课程（爱课堂）　http：//www.icourses.cn/home/
2.《汽车理论》国家精品资源共享课　http：//www.icourses.cn/coursestatic/course_ 2977.html
3.《汽车运用工程》国家精品资源共享课　http：//www.icourses.cn/coursestatic/course

_3405.html

4.《汽车电器与电子技术》国家精品资源共享课　http：//www.icourses.cn/coursestatic/course_3890.html

5.《汽车新能源与节能技术》国家精品资源共享课　http：//www.icourses.cn/coursestatic/course_6737.html

6.《汽车拖拉机学》国家精品资源共享课　http：//www.icourses.cn/coursestatic/course_2753.html

7.《改变世界的机器——汽车科技发展》国家视频公开课　http：//www.icourses.cn/viewVCourse.action？courseCode=10183V002

思 考 题

1. 汽油车与柴油车的主要区别有哪些？
2. 汽车的总体构造包括哪些部分？各部分的作用是什么？
3. 汽车发动机包括哪几个部分？各有什么作用？
4. 四冲程汽油机和四冲程柴油机有什么相同点？有什么不同点？
5. 汽油机燃料供给系统的作用是什么？
6. 发动机进、排气门为什么要早开启迟关闭？
7. 发动机的冷却系统有何作用？冷却方式有哪几种？
8. 汽车发动机排出的废气中有害成分有哪些？
9. 汽车传动系统由哪些部件组成？
10. 离合器有哪些基本作用？摩擦式离合器是如何工作的？
11. 万向传动装置的作用有哪些？
12. 驱动桥的主要作用是什么？
13. 汽车行驶系统由哪些主要部件组成？各部分的作用是什么？
14. 汽车转向为什么需要转向梯形机构？
15. 汽车制动系统的作用是什么？为什么现代汽车在行车制动系统中普遍采用双回路结构？
16. 盘式制动器与鼓式制动器相比较有何优缺点？
17. 何谓承载式车身、非承载式车身？
18. 单厢、两厢和三厢乘用车有什么区别？
19. 两厢车为何要设置后刮水器？
20. 为何转向需要设置助力装置？
21. 为何制动需要设置助力装置？
22. 为何独立悬架的两侧车轮可以互不干扰？
23. 影响汽车空气阻力的因素有哪些？
24. 汽车驱动力与附着力有何关系？
25. 车身重就意味着强度高吗？

第四章

汽车前沿技术

随着经济与社会的发展，人们对汽车的使用性能和环保提出了更高的要求。汽车传统的机械装置已经无法满足这些需求，以电子和信息技术为核心的汽车工业技术革新、技术发明层出不穷，新能源、新材料、电子技术、计算机技术与汽车融为一体的现代汽车技术应运而生。世界汽车技术的发展趋势可以用"节能、环保、安全、智能"八个字来概括。

本章主要介绍汽车节能、减排、安全、智能化等新技术，以了解汽车工程学科的一些前沿问题。

第一节 汽车节能技术

在全球气候不断恶化、能源危机日益加重的严峻形势下，汽车节能技术的研究尤为重要，其中发动机节能技术、整车轻量化、新能源汽车是节能的重要途径和手段。

一、发动机节能技术

发动机节能技术是汽车节能的关键，其主要目的是提高发动机热效率和发动机升功率。

1. 提高发动机热效率的措施

发动机热效率是指发动机利用燃料热能的有效程度，目前，一般汽油发动机的热效率仅为30%左右。提高发动机热效率就可以节能，其主要措施有：高压缩比、稀薄燃烧技术（均质稀薄燃烧）、缸内直喷技术、进气增压（涡轮增压和谐波增压）、增压中冷技术、可变配气技术（可变气门正时和可变气门升程）、改善进排气过程、改变混合气在气缸中的流动方式、改进点火配置、提高点火能量（如独立点火）、优化燃烧过程、电控喷射技术、高压共轨技术及绝热发动机技术等。

2. 提高发动机升功率

升功率（kW/L）是指发动机每升气缸工作容积所发出的功率。体现发动机品质的高低主要是看动力性和经济性，也就是说发动机要具有较好的功率、良好的加速性和较低的燃料消耗量。影响发动机功率和燃料消耗量的因素有很多，其中影响最大的因素有排量、压缩比、配气机构。

升功率表示单位气缸工作容积的利用率，升功率越大表示单位气缸工作容积所发出的功率越大。那么，当发动机功率一定时，升功率越大发动机的重量利用率就越高，相对而言发动机就越小，材料也就越省。升功率的高低反映出发动机设计与制造的质量。因为升功率（N）大小主要取决于气缸平均有效压力（p）和转速（n）的乘积，即 $N=pn$。因此提高升

功率就要从提高气缸压力和转速入手,具体措施有:

(1) **提高充气量** 提高充气量是四冲程发动机增加热量的首要条件,因为燃料燃烧需要空气,燃料与空气比较,后者更难以充入气缸,所以就要改善换气条件,减小进气阻力、增大气门通道截面面积,有些发动机就采用四气门形式。当多气门结构布置困难时,首先要满足进气门的需要,不管气门布置形式怎么样,都是进气门数量等于或者大于排气门数量。

(2) **提高转速以增加单位时间内的充气量** 现在轿车的发动机一般都是高转速发动机,转速均在 5000r/min 以上。

(3) **改善混合气质量和燃烧过程** 改善混合气质量和燃烧过程的主要措施是采用电控燃油喷射系统,因为该系统中空气与燃油的混合地点从节气门处移至喷油器处,燃油直接与吸入的空气混合,从本质上改善了混合气的均匀性,这样在所有工况下都能够使混合气的质量尽可能达到最佳状态。

(4) **提高发动机机械效率** 提高发动机机械效率的主要措施是增加有效功的输出、减少机械损失,主要是减小零件间的摩擦。此外,还涉及零件加工的精度、表面加工质量、润滑质量、温度控制及减少附件。

二、汽车轻量化节能技术

随着人们对汽车安全性、舒适性、环保性能要求的提高,汽车安装空调、安全气囊、隔热隔声装置、废气净化装置、卫星导航系统等越来越普及,这无形中增加了汽车的质量、耗油量和耗材量。实验证明,若汽车整车重量降低10%,燃油效率可提高6%~8%。

减轻汽车自重是节约能源的基本途径之一。汽车轻量化是目前的前沿和热点问题,已成为汽车优化设计和选材的主要发展方向。

汽车轻量化的主要途径包括使用轻质材料和结构的优化设计,此外,先进成形工艺或焊接工艺的应用能带来明显的轻量化效果。一般全钢结构白车身通过优化设计可以减重7%左右,采用铝合金的车身可以带来30%~50%的轻量化效果,而想减轻更多的重量就只能求助于纤维复合材制。优化结构的主要途径是利用有限元和优化设计方法进行结构分析和结构优化设计,以减小零部件的质量和数量。而先进的加工工艺是为了应对材料和结构的变更,而提出新的工艺。

1. 汽车材料轻量化

采用轻质材料是汽车轻量化的主流。汽车上的轻质材料主要有铝合金、镁合金、高强度钢和复合材料等。

(1) **铝合金** 铝的相对密度是 $2.70 \times 10^3 \mathrm{kg/m^3}$,铝的力学性能与其纯度关系密切,纯铝软、强度低,但与某些金属组成铝合金后,不仅在某种程度上保持铝固有的特点,同时又显著地提高了它的硬度和强度,使之几乎可与软钢,甚至结构钢相媲美。车用铝材料皆以铝合金的形式出现。铝合金在汽车上的应用,最初主要是以铸造方法生产的发动机及其零部件,随后应用于轮毂等构件。以推出的全铝空间框架式车身为其主要代表。

汽车铝合金可分为铸造铝合金和变形铝合金(含锻造铝合金)两大类。当前汽车用铝以铸件为主,约占汽车用铝量的80%。

铸造铝合金主要用于制造离合器壳体、变速器壳体、后桥壳、转向器壳体、摇臂盖、正时齿轮壳体等壳体类零件和发动机部件,以及保险杠、轮辋、转向节、液压泵体、制动钳、液压缸及制动盘等非发动机结构件。而且今后有进一步扩大应用的趋势。

变形铝合金在汽车上主要用于制造保险杠、发动机罩、发动机体、车门、行李箱盖等车身面板，车轮的轮辐、轮毂罩、车轮外饰罩、制动器总成的保护罩、消声罩、防抱死制动系统、热交换器、车身框架、座椅骨架、车厢底板等结构件以及仪表板等装饰件。

未来铝合金材料发展包括满足特定零部件使用要求的新合金开发，成形性能与焊接性能优良的高强度铝合金开发，开展对具有相同力学性能、不同物理性能（密度和弹性模量）材料的可行性研究，研究合金热力学性能对零部件性能的影响，开发新型抗划伤合金等。

（2）**镁合金** 镁是比铝更轻的金属材料，它可在铝减重基础上再减轻15%~20%。尽管镁在当前汽车用材中所占的比例不到1%，但是在轻量化的驱动下，镁材料技术开发的力度不断加大，它已步入快速阶段。

近年来，很多种轿车铸件开始采用镁合金，以适应汽车轻量化的要求。这些镁合金铸件包括：离合器外壳、发动机罩壳、变速器外壳、变速器上盖、发动机罩盖、转向盘、座椅支架、仪表板框架、车门内板、轮辋、转向支架、制动支架、气门支架等，甚至还有缸盖和缸体。有60多种零部件已采用或正在开发应用镁合金。

（3）**高强度钢** 高强度钢是常规高强度钢（屈服极限大于210MPa）、超高强度钢（屈服极限大于550MPa）和先进高强度钢（AHSS）的总称。采用高强度钢板，既可以减小汽车自身的质量，又可以提高汽车的安全性和可靠性。

高强度钢材使用对象分为两部分，一部分是用于汽车车身、车轮等部件，如汽车前、后保险杠防撞板、A柱、B柱、发动机支承梁、仪表板支架、门槛加强板、座椅骨架、车轮轮辐和轮辋等。另一部分用于底盘和排气系统，如高碳传动轴管、高强度发动机螺栓、高强度减振弹簧、转向节、转向扭杆等。

（4）**塑料** 塑料应用于汽车始于19世纪60年代，主要用于汽车的内饰件上，如车内顶棚、仪表板、转向盘、车门内板、座椅和扶手等，目的是实现汽车内饰柔软化，使乘客有安全舒适感。到了20世纪70年代，能源危机促使汽车制造业开始大量采用塑料，以减轻汽车自重，降低油耗。20世纪80年代以后，汽车零部件的塑料化得到迅速发展，出现了塑料覆盖件、塑料功能件和结构件。

塑料在汽车中的应用遍及所有总成，业内习惯将它们分成内装件、外装件和功能件（其他结构件），汽车用塑料制品如图4-1所示。

图4-1 汽车用塑料制品

表4-1列出了汽车的主要塑料零部件所用的材料，其中，主要车用塑料材料有PP、PUR、PVC、ABS、PA和PE。

（5）**复合材料** 复合材料是指将两种或两种以上物理性质和化学性质不同的物质结合

起来而制得的一种多相固体材料。

表 4-1 汽车的主要塑料零部件所用材料

应用部位	零部件	主要品种
外装件	保险杠及面饰、车身板、照明系统、装饰件（镜座、门把手、侧面饰条）	PTO、PC、聚酯、PP、PUR、PA、SMC、PUR-RIM、热塑性塑料、丙烯酸树脂、PS、ASA-AES、PVC
内装件	内饰件、仪表板、转向轮、空气导管、其他（座椅、车顶蒙里、门内板等）	发泡 PUR（用于减振）、PVC 为基纤维、ABS、ABS/PC 合金、PC、PP、改性 PPE、PVC、SMA、PUR、混合 PUR-RIM
电气	零件盒、开关插座、接头、灯光系统、电路板、导线	高耐热聚苯乙烯、PP、聚酯、PA、乙酰树脂（开关）、PPS、PBT、再生 PET、PPA、PVC
传动系统	轴承、CV 接头、U 形接头	PA、乙酰树脂
燃料系统	燃油箱、燃油管	HDPE、PA
底盘	悬架系统、制动器	乙酰树脂、PA、PP 芳香族聚酯胺纤维（制动摩擦片）
发动机	进气系统、供油系统、冷却系统	聚酯、PA、PP（空气清洁系统）、PA（进气歧管）、PA（散热器）、PPS（水泵）

复合材料具有重量轻、强度高、加工成形方便、弹性优良、耐化学腐蚀和耐候性好等特点。复合材料基于这些优良性能，在现在的车身制造中得到了越来越广泛的应用，特别是纤维增强材料应用最广、用量最大。在车身制造中应用较多的纤维增强材料主要有：玻璃纤维增强材料、碳纤维增强材料和高弹性机体材料等。其中尤以玻璃纤维增强材料应用最为广泛。与碳纤维增强材料相比，虽然碳纤维增强材料的力学性质更加稳定，但其价格昂贵，使得碳纤维增强材料只是用于极少数的顶级乘用车或赛车上，而玻璃纤维增强材料的应用却较为普遍。玻璃纤维增强复合材料中应用最广泛的是玻纤增强塑料；这也就是通常所说的玻璃钢，它是以不饱和聚酯为基体，以玻璃纤维及其制品增强的一种复合材料，可以代替钢板来制造车身大型覆盖件。

2. 汽车零部件优化设计轻量化

在轻量化材料应用的过程中，零部件设计技术也得到相应发展，主要表现在新的选材与设计理念的出现，面向新材料的零部件设计方法和规范的制定等。

3. 零部件制造轻量化

针对新材料的应用，开发出了一系列先进的零部件加工技术与设备，其中有很多已进入工业化的应用。主要包括各种先进的成形技术、连接技术和表面处理技术。

1）在成形技术方面。采用激光拼焊、液压成形、气体热成形、电磁成形、半固态铸造等技术，均可减少零件数量和材料消耗，减轻整车重量。

2）在连接技术方面。采用激光焊接铆接与自冲铆接、黏结及复合连接等技术，代替传统的铆接、电阻电焊，可以提高连接质量，不但工艺性好也减轻了自重。

3）在表面处理技术方面。采用微弧氧化、金属铝涂层、含氟协合涂层、气相沉积、离子注入等方法，可使镁合金表面处理理想，以提高镁合金零部件的使用，从而减轻车重。

三、新能源汽车

新能源汽车是指采用非常规的车用燃料作为动力来源（或使用常规的车用燃料、采用新型车载动力装置），综合车辆的动力控制和驱动方面的先进技术，形成的技术原理先进、具有新技术、新结构的汽车。

新能源汽车包括混合动力汽车、电动汽车、燃料电池汽车、太阳能汽车、燃气汽车、代用燃料汽车等。

1. 混合动力汽车

(1) **混合动力汽车的特点** 混合动力汽车（HEV）是指在一辆汽车上同时配备两种动力源——热动力源和电动力源的汽车。热动力源一般为柴油机、汽油机或燃气轮机，电动力源为蓄电池和电动机。

汽车在不同位置或不同行驶工况下使用不同的驱动方式。例如，城市内行驶使用电能源，蓄电池驱动；城间行驶使用内燃机驱动。

混合动力汽车的燃油经济性可以达到3倍于传统中型汽车，即每升燃油可行驶34km，折合为3L/100km。

混合动力汽车既能发挥电驱动汽车在城市里运行时低排放、低噪声的优点，同时又能保留内燃机汽车能长距离运行的优点，还可以利用驱动系统中的电动机回收汽车制动能量。当汽车起动和爬坡时可以利用电动机的辅助转矩，使汽车配置的内燃机排量减小。当汽车在城市内处于低速运行时，可完全依靠电动机运行。在长途运输过程中可利用内燃机为电驱动系统中的蓄电池充电。

(2) **混合动力汽车的类型** 混合动力汽车有多种分类方式，通常按动力系统的结构形式不同进行分类，可分为：串联式、并联式和混联式三种（图4-2）。

1) 串联式混合动力汽车。串联式混合动力汽车是由发动机带动发电机，电能在控制器的调节下带动电动机运转，以驱动车轮。发动机始终在热效率高而排放较低的单一最佳工况下运转，单一工况运转也便于排气后处理装置始终保持高净化率。低负荷运转时，发动机发出的功率超过驱动车辆的需要，多余的电能向蓄电池充电；而高负荷运转时，除发电机发出的电能外，电池组可提供额外的电能。但最高输出功率要受到电动机功率的限制，如图4-2a所示。串联式混合动力汽车适于城区运行的车辆，如公交汽车等。

2) 并联式混合动力汽车。发动机和电动机可以分别独立地向汽车的驱动系统提供动力，而需要大功率时可以共同提供动力，改进了串联系统最大功率不足的缺陷，如图4-2b所示。并联式混合动力汽车比较适合于经常在郊区和高速公路上行驶的车辆。

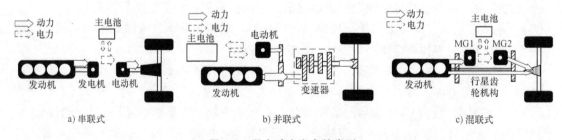

图 4-2 混合动力汽车的类型

3) 混联式混合动力汽车。通过一种行星齿轮系统组成的动力分配装置，将整个系统耦合在一起，根据行驶工况灵活采取串联方式或并联方式，以达到热效率最高、排气污染最低的效果。一般控制策略为：起步或低负荷行驶时，由电池电能驱动；匀速行驶时由发动机提供动力；加速行驶时，发动机与电池共同提供动力；停车或滑行时，发动机带动发电机向电池充电；制动和减速时通过能量回收系统向电池充电。串/并联灵活驱动方式兼有串联和并联的特点，但控制系统最复杂。

2. 电动汽车

电动汽车是指以电力驱动的车辆。电力可以从高架电线网上获取，如无轨电车、有轨电车，也可以从移动电源（蓄电池）获取。本文主要是指从蓄电池获取电能，在道路上行驶的电动汽车，俗称纯电动汽车或蓄电池电动汽车。

（1）**电动汽车与燃油汽车的区别**　两者的主要区别是在能源、动力、速度控制、传动等方面，见表4-2。

表4-2　电动汽车与燃油汽车的区别

名　　称	燃油汽车	电动汽车
能源系统	汽油或柴油	燃料电池,或蓄电池,或超级电容
动力系统	发动机	电动机
速度控制系统	变速器、离合器	调速控制器
传动系统	变速器、离合器、传动轴	传动轴、驱动桥

（2）**电动汽车的结构原理**　电动汽车的能量传递如图4-3所示。

当汽车行驶时，由蓄电池输出电能（电流）通过控制器驱动电动机运转，电动机输出的转矩经传动系统带动车轮前进或后退。电动汽车续驶里程与蓄电池容量有关，蓄电池容量受诸多因素限制。要提高一次充电续驶里程，必须尽可能地节省蓄电池的能量。电动汽车主要由电力驱动系统、电源系统和辅助系统三部分组成。

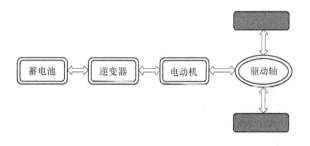

图4-3　电动汽车的能量传递

1）电力驱动系统。电力驱动系统主要包括电子控制器、功率转换器、电动机、机械传动装置和车轮等。它的功用是将存储在蓄电池中的电能高效地转化为车轮的动能，并能够在汽车减速制动时，将车轮的动能转化为电能充入蓄电池。

2）电源系统。电源系统主要包括电源、能量管理系统和充电机等。它的功用是向电动机提供驱动电能、监测电源使用情况以及控制充电机向蓄电池充电。

3）辅助系统。辅助系统主要包括辅助动力源、空调器、动力转向系统、导航系统、刮水器、收音机以及照明和除霜装置等。辅助系统除辅助动力源外，其余的依据车型不同而不同。

（3）**电动汽车的关键技术**　电动汽车的主要关键技术有：电动汽车及控制技术、电池及管理技术、整车控制技术、整车轻量化技术和充电技术等。

3. 燃料电池汽车

采用燃料电池作为电源的电动汽车称为燃料电池汽车。燃料电池汽车一般以质子交换膜燃料电池作为车载能量源。

(1) 燃料电池汽车的类型

1）按燃料特点不同分类。可分为直接燃料电池汽车和重整燃料电池汽车。直接燃料电池汽车的燃料主要是氢气。直接燃料电池汽车排放无污染，被认为是最理想的汽车，但存在氢的制取和存储困难等问题。重整燃料电池汽车的燃料主要有汽油、天然气、甲醇、甲烷、液化石油气等。其结构比氢燃料电池汽车复杂得多。

2）按燃料氢的存储方式不同分类。可分为压缩氢燃料电池汽车、液氢燃料电池汽车和合金（碳纳米管）吸附氢燃料电池汽车。

3）按"多电源"的配置不同分类。可分为纯燃料电池驱动（PFC）的燃料电池汽车，燃料电池与辅助蓄电池联合驱动（FC+B）的燃料电池汽车，燃料电池与超级电容联合驱动（FC+C）的燃料电池汽车以及燃料电池与辅助蓄电池和超级电容联合驱动（FC+B+C）的燃料电池汽车，如图4-4所示。

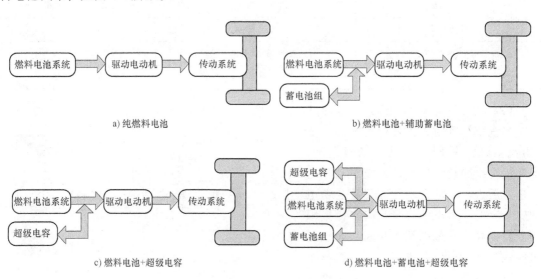

图 4-4　燃料电池汽车的类型

（2）燃料电池汽车的基本组成　燃料电池汽车主要由储氢罐、燃料电池组、电动机控制系统、驱动电动机、超级电容或辅助蓄电池及热交换器等部件组成，如图4-5所示。

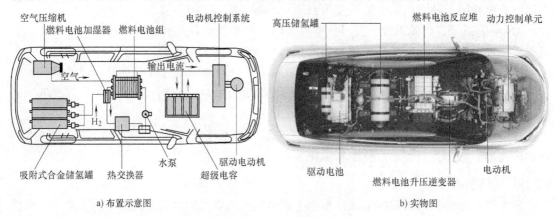

图 4-5　燃料电池汽车的基本组成

(3) **燃料电池汽车的工作原理** 作为燃料的氢在汽车搭载的燃料电池中，与大气中的氧气发生氧化还原化学反应，产生出电能来带动电动机工作，由电动机带动汽车中的机械传动结构，进而带动汽车的前桥（或后桥）等行走机械结构工作，从而驱动汽车前进，如图4-6所示。

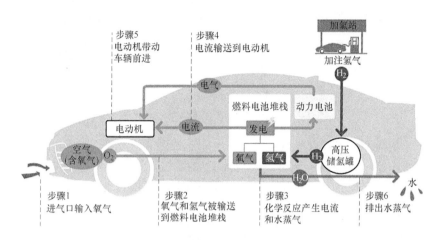

图4-6 燃料电池汽车的工作原理

燃料电池汽车是电动汽车的一种，其核心部件为燃料电池。通过氢气和氧气的化学作用，而不是经过燃烧，直接变成电能动力。燃料电池虽然称电池但不是电池，而是相当于一台氢燃料发电机。它由正极、负极和夹在正负极中间的电解质板所组成。燃料电池的反应结果会产生极少的二氧化碳和氮氧化物，副产品主要是水，因此被称为绿色新型环保汽车。

燃料电池汽车的氢燃料能通过几种途径得到。有些汽车直接携带纯氢燃料，另外一些汽车有可能装有燃料重整器，能将烃类燃料转化为富氢气体。单个的燃料电池必须结合成燃料电池组，以便获得所需的动力，满足汽车使用的要求。

(4) **燃料电池汽车的特点** 与传统汽车相比，燃料电池汽车的优点是：节能、转换效率高、不需要石油燃料且稳定性和可靠性高于内燃机；零排放或近似零排放；汽车的性能接近内燃机方式驱动的汽车水平；减少了机油泄漏带来的水污染；降低了温室气体的排放；提高了燃油经济性；提高了发动机燃烧效率；结构简单、运行平稳、无噪声。

与传统汽车相比，燃料电池汽车的缺点是：燃料种类单一；要求高质量的密封；造价太高；需要配备辅助电池系统。

(5) **燃料电池汽车的关键技术** 燃料电池汽车的关键技术主要包括燃料电池技术、电机技术、控制器技术，这三项技术也是一直制约燃料电池汽车大规模进入市场的关键因素。

4. 太阳能汽车

太阳能汽车是利用太阳能电池将太阳能转换成电能，并利用该电能作为能源驱动行驶的汽车，它是电动汽车的一种。

太阳能汽车的基本原理是：首先车身表面的太阳能电池把太阳能转化为电能，此电能通过峰值功率跟踪器给负荷供给能量。从峰值功率跟踪器出来的电能给电动机的速度控制装置及蓄电池供电，使电动机驱动。一般情况下，电动机转矩通过侧链等传动机构和减速机构传到车轮上，使车轮转动（图4-7）。

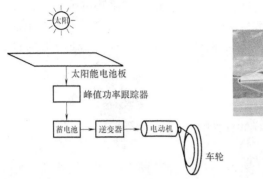

图 4-7　太阳能汽车基本工作原理与外形

太阳能汽车的应用技术涉及光电、电机、电子、控制、汽车工程、机械、化学等各个方面。作为电动汽车密不可分的一部分,其应用关键技术可以归纳为五个主要方面：光电技术、车体技术、电力驱动技术、储能电池技术和能量管理系统技术。

5. 代用燃料汽车

代用燃料是指能够取代或部分取代目前内燃机传统燃料（汽油、柴油、煤油）的燃料。

代用燃料可分为气体代用燃料和液体代用燃料。气体代用燃料主要有：天然气、液化石油气、氢气等。液体代用燃料主要有：乙醇、甲醇、二甲醚、生物柴油等。

（1）**天然气汽车**　按照所使用天然气燃料状态的不同,天然气汽车可以分为压缩天然气（CNG）汽车和液化天然气（LNG）汽车。目前世界上使用较多的是压缩天然气汽车。

按照燃料使用状况的不同,天然气汽车可分为专用燃料天然气汽车、两用燃料天然气汽车和双燃料天然气汽车。

天然气汽车与普通燃油汽车相比,在结构上主要增加了燃气供给系统。天然气供给系统由储气部件、供气部件、控制部件和燃料转换部件组成,如图4-8所示。

天然气汽车的关键技术有：加气站技术、发动机技术、气瓶技术、混合控制技术。

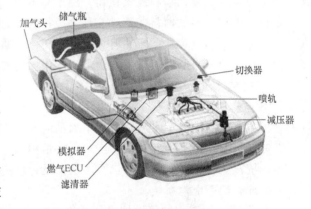

图 4-8　天然气汽车

（2）**液化石油气汽车**　以液化石油气为燃料的汽车称为液化石油气汽车。液化石油气汽车与燃油汽车相比,其特性见表4-3。

表 4-3　液化石油气汽车特性比较

优　点	缺　点
减少污染	汽车动力性有所下降
有较好的抗爆性	低温起动性能变差
低温起动性好	续驶里程较短
经济性好	汽车以双燃料方式并存时,整车成本较高
安全性好	补给液化石油气不方便

(3) 氢气汽车　氢气汽车是在传统发动机的基础上加以改进后可以直接用氢气为燃料进行燃烧产生动力的汽车。氢燃料的燃烧产物只有 H_2O 和 NO_x，不会产生颗粒、积炭等，从而大大减少了发动机的磨损，减轻了润滑油被污染的程度，可以认为氢是发动机最清洁的燃料，氢燃料汽车不污染环境，是一种环境友好的绿色交通工具。缺点是氢燃烧效率低，大约只有38%，且由于氢燃料热值高、火焰传播速度快和着火范围宽等，氢燃料发动机容易出现早燃、回火、敲缸、负荷高以及 NO_x 排放偏高等情况。

(4) 甲醇汽车　甲醇燃料汽车是指利用甲醇燃料作为能源驱动的汽车。甲醇作为燃料在汽车上的应用主要有掺烧和纯甲醇替代两种。掺烧是指将甲醇以不同的比例（如 M10、M15、M30 等）掺入汽油中，作为发动机的燃料，一般称为甲醇汽油；纯甲醇替代是指将高比例甲醇（如 M85、M100）直接用作汽车燃料。

甲醇汽油是指把甲醇部分添加在汽油里，用甲醇燃料助溶剂复配的 M 系列混合燃料。目前我国市场上使用的甲醇汽油主要有 M5、M15、M50、M85 以及 M100 等。

甲醇作为车用燃料有如下优点：

1）辛烷值高，能显著提高燃料的混合辛烷值，增强抗爆性能，可以提高发动机的压缩比，从而提高发动机的功率。

2）甲醇是高含氧量物质，它在气缸内完全燃烧时所需要的过量空气系数可以远小于燃用汽油时所要求的值，燃烧更为充分。

3）挥发性好于与空气的混合。

4）可显著降低尾气排放。

5）在高油价、低甲醇价格情况下，甲醇燃料在经济上占有很大优势。

6）灵活性高。经改装后的甲醇燃料汽车，可燃用甲醇，也可燃用汽油及两者任意比例的混合物，不受油品和加油站的限制。

7）使用方便。对于现有的汽油车，无须改动任何装置，既可以使用汽油，也可以使用低比例甲醇汽油。

(5) 乙醇汽车　乙醇汽车是指使用车用乙醇汽油作为主要动力燃料的机动车。乙醇燃料已成为国际上普遍公认可降低环境污染和取代化石燃料的主要资源。为此，世界上一些知名的汽车巨头纷纷把目光投向乙醇汽车的研发和推广上。

车用乙醇汽油是指在汽油组分油中，按体积比加入一定比例（中国暂按10%）的变性燃料乙醇混配而成的一种新型清洁车用燃料。

车用乙醇的特性和优点：第一，它增加汽油中的氧含量，使燃烧更充分，彻底有效地降低了尾气中有害物质的排放；第二，有效提高汽油的标号，使发动机运行平稳；第三，有效消除火花塞、气门、活塞顶部及排气管、消声器部位积炭的形成，可以延长主要部件的使用寿命。

巴西环境部发布了一项研究报告，宣称使用乙醇作燃料驱动汽车产生的有害污染物并不比普通汽油少。

(6) 二甲醚汽车　二甲醚汽车是指使用二甲醚作为动力燃料的机动车。

二甲醚作为环保、清洁、安全的新型替代能源，已经得到国际社会的公认。二甲醚是汽车发动机，特别是柴油发动机燃料的理想替代品。

二甲醚汽车具有节能、环保、安全性高、燃烧效率高等优点。

针对我国自然条件和"富煤、少油、有气"的能源资源特色，发展洁净能源二甲醚，对于我国经济发展与环境保护的平衡具有重大战略意义。

（7）生物柴油汽车 生物柴油汽车是指以生物柴油作为动力的一种型新能源柴油车。

柴油作为一种重要的石油炼制产品，在各国燃料结构中均占有较高的份额，已成为重要的动力燃料。随着世界范围内车辆柴油化趋势的加快，未来柴油的需求量会越来越大，而石油资源的日益枯竭和人们环保意识的提高，大大促进了世界各国加快柴油替代燃料的开发步伐。由于生物柴油燃烧时排放的二氧化碳远低于该植物生长过程中所吸收的二氧化碳，从而改善由于二氧化碳的排放而导致的全球变暖这一有害于人类的重大环境问题。因而，生物柴油是一种绿色柴油。生物柴油以其优越的环保性能受到了各国的重视。

生物柴油汽车具有优良的环保特性、较好的低温发动机起动性能、较好的润滑性能、较好的安全性能、良好的燃料性能和可再生性能等优点。因此，生物柴油汽车是汽车节能环保发展的主要方向之一。

第二节 汽车减排技术

随着我国汽车工业的迅猛发展和城市化进程的加快，以及汽车保有量的急剧增加，我国大部分城市的雾霾天气增多，PM2.5值攀升，环境污染日趋严重，汽车是造成环境污染的主要因素之一。为此，汽车减排成为目前热点问题之一，人们提出了许多防治汽车尾气污染的控制措施。

一、汽车减排的强制性标准

为了治理环境污染，各国根据大气环境污染的具体情况，均制定了有关环境保护的法律与大气污染治理的目标，对各种污染源的排放提出了控制要求，针对不同类型的机动车制定出不同的排放标准，这些标准是要求强制性执行的，因而也称为排放法规。

排放法规由一系列各种污染物的限值组成，还包括检测、认证和强制执行的方法，其每一部分内容互相联系，互相一致。汽车排放法规已成为汽车设计与制造的准则、汽车强制性认证的主要依据和汽车产品国际贸易的保障。

与先进国家相比，我国汽车尾气排放法规起步较晚、水平较低，根据我国的实际情况，从20世纪80年代初期开始采取了先易后难分阶段实施的具体方案，其具体实施至今主要分为六个阶段（图4-9）。

第一阶段：GB 18352.1—2001《轻型汽车污染物排放限值及测量方法（Ⅰ）》，等效采用欧盟93/59/EC指令，参照采用98/77/EC指令部分技术内容，等同于欧Ⅰ标准，从2001年4月16日发布并实施国Ⅰ标准。

第二阶段：GB 18352.2—2001《轻型汽车污染物排放限值及测量方法（Ⅱ）》，等效采用欧盟96（10）69/EC指令，参照采用98（10）77（10）EC指令部分技术内容，等同于欧Ⅱ标准，从2004年7月1日起实施国Ⅱ标准。

第三阶段：GB 18352.3—2005《轻型汽车污染物排放限值及测量方法（中国Ⅲ、Ⅳ阶段）》，国Ⅲ部分等同于欧Ⅲ标准，于2007年7月1日实施国Ⅲ标准。

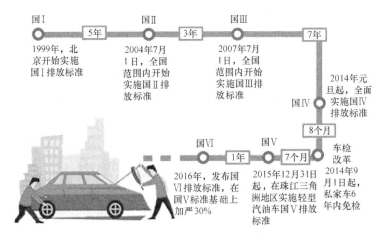

图 4-9 我国汽车尾气排放法实施的六个阶段

第四阶段：GB 18352.3—2005《轻型汽车污染物排放限值及测量方法（中国Ⅲ、Ⅳ阶段）》，国Ⅳ部分等同于欧Ⅳ标准，从 2015 年 1 月 1 日起全国统一实施国Ⅳ排放标准。

第五阶段：2013 年 9 月 17 日，环保部发布《轻型汽车污染物排放限值及测量方法（中国第五阶段)》（GB 18352.5—2013）。从 2017 年 1 月 1 日起，全国机动车实施国Ⅴ排放标准。

第六阶段：2016 年发布了第六阶段（国Ⅵ）的排放标准，相比国Ⅴ排放标准，其限值加严了 30%~50%。自 2020 年 7 月 1 日起，所有销售和注册登记的轻型汽车应符合国Ⅵ标准 6a 限值要求。自 2023 年 7 月 1 日起，所有销售和注册登记的轻型汽车应符合国Ⅵ标准 6b 限值要求。

在欧洲，2000 年起开始实施欧Ⅲ标准，2005 年起开始实施欧Ⅳ标准，2009 年起开始实施欧Ⅴ标准，2014 年起开始实施欧Ⅵ标准。预计在 2018~2020 年间开始强制实施欧Ⅶ标准，2023~2025 年起强制实施欧Ⅷ标准。

二、汽油机排放控制技术

降低汽油发动机排放主要从机内净化与机外净化两方面进行。

1. 汽油机机内净化技术

降低汽油发动机排放的关键是从汽油机内部解决，其主要技术有：电子控制汽油喷射技术、电控点火系统、可变气门正时技术、可变长度进气歧管、废气再循环技术、进气增压技术、均质充量压燃技术、多气门技术、缸内直喷技术、可变压缩比、停缸技术、OBD 诊断技术等。

（1）**电子控制汽油喷射技术** 电子控制汽油喷射系统采用多种传感器，将发动机的负荷、转速、吸入空气量、冷却液温度、排放状态、燃烧状况等转换成电信号，并输入电子控制单元。电子控制单元按给定程序和标准数据，对这些电信号进行转换后，发出相应的指令（电信号）驱动喷油器。喷油器开闭时刻、次数及时间等受到严格控制，从而使发动机获得能够适应各种工况的最佳混合气。

电子控制汽油喷射系统如图 4-10 所示。

电子控制汽油喷射系统节能减排的基本原理：

1）用微机来控制每循环的喷油量和喷油时刻，可按各种工况的要求用微机来控制每循环的喷油量和喷油时刻，对燃油量进行校正，其废气排放指标比化油器汽油机好得多。

2）每缸采用单独喷油器供油，这样，可提高各缸空燃比的均匀性和喷油量的精确性。

3）燃油雾化特性是由喷油器的特性决定的，与汽油机的转速无关。因此，起动时仍能保持良好的雾化特性，起动性能良好，且起动时碳氢化合物（HC）排放量少。

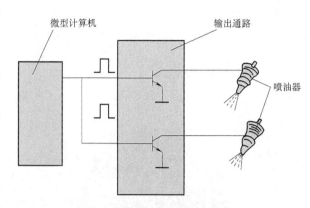

图 4-10 电子控制汽油喷射系统

(2) **电控点火系统** 在汽油机中，点火系统的任务是提供足够能量的电火花适时地点燃燃烧室内的混合气。点火系统的性能，如点火正时和点火能量对汽油机的燃烧有很重要的影响，从而影响发动机的性能和排放。为使汽油机高效节能、动力强劲、排放低，要求点火可靠、正时优化。

现代发动机上普遍采用高能点火系统，其点火电压已高达 30~40kV，火花塞间隙已达 1~1.5mm，能保证可靠点火，增大火花强度，延长火花持续时间，从而改善了混合气燃烧过程，降低了碳氢化合物（HC）的排放。

电控点火系统可根据发动机转速、发动机负荷以及节气门开度、冷却液温度、进气温度、爆燃等信号对点火提前角进行优化计算以实现精准控制，从而可有效降低发动机的燃油消耗率和有害排放物。

(3) **可变气门正时技术** 传统发动机的配气相位和升程是固定的，不能使各种工况下都得到最佳的配气正时。可变气门定时技术（Variable Valve Timing，VVT）指的是发动机气门升程和配气相位定时可以根据发动机工况做实时的调节。可变气门正时技术可分为三种：可变相位技术、可变升程技术以及可变相位和升程技术。代表性的可变气门正时技术是本田公司的 VTEC、丰田公司的 VVT-i 以及宝马公司的 Valvetronic 技术。这一技术使发动机设计师无须再在低速转矩与高速功率之间做抉择，实时的气门定时调整使得同时顾及低速转矩与高速功率成为可能。

连续可变气门定时技术加上先进的发动机控制策略，可以巧妙地实现可变压缩比。如在大负荷时，发动机容易发生自燃，进而引起爆燃，通过推迟进气门关闭的时间来达到降低有效压缩比的目的，从而避免爆燃。而在中小负荷时，爆燃不再是个问题，可以通过调整气门关闭时间达到提高有效压缩比的目的，从而使发动机在中小负荷时有优异的热效率。可变气门技术也可使汽油机排放品质达到更高的水平。发动机采用可变气门正时技术可以提高进气充量，使充量系数增加，发动机的转矩和功率可以得到进一步的提高。它的特点是在大幅提高燃油经济效益的同时增加发动机的功率，但对油品的要求十分苛刻。几种可变气门正时技术如图 4-11 所示。

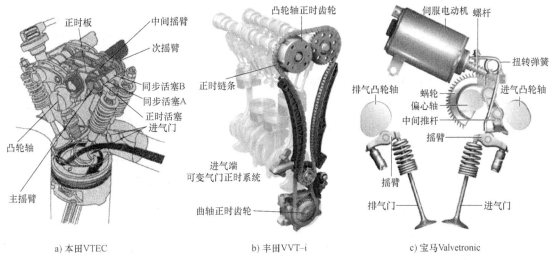

图 4-11 几种可变气门正时技术

（4）**可变长度进气歧管** 发动机的进气道是连接进气门和进气总管的，进气歧管设计的形状也能直接影响发动机的性能。图 4-12 所示为可变长度进气歧管。

可变长度进气歧管的工作原理是：随着进气门的开启和关闭，在进气管内会产生压波动，形成吸气波和压力波，并以声速传播，进气管的长度必须根据发动机转速而调整，以保证最高压力波在进气门关闭以前到达进气门，从而提高进气量。发动机 ECU 根据转速信号，控制驱动电动机来调整歧管开度，从而改变歧管长度。根据发动机转速调整进气歧管长度，低速时使用长进气歧管来提高进气量，增大转矩，高速时，使用短进气歧管来提高进气量，提高发动机功率。

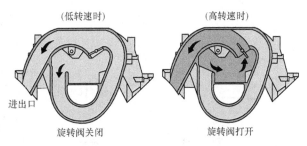

图 4-12 可变长度进气歧管

（5）**废气再循环技术** 废气再循环技术是控制氮氧化合物排放的主要措施，它将汽油机排出的一部分废气重新引入发动机进气系统，与混合气一起再进入气缸燃烧。

NO_x 是在高温和富氧条件下，N_2 和 O_2 发生化学反应的产物。燃烧温度和氧浓度越高，持续时间越长，NO_x 的生成物也越多。一方面，废气对新气的稀释作用意味着降低了氧浓度；另一方面，考虑到除怠速外的其他工况下的 CO、HC 和 NO_x 浓度均小于 1%，废气中的主要成分为 N_2、CO_2 和 H_2O，而且三种气体的比热容较高，从而提高了混合气的比热容，加热这种经过废气稀释后的混合气所需要的热量也随之增大，在燃料燃烧放出的热量不变的情况下最高燃烧温度可以降低。从而可使 NO_x 在燃烧过程中的生成受到抑制，明显地降低了 NO_x 的排放。废气再循环系统如图 4-13 所示。

（6）**进气增压技术** 在汽油机中，燃料所供能量中有 20%～45% 是由排气带走的，对于非增压汽油机可取上述百分比范围的低限值，对于高增压汽油机可取高限值。例如，一台平均有效压力为 1.8MPa 的高增压中速四冲程汽油机，燃料中将近 47% 的能量传给活塞做功，约 10% 的能量通过气缸壁散失掉，约 43% 的能量随排气流出气缸。增压技术的作用就在于利用这部分排气能量，使其转换为压缩空气的有效功以增加汽油机的充气量。增压对提高汽油机功率和改善汽油机的燃油经济性及排放都有积极的意义。

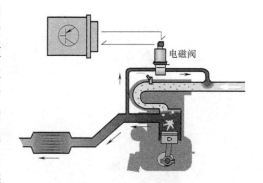

图 4-13　废气再循环系统

所谓增压，就是利用增压器将空气或可燃混合气预先进行压缩，再送入汽油机气缸的过程。增压后，虽然气缸的工作容积不变，但每循环进入气缸的新鲜空气或混合气充量密度增大，使实际混合气充量增加，因此不仅可使燃料燃烧更加充分，还可增加每循环的燃料添加量，从而达到提高汽油机功率和燃油经济性，改善排放性能的目的。增压比是指增压后气体压力与增压前气体压力之比。

汽油机增压通常有机械增压、涡轮增压、气波增压、复合增压等类型（图 4-14）。

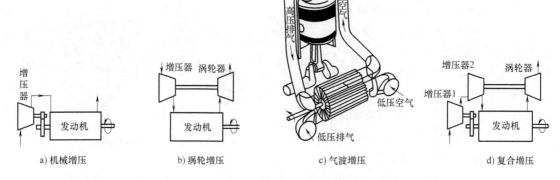

图 4-14　汽油机增压方式

（7）均质充量压燃技术　均质充量压缩燃烧（Homogeneous Charge Compression Ignition，HCCI）是一种全新的内燃机燃烧概念，既不同于柴油机（非均质充量压缩点燃），又不同于汽油机（均质充量火花点燃），它是一种火花点燃式发动机和压缩点燃式发动机概念的混合体。

均质充量压缩燃烧是一种预混合燃烧和低温燃烧相结合的新型燃烧方式：在进气过程形成均质的混合气，当压缩到上止点附近时均质混合气自燃着火。由于不受燃油和氧化物分离面处混合比的限制，也没有点火式燃烧的局部高温反应区，使得 N_2 和微粒（PM）排放很低，而且具有较高的热效率。HCCI 汽油机与传统汽油机、柴油机的比较如图 4-15 所示。

（8）多气门技术　以前的汽油机每个气缸只有两个气门（进、排气门各一个），如果每个气缸多于两个气门，就称为多气门汽油机（图 4-16）。

采用多气门汽油机的节能减排机理是：

1）扩大进、排气门的总流通截面面积，增大汽油机的进、排气量，降低泵气损失，使

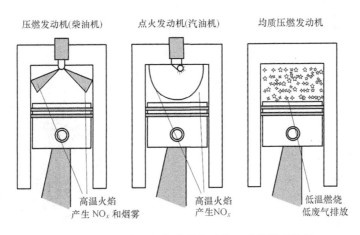

图 4-15 HCCI 汽油机与传统汽油机、柴油机的比较

汽油机的燃烧更彻底,功率提高。

2)可实现关闭部分通道,形成与汽油机转速相适应的进气滚流强度,拓宽汽油机的高效工作转速范围。低速运转时采用上述方法,可使进气滚流强度比高速时更强,提高了低速时的混合气质量,使燃烧更充分,功率也得到提升。

3)气门增多,则气门变小变轻,不但允许气门以更快的速度开启和关闭,增大了气门开启的时间-断面值(时面值),而且使相邻气门之间被浪费的燃烧室面积大为减少,从而提高了燃烧室表面积利用率,也使气门流通总面积增大。

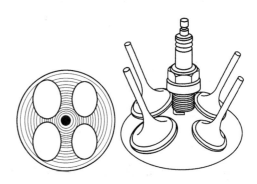

图 4-16 多气门技术

4)由于多气门改善了进气能力,因此进、排气重叠角可以减小,从而有效降低了小负荷工况时的排放;再者,多气门排气阻力小,进气量大,扫除缸内废气的效果也得到了提升。

总之,采用多气门技术,不仅能够有效降低汽油机的主要排放物,而且能有效提升动力性和燃油经济性,因此多气门技术目前已被广泛应用。

(9)**缸内直喷技术** 开发车用具有汽油机优点同时具有柴油机部分负荷高燃油经济性优点的发动机是主要的研究目标。以缸内直喷汽油机(Gasoline Direct Injection,GDI)为代表的新型混合气形成模式的研究和应用,极大地提高了汽油机的燃油经济性,有效地控制 NO_x 和 HC 的排放。

直喷式发动机(缸内喷注式汽油机)与一般汽油发动机的主要区别在于汽油喷射的位置。

GDI 装置引进了柴油机直接将柴油喷入缸内的理念直接在缸内喷射汽油,利用缸内气体流动与空气混合组织形成分层燃烧(图 4-17)。汽油直喷入缸内有利于汽油的雾化,使汽油和空气更好地混合,燃烧更为完全。另外进气管道中没有狭窄的喉管,空气流动的阻力小,充气性能好，因此输出的功率也较大。喷油器喷油后大部分油雾都集中在活塞的凹坑中，靠进气系统形成涡流带动油雾在缸内形成混合气，与周围的稀区形成分层气体，虽然混合比达到40∶1，但高压旋转喷射器喷射出雾状汽油，在压缩行程后期的点火之前，被气体的纵涡流融合成球状雾化体，形成一种以火花塞为中心，由浓到稀的层状混合气状态，聚集在火花塞周围的混合气很浓厚，很容易点火燃烧。

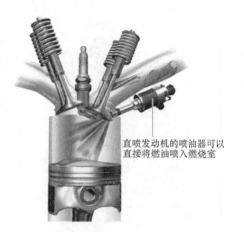

图 4-17　缸内直喷技术

（10）可变压缩比　压缩比是气缸总容积与燃烧室容积的比值，它表示活塞由下止点运动到上止点时气缸内气体被压缩的程度。它是衡量发动机性能的重要参数，是影响发动机效率最重要的因素之一。一般来说，压缩比越高，发动机的性能就越好。对于传统的发动机，一经设计好其压缩比是固定不变的，因为燃烧室容积及气缸工作容积都是固定的参数。对于现代汽车发动机的压缩比，汽油机一般为8～12，柴油机一般为12～22。

可变压缩比（VCR）技术主要是针对增压发动机的一种技术。固定的压缩比不能充分发挥发动机的性能，事实上在小负荷、低转速运转时，发动机的热效率低，相应地综合性能比较差，这时可以用较大的压缩比；而在大负荷、高转速运转时，若压缩比过高，则很容易发生爆燃并产生很大的热负荷和机械负荷，这时可以用较小的压缩比。随着负荷的变化连续调节压缩比，可以最大限度地挖掘发动机的潜力，使其在整个工况区域内有效提高热效率，进而提高发动机的综合性能。

可变压缩比的目的在于提高增压发动机的燃油经济性。在增压发动机中，为了防止爆燃，其压缩比低于自然吸气式发动机。在增压压力低时热效率降低，使燃油经济性下降。特别是在涡轮增压发动机中由于增压度上升缓慢，在低压缩比条件下转矩上升也很缓慢，形成所谓的增压滞后现象。也就是说发动机在低速时，增压作用滞后，要等到发动机加速至一定转速后增压系统才起到作用。为了解决这个问题，一方面可变压缩比是重要的方法，就是说在增压压力低的低负荷工况下，使压缩比提高到与自然吸气式发动机压缩比相同或超过后者；另一方面，在高增压的高负荷工况下适当降低压缩比。换言之，随着负荷的变化连续调节压缩比，以便能够从低负荷到高负荷的整个工况范围内有效提高热效率。

由压缩比的定义可知，要想使压缩比有所变化，就必须从改变燃烧室容积和工作容积方面入手。发动机的燃烧室由活塞顶、气缸和气缸盖三部分构成，迄今为止出现的一些可变压缩比实现方案都是围绕这三个元素而行的。通常采用的方法大致为下面三种：①通过改变气缸盖的结构来实现；②通过改变缸体结构来实现；③通过改变活塞及曲柄连杆机构来实现。几种可变压缩比技术如图 4-18 所示。

（11）停缸技术　发动机部分负荷时，切断部分气缸的供油而使工作气缸的负荷提高，以改善发动机性能的技术称为停缸技术。

由于停缸工况下发动机的泵气损失功减小，同时发动机的机械摩擦损失功也减小，从而可明显提高发动机的燃油经济性，这是停缸节油的主要原因。

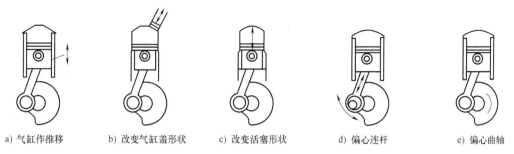

图 4-18 几种可变压缩比技术

实现停缸的方法有三种：①仅仅停止供油（简称断油）；②停止气门运动和断油（简称停阀机）；③断油的同时引入工作缸的废气到不做功的气缸内（断油回流），停缸技术原理如图 4-19 所示。

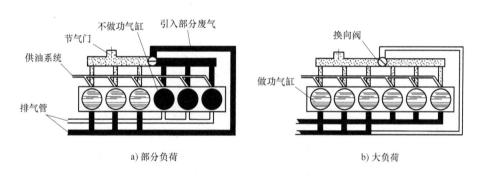

图 4-19 停缸技术

（12）OBD 诊断技术　OBD 诊断技术是全面达到国Ⅳ、国Ⅴ汽车排放标准的一种技术措施，并不能简单地理解为发动机或汽车故障在线诊断技术和方法。OBD 的实质性能就是全面监测汽车运行的排放污染物，主要目的是使汽车的检测、维护和管理融为一体，以满足环境保护的要求。OBD 系统可监测车辆多个系统和部件，包括发动机、三元催化转化器、颗粒捕集器、氧传感器、排放控制系统、燃油系统、废气再循环（EGR）系统等，确保车辆始终处于良好的技术状况。

2. 汽油机后处理净化技术

随着对发动机排放要求的日趋严格，改善发动机工作过程的难度越来越大，能统筹兼顾动力性、燃油经济性和排放性能的发动机将越来越复杂，成本也急剧上升。因此，世界各国都先后开发废气后处理净化技术，在不影响或少影响发动机其他性能的同时，在排气系统中安装各种净化装置，采用物理方法和化学方法降低排气中的污染物后最终向大气环境排放。

汽油机后处理净化技术主要有三元催化转化技术、稀薄燃烧技术、热反应器和二次空气喷射等。

（1）三元催化转化技术　三元催化转化器是目前应用最多的汽油机废气后处理净化技术。当汽油机工作时，废气经排气管进入催化器，其中氮氧化物与废气中的一氧化碳、氢气等还原性气体在催化作用下分解成氮气和氧气；而碳氢化合物和一氧化碳在催化作用下充分氧化，生成二氧化碳和水蒸气，如图 4-20 所示。三元催化转化器的载体一般采用蜂窝结构，蜂窝表面有涂层和活性组分,与废气的接触表面积非常大,所以其净化效率高,当发动机的空燃比在理论空燃比附近时,三元催化转化器可将90%的碳氢化合物和一氧化碳及70%的氮氧化物同时净化,因此这种催化器被称为三效催化转化器。目前,电子控制汽油喷射加三元催化转化器已成为国内外汽油车排放控制技术的主流。

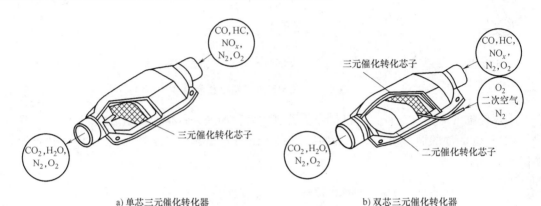

图 4-20 三元催化转化器

（2）**稀薄燃烧技术** 稀薄燃烧技术是降低 CO 排放的有效手段。所谓稀薄燃烧,是指发动机在空燃比大于化学计量比的条件下运行,其排放尾气与普通发动机有相似的化学成分,但其中还原性及氧化性气体的相对含量不同于普通发动机的尾气,因而其排放尾气的净化处理技术有明显的区别。采用稀薄燃烧技术,可提高燃料的利用率,从而提高燃料的经济性,降低 CO_2、CO 排放浓度,在一定空燃比范围内,HC 和 NO_x 也有所减少,但 O_2 的浓度却明显升高,导致 NO_x 的转化效率大大降低,在这种富氧条件下,催化还原其中的 NO_x 是稀薄燃烧技术的关键所在。目前针对稀薄燃烧技术研究较多的是 Pt-Rh 氧化还原催化剂、Pt-Pd-Rh 三元催化剂、全 Pd 催化剂和后来采用的催化剂涂层等,但空燃比的操作窗口太窄,要求燃油中 S 含量较低,因此难以广泛应用。

目前,在稀薄燃烧汽油机排放的尾气净化技术中,广泛研究的是吸附还原催化技术。吸附还原催化技术对 NO_x 的转化效率可达 70%~90%,其最佳工作温度在 150~450℃ 之间,并已在缸内直喷汽油机中得到了应用。

NO_x 吸附还原催化器主要安装在缸内直喷发动机的排气管上,当发动机稀薄燃烧时,将 NO_x 氧化,并与碱土金属发生化学反应,生成氮化物,并被吸附在吸附剂上。

当发动机处于浓燃时,吸附在催化器吸附剂上的氮化物被脱附,在排气管中的还原剂 HC、CO、H_2 的作用下,被还原为无害的氮气（N_2）。

NO_x 吸附还原催化器的工作原理如图4-21所示。

吸附还原催化器的吸附能力是有限的,当催化器在稀燃工况下连续运行时,吸附量将达到饱和,不能继续起作用,因此必须交

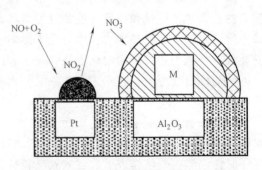

图 4-21 NO_x 吸附还原催化器的工作原理

替采用稀-浓混合气。

为了精确控制 NO_x 吸附的稀燃阶段和 NO_x 还原的浓燃阶段，可以在催化器后安装氧传感器，检测 NO_x 还原过程是否结束，从而使 NO_x 排放和燃油经济性都达到最优。

（3）**热反应器**　汽油机工作过程中的不完全燃烧产物 CO 和 HC 在排气过程中可以继续氧化，但必须有足够的空气和温度以保证其高的氧化速率，热反应器为此提供必要的温度条件。在排气道出口处安装用耐热材料制造的热反应器，使尾气中未燃的碳氢化合物和一氧化碳在热反应器中保持高温并停留一段时间，使之得到充分氧化从而降低其排放量。

热反应器一般采用耐热耐腐蚀的不锈钢制成，其结构如图 4-22 所示。

热反应器由壳体、外筒和内筒三层构成，中间加保温层，使内部保持高温。热反应器

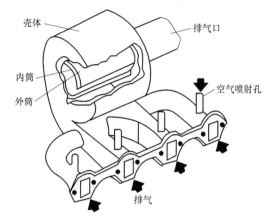

图 4-22　热反应器

安装在排气总管出口处，由于有较大的容积和绝热保温部分，反应器内部的温度可高达 600～1000℃。同时在紧靠排气门处喷入空气（即二次空气），以保证 CO 和 HC 氧化反应的进行。

（4）**二次空气喷射**　空气喷射就是将新鲜空气喷射到排气门的后面，使尾气中的碳氢化合物（HC）和一氧化碳（CO）在排气管内与空气混合，继续进行氧化的方法，又称为二次空气法。当喷射的新鲜空气与尾气结合时，空气中的氧（O_2）和碳氢化合物（HC）反应生成水，并呈蒸气状；而氧（O_2）和一氧化碳（CO）反应生成 CO_2，如图 4-23 所示。

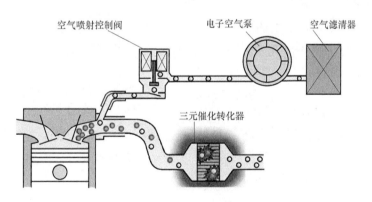

图 4-23　二次空气喷射技术

三、柴油机排放控制技术

柴油机排放控制技术也包括机内净化技术和后处理净化技术。

1. 柴油机机内净化技术

相对于汽油机而言，柴油机由于过量空气系数比较大，一氧化碳（CO）和碳氢化合物（HC）排放量要低得多，但普通的燃油供给系统使柴油机具有致癌作用的微粒排放量比汽

油机大几十倍甚至更多。因此，控制柴油机排放物的重点，就在于降低柴油机的NO_x和微粒（包括碳烟）排放。

降低柴油机NO_x排放和微粒排放之间往往存在着矛盾。一般有利于降低柴油机NO_x的技术都有使微粒排放增加的趋势，而减少微粒排放的措施，又可能将使NO_x排放升高。尽管如此，近年来，柴油机排放控制技术还是取得了很大的进展，研制出了一些低排放、高燃油经济性的柴油机，这些机型不用任何后处理装置即可以达到较高的排放法规要求，显示出柴油机机内净化技术的巨大潜力。

表4-4列出了降低柴油机NO_x和微粒排放的相关技术措施。

表4-4 降低柴油机NO_x和微粒排放的相关技术措施

技术对策	实施方法	主要控制对象
燃烧室设计	设计参数优化,新型燃烧方式	NO_x、微粒
喷油规律改进	预喷射,多段喷射	NO_x
进排气系统	可变进气涡流,多气门	微粒
增压技术	增压,增压中冷,可变几何参数增压	微粒
废气再循环	EGR,中冷EGR	NO_x
高压喷射	电控高压油泵,共轨系统,泵油嘴	微粒
均质压燃技术	HCCI	NO_x、微粒

需要指出的是，每一种技术措施在降低某种排放成分时，往往效果有限，过度使用则会带来另一种排放成分增加或动力性、燃油经济性的恶化，因此在工程实际中常常是几种技术措施同时并用。

在柴油机机内净化措施中，进气控制、排气控制、增压技术、废气再循环技术、均质压缩技术均与汽油机相似。

2. 柴油机后处理净化技术

（1）**微粒净化处理技术** 柴油机排放污染物主要是微粒和NO_x，其中，微粒排放是汽油机的30~80倍，仅靠机内净化技术很难使柴油机的微粒排放满足新的排放法规，所以，必须采用微粒后处理技术。

目前，柴油机微粒后处理净化技术主要有：微粒捕集技术、静电分离、溶液清洗、等离子净化和离心分离袋式过滤等。

（2）**NO_x的净化处理技术** 由于三元催化转化器不适于在柴油机上降低NO_x的含量，所以降低柴油机NO_x排放的后处理净化技术主要有：选择性催化还原、选择性非催化还原、吸附催化还原和等离子辅助催化还原等技术。

第三节 汽车安全技术

汽车行驶安全性是世界汽车技术发展关注的热点问题之一。在汽车的安全性研究和现有的汽车安全技术中，汽车的安全性分为主动安全性和被动安全性两大类。主动安全性是指通过对汽车内部结构进行更趋合理有效的设计，优化车辆驾驶操纵系统的人机环境，主动预防事故的发生。被动安全性主要是指汽车在发生意外的汽车碰撞事故时，如何对驾乘人员进行保护，尽量减少其所受伤害。

一、汽车主动安全技术

汽车主动安全控制系统的基本原理，首先是利用各种传感器感知驾驶人对汽车的操作情况以及汽车本身的运动状态，其次由电子控制单元（ECU）根据传感器获得的信息确定出相应的控制策略，最后控制执行机构采取相应的动作，直接影响和控制车轮滑转（移）率、车轮侧偏角和车轮垂向运动，从而间接控制轮胎和路面间接触面上的纵向力、侧向力和垂向力，提高汽车的主动安全性、机动性和舒适性。汽车主动安全控制是一个多系统相互影响、相互作用的复杂控制过程。

目前，汽车主动安全控制系统主要包括：汽车防抱死制动系统（ABS）、汽车驱动防滑系统（TCS/ASR）、汽车电子制动力分配系统（EBD）、汽车电控辅助制动系统（EBA）、汽车横摆运动控制系统（DYC）、汽车稳定性控制系统（ESP）、汽车四轮转向系统（4WS）、汽车主动前轮转向系统（AFS）、汽车主动悬架系统（AS）、汽车自适应巡航控制系统（ACC）、汽车主动车身控制（ABC）以及作为智能交通系统（ITS）一个分支的先进汽车控制与安全系统（AVCSS）等。

1. 汽车防抱死制动系统

防抱死制动系统（Anti-lock Brake System，ABS）是在传统的制动系统上采用电子控制技术，防止车辆制动时车轮抱死的一种机电一体化系统。ABS对于汽车在各种行驶条件下的制动效能及制动安全尤为重要，特别是紧急制动时，能够充分利用轮胎与路面之间的峰值附着性能，提高汽车抗侧滑性能并缩短制动距离，充分发挥制动效能，同时增强汽车制动过程中的可控性。

如图4-24所示，ABS主要由液压调节单元和电子控制单元（ECU）组成。

在车辆制动过程中，ABS对车轮的运动状态进行迅速、准确而又有效的控制，使车轮尽可能地处于最佳滑移率运动状态，即充分利用地面的纵向附着力和侧向附着力，从而使车辆获得最佳的制动距离和制动方向稳定性，提高

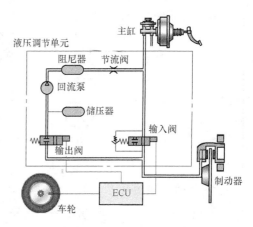

图4-24 ABS结构组成

车辆的行驶安全性。装配有ABS的车辆具有制动强度高、制动稳定性好，转弯制动时不丧失转向操纵能力等特点。

2. 汽车驱动防滑系统

当汽车在驱动过程（如起步、转弯、加速等过程）中，ABS不能防止车轮的滑转，因此针对这个要求又出现了防止驱动车轮发生滑转的驱动防滑系统（Acceleration Slip Regulation，ASR）。由于驱动防滑系统是通过调节驱动车轮的驱动力来实现工作的，故它也常被称为牵引力控制系统（Traction Control System，TCS）。

牵引力控制系统是一种根据驱动车轮的滑转状态来控制车辆牵引性能的汽车主动控制系

统。通过充分利用地面提供的附着力，牵引力控制系统能够有效地改善车辆牵引性能和行驶安全性，可以使车辆在湿滑或泥泞路面起步、加速以及加速转弯时避免驱动轮打滑，并将滑动率控制在15%～20%范围内。牵引力控制系统的功能是既可以提高牵引力，又可以保持汽车的行驶稳定。当驱动轮出现打滑时，系统将对打滑的驱动轮的制动压力进行控制同时控制发动机的输出转矩，使驱动轮的牵引力控制在最佳区域，并提高了汽车的方向稳定性，避免轮胎的不均匀磨损。因此，对于行驶在困难地面条件下，要求高机动性和越野性的军用车辆来说，装备牵引力控制系统具有重要意义。

目前，在汽车驱动防滑系统中，广泛采用的是发动机节气门调节和驱动轮制动力矩调节的控制方式。

3. 汽车电子制动力分配系统

汽车制动时，如果四个轮胎附着地面的条件不同，比如，左侧轮附着在湿滑路面，而右侧轮附着于干燥路面，四个轮子与地面的附着力不同，在制动时（四个轮子的制动力相同）就容易产生打滑、倾斜和侧翻等现象。汽车电子制动力分配系统（Electric Brake Force Distribution，EBD）的功能就是在汽车制动的瞬间，高速计算出四个轮胎由于附着不同而导致的附着力数值，然后调整制动装置，达到制动力与附着力的匹配，以保证车辆的平稳和安全。

在本质上EBD可以说是ABS的辅助功能，它可以提高ABS的功效。所以在安全指标上，装备EBD的汽车的性能更胜一筹。当重踩制动时，EBD在ABS作用之前，依据车辆的质量和路面条件，自动以前轮为基准去比较后轮轮胎的滑动率，如发觉此差异程度必须被调整，制动油压系统将会调整传至后轮的油压，以得到更平衡且更接近理想化的制动力分布。所以，EBD+ABS就是在ABS的基础上，平衡每一个轮的有效地面附着力，改善制动力的平衡，防止出现甩尾和侧滑，并缩短汽车制动距离。

现在，一般配备ABS的车辆都配有EBD，标记为"EBD+ABS"。从文字上，就不难看出EBD+ABS是ABS的升级版本。EBD和ABS共用同样的传感器，以及ECU和执行机构（制动装置），并且EBD必须配合ABS使用，在汽车制动的瞬间，分别对四个轮胎附着的不同地面进行感应、计算，得出附着力数值，根据各轮附着力数值的不同分配相应的制动力，避免因各轮制动力不同而导致的打滑、倾斜和侧翻等危险。

4. 电控辅助制动系统

汽车电控辅助制动系统EBA是Electronic Brake Assist的缩写，有时也被称为BA（Brake Assist）或BAS（Brake Assist System）。

在正常情况下，大多数驾驶人开始制动时只施加很小的力，然后根据情况增加或调整对制动踏板施加的制动力。如果必须突然施加大得多的制动力，或驾驶人反应过慢，这种方法会阻碍他们及时施加最大的制动力。许多驾驶人也对需要施加比较大的制动力没有准备，或者他们反应得太晚。据统计，在紧急情况下有90%的汽车驾驶人踩制动踏板时缺乏果断，另外，传统的制动系统，其设计是将驾驶人施加在制动踏板上的力以固定的倍数放大，因此对于体力较弱的驾驶人而言，其可能面临制动力不足的问题，而若是在紧急的状况下，将可能造成事故的发生。电控辅助制动系统正是针对上述情况而设计的。

EBA通过驾驶人踩踏制动踏板的速率来理解制动行为，如果察觉到制动踏板的制动压力恐慌性增加，EBA会在几毫秒内起动全部制动力，其速度要比大多数驾驶人移动脚的速度快得多，因此，EBA 可显著缩短紧急制动距离，并有助于防止在停停走走的交通中发生追尾事故，以提高行车安全（图 4-25）。

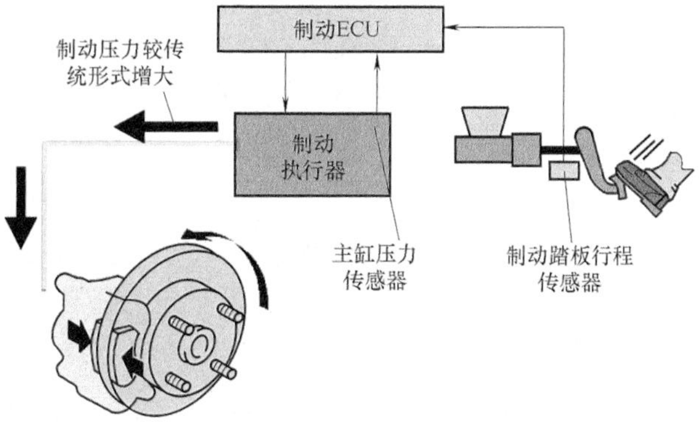

通常情况下，EBA 的响应速度都会远远快于驾驶人，这对缩短制动距离，增强安全性非常有利。有关测试表明，EBA 可以使车速高达 200km/h 的汽车完全停下的距离缩短 21m 之多，尤其是对在高速公路上行驶的车辆，EBA 可以有效防止常见的追尾事故。

图 4-25　汽车电控辅助制动系统

5. 汽车横摆运动控制系统

汽车横摆运动控制系统（Direct Yaw Control，DYC）又称为汽车横摆稳定性控制系统。

DYC 系统是 20 世纪 90 年代中期以来研究较多的一种针对汽车操纵稳定性的主动安全系统。当轮胎处于非线性或接近饱和区域（未到饱和）时，DYC 直接对某一个或某几个车轮施加互不相同的纵向力（多为制动力），直接产生一个整车横摆运动力矩，由该横摆力矩辅助转向操作来稳定车辆，从而抑制严重的不足转向和过多转向趋势。

汽车的转向特性分为过多转向、不足转向和中性转向。中性转向是最理想的转向特性，而过多转向和不足转向是不稳定的转向特性。当汽车在低附着转向时，如果地面的附着系数不能提供足够的侧向力，汽车将发生过多转向或过量的不足转向。当驾驶人发现汽车处于过量的不足转向或过多转向时，通常通过对转向盘施加操作来对汽车进行控制，但此时由于汽车质心侧偏角通常比较大，驾驶人通过转向盘对车辆进行控制并不明显，这时普通的驾驶人将非常恐慌，不能采取正确的操作方法，汽车因此发生急转或漂移而造成事故。汽车横摆运动控制系统就是通过对汽车转向特性的识别，从而对不足转向和过多转向进行控制，在判断汽车处于不足转向或过多转向之时，就控制横摆力矩，从而控制不足转向或过多转向。

汽车侧滑运动是引发交通事故的主要原因之一，抑制汽车侧滑运动，改善汽车侧向稳定性的方法有：主动转向技术，车轮载荷控制技术和制动力、驱动力主动控制技术等。由于差速制动方式可以充分利用汽车原有的执行器，实现方式简单，附加成本小，因此目前市场上的 DYC 系统基本上都是采用差速制动作为控制方式。如图 4-26 所示，DYC 通过比较驾驶人操作意图和汽车实际运行状态，来判断是否进行制动调节。首先系统判断汽车处于过多转向还是过度不足转向，当汽车处于过多转向时，通过对前外车轮施加制动产生与汽车转向运动方向相反的横摆力矩，从而抑制汽车的过多转向运动；当汽车处于不足转向时，则通过对后内侧车轮施加制动产生与汽车转向运动方向相同的横摆力矩，抑制汽车的不足转向运动。

6. 汽车稳定性控制系统

汽车稳定性控制系统是在防抱死制动系统（ABS）和驱动防滑系统（ASR）基础上发展起来的一种新型主动安全系统，它整合了较多的控制系统，包括防抱死制动系统（ABS）、电子制动力分配系统（EBD）、电控辅助制动系统（EBA）、牵引力控制系统（TCS）及横摆

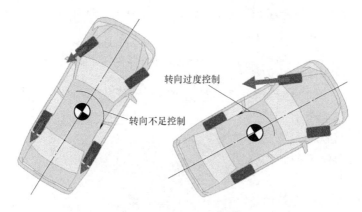

图 4-26　DYC 的工作原理

运动控制系统（DYC）。

汽车稳定性控制技术通过合理分配纵向和侧向轮胎力，精确控制极限附着情况下的汽车动力学行为，使汽车在物理极限内最大限度按照驾驶人的意愿行驶，被公认为汽车安全技术中继安全带、安全气囊、ABS 之后的又一项里程碑式的突破。

汽车稳定性控制系统（ESP）采用车载传感系统对车辆行驶的纵向/侧向/横摆运动状态、车轮运动状态、发动机工作状态、制动工作状态以及驾驶人转向意图等进行自动识别，判断汽车是否发生车轮抱死、驱动轮滑转及丧失操纵稳定性，进而对发动机力矩、车轮制动进行综合协调控制，实现对制动工况下车轮防抱死和稳定性控制、驱动工况下驱动轮防滑和稳定性控制以及转向工况下的稳定性控制，使汽车的操纵稳定性、加速性和制动性实现综合最佳。

7. 汽车四轮转向系统

四轮转向汽车（4WS 汽车）是指四个车轮都是转向车轮的汽车，或四个车轮都能起转向作用的汽车。

汽车四轮转向系统（4WS）在 20 世纪 80 年代中期开始发展。与传统的两轮转向汽车相比，四轮转向汽车具有以下优点：①提高了汽车在高速行驶时和在滑溜路面上的转向性能；②驾驶人操纵转向盘反应灵敏，动作准确；③在不良路面和侧风等条件下，汽车也具有较好的方向稳定性，提高了高速下的直线行驶稳定性；④提高了汽车高速转弯的行驶稳定性，不但便于转向操纵，而且在进行急转弯时，也能保持汽车的行驶稳定性；⑤通过使后轮转向与前轮转向相反，减小低速行驶时的转弯半径，不但便于在狭窄路面上进行 U 形转弯，而且在驶入车库等情况下便于驾驶。

对于 4WS 汽车，主要控制后轮的转向角。当后轮与前轮的转向相同时称为同相位转向，当后轮与前轮的转向相反时称为逆相位转向，

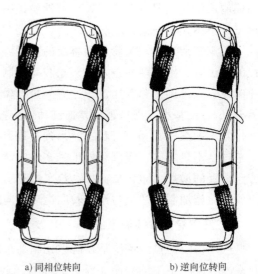

a）同相位转向　　　b）逆向位转向

图 4-27　4WS 的两种转向方式

如图 4-27 所示。

8. 汽车主动前轮转向系统

汽车主动前轮转向系统（AFS）通过转向盘转角和其他汽车运动参数计算并判断汽车的转向运动状态，在驾驶人通过转向盘给前轮施加转向角的基础上，采用电子控制方式通过执行电动机给前轮叠加一个增量转向角度，或者变化转向盘转角和前轮转角之间的传动比，使得汽车的实际运动状态更接近驾驶人所期望的运动状态。

AFS 能在驾驶人通过转向盘施加给前轮的转向角的基础上，通过 AFS 的执行机构给前轮叠加一个额外的转向角。此额外的转向角由电子控制单元根据转向盘转角和汽车的一些运动变量计算。AFS 的执行机构由电动机、自锁式蜗轮蜗杆机构、行星齿轮机构等组成。AFS 一般串联在转向盘和转向器之间（图 4-28）。转向器的输入角 δ_V 由转向盘转角 δ_S 和电动机转角 δ_M 组成。

由于 AFS 在前轮转向系统中增加了一个可以控制的自由度，所以可以通过对前轮转角的动态修正以及变化转向系统的传动比来提高转向操作的舒适性，改善转向系统对转向盘输入的动态响应特性以及增强汽车的稳定性。当汽车低速行驶时，AFS 减小转向系统的传动比或者叠加一个与转向盘转角同向的电动机驱动转角，使得汽车的转向响

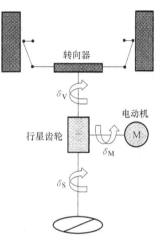

图 4-28　汽车主动前轮转向系统

应更加快速和灵活，改善转向过程的舒适性。当汽车高速行驶时，AFS 增大转向系统的传动比或者叠加一个与转向盘转角反向的电动机驱动转角，使得所需的转向盘转角增大，更便于驾驶人精确地进行转向操作，改善转向过程的操纵稳定性。

9. 汽车主动悬架系统

传统悬架系统的刚度和阻尼是按经验或优化设计的方法确定的。根据这些参数设计的悬架结构，在汽车行驶过程中，其性能是不变的，也是无法进行调节的。也就是说，传统的悬架系统只能保证在一种特定的道路状态和行驶速度下达到最佳性能，从而使汽车行驶平顺性和乘坐舒适性受到了限制。随着高速公路网的发展和路面条件的改善，人们希望汽车不仅有很高的行驶速度，而且还要有很好的行驶平顺性、安全性和乘坐舒适性。因而在 20 世纪 60 年代，国外提出了可根据汽车行驶条件（车辆的运动状态和路面状况以及载荷等）的变化，而对悬架的刚度和阻尼进行动态的调节，使悬架系统始终处于最佳减振状态的汽车主动悬架系统（AS）。

主动悬架系统按其是否包含动力源可分为全主动悬架（有源主动悬架）和半主动悬架（无源主动悬架）系统两大类（图 4-29）。

（1）**主动悬架**　悬架的主动控制就是根据汽车在行驶过程中的实际需要，对悬架弹簧的刚度和阻尼进行动态的自适应调节，从而使汽车达到最佳的行驶平顺性和乘坐舒适性。例如，在好路面上汽车正常行驶时，希望悬架刚度软一点，而在坏路面上行驶或起步、制动时，希望悬架刚度硬一点，以减少车身姿态的变化，从而改善汽车的行驶平顺性；低速时希望悬架软一点，高速时又希望悬架硬一点，但是汽车在高速行驶时，为了提高行驶稳定性，又希望悬架变软来降低车身高度；而当车身垂直振动位移过大时，又希望增加悬架系统的刚

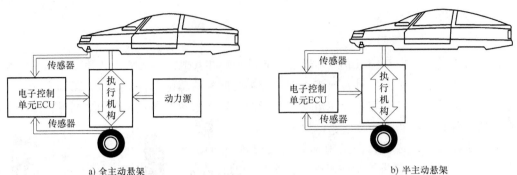

图 4-29 主动悬架

度和阻尼,从而使悬架变硬。因此,主动悬架就是能根据汽车的运动状态和路面状况,适时地调节悬架的刚度和阻尼,使其处于最佳减振状态的悬架。它是在被动悬架系统(弹性元件、减振器、导向装置)中附加一个可控制作用力的装置而成的,通常由执行机构、检测系统、反馈控制系统和能源系统四部分组成。

目前,全主动悬架系统主要有全主动油气悬架、全主动空气悬架和全主动液力悬架三种类型,但最常见的是全主动空气悬架。

全主动悬架的控制功能主要有:防侧滑控制、防点火控制、防下挫控制、高车速控制、不平路面控制、颠动控制、跳振控制和自动高度控制等。

(2) **半主动悬架** 半主动悬架与主动悬架的区别是:半主动悬架用可控阻尼的减振器取代执行器。因此,它不考虑改变悬架的刚度,而只考虑改变悬架阻尼的悬架系统。半主动悬架由无动力源且可控的阻尼元件(减振器)和支持悬架质量的弹性元件(与减振器并联)组成。减振器则通过调节阻尼力来控制所耗散掉的能量的多少。

半主动悬架按阻尼级别又可分成有级式和无级式两种。

10. 自适应巡航控制系统

自适应巡航控制系统(Adaptive Cruise Control,ACC)是将自动巡航控制系统(Cruise Control System,CCS)和车辆前向撞击报警系统(Forward Collision Warning System,FCWS)有机地结合起来,既有自动巡航功能,又有防止前向撞击功能。

如图 4-30 所示,ACC 系统在车辆行驶过程中,安装在车辆前部的车距传感器(雷达)持续扫描车辆前方道路,同时轮速传感器采集车速信号。当与前车之间的距离过小时,ACC 控制单元可以通过与防抱死制动系统、发动机控制系统协调动作,使车轮适当制动,并使发

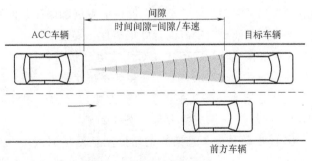

图 4-30 自适应巡航控制系统

动机的输出功率下降,以使车辆与前方车辆始终保持安全距离。ACC 在控制车辆制动时,通常会将制动减速度限制在不影响舒适程度的范围内,当需要更大的减速度时,ACC 控制单元会发出声光信号通知驾驶人主动采取制动操作。当与前车之间的距离增加到安全距离

时，ACC 控制单元控制车辆按照设定的速度行驶。

11. 汽车主动车身控制系统

主动车身控制系统（Active Body Control，ABC）使汽车对侧倾、俯仰、横摆、跳动和车身高度的控制都能更加迅速、精确。车身的侧倾小，车轮外倾角度变化也小，轮胎就能较好地保持与地面垂直接触，使轮胎对地面的附着力提高，以充分发挥轮胎的驱动制动作用。此外汽车的载重量无论如何变化，汽车始终能保持一定的车身高度，所以悬架的几何关系也可以确保不变。ABC 能够很好地适应各种路面情况，即使在崎岖不平的地方，也能保持优越的操控性、舒适性及方向稳定性。ABC 克服了悬架设定舒适性和操控性之间的矛盾，最大限度地接近消费者对车辆在这两方面的要求。

12. 自动变速器技术

自动变速器具有换档平稳方便、驾驶操纵简单、行驶舒适的特点，从而极大提高了行车的安全性，因此，也属于主动安全技术。

自动变速器种类很多，主要有液力自动变速器（AT）、有级式机械自动变速器（AMT）、电控无级自动变速器（CVT）和双离合器自动变速器（DCT），如图 4-31 所示。

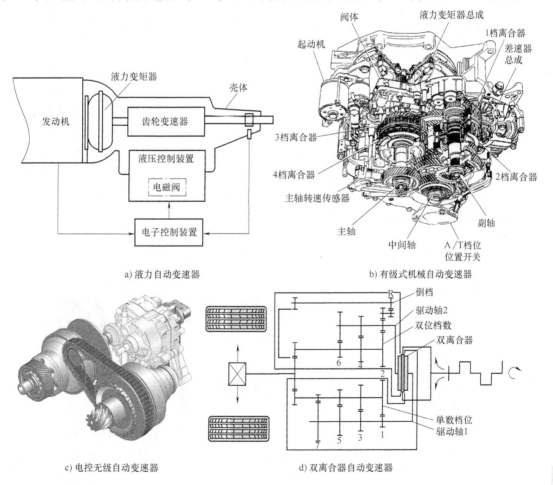

图 4-31 自动变速器种类

液力自动变速器由液力变矩器、行星齿轮式变速器和控制系统三大部分组成。液力自动变速器综合了液力传动技术、液压控制技术、机械传动技术和电子控制技术，成为现代汽车普遍采用的自动变速器之一。

有级式机械自动变速器是在定轴式齿轮变速器的基础上发展起来的，由齿轮变速器与电液控制系统组成。

无级变速传动是指无级控制速比变化的变速器。电控无级自动变速器可实现动力传动系统的综合控制，充分发挥发动机特性。目前，汽车无级变速器主要采用金属带进行动力传递。

双离合器自动变速器是一种新型变速器。双离合器变速器使用两个离合器，但没有离合器踏板。在双离合器变速器中，离合器是独立工作的。一个离合器控制了奇数档位（如1档、3档、5档、7档），而另一个离合器控制了偶数档位（如2档、4档、6档和倒档）。由于变速器控制器根据速度变化，提前啮合了下一个顺序档位，因此换档时将没有动力中断。

13. 自适应前照灯系统（AFS）

自适应前照灯系统（Adaptive Front lighting System，AFS）是一种智能式前照灯系统，它能根据周围环境的变化主动对前照灯做出调整以适应环境。针对不同的环境可分为默认照明模式、高速公路照明模式、乡村照明模式、城市照明模式、弯道照明模式、恶劣天气照明模式等。

AFS由四大部分组成，分别为传感器组、传输通路、处理单元和执行机构。其基本原理是：AFS主动式转向前照灯依据AFS的ECU收集到的转向盘角度、行车速度等信号，随转向盘转向角度、行车速度及车辆移动状况（颠簸或左右上下移动）等因素来自动调整前照灯角度照明至弯道内侧，在夜间弯道中获得最佳行进路线照明，协助驾驶人实时了解路况与判断危险所在。例如，当汽车在紧急制动时，AFS能够消除因车头向下的不当投射；而在加速时车尾下沉时灯光往上照的时候，AFS也能产生平衡效果；同时AFS可以确认路面的弯道弧度调整车灯投射角度，而并不是一直向前投射（图4-32）。这样便可以让驾驶人在转弯的时候，能看到更多的东西，直接提升夜间驾驶的安全性。

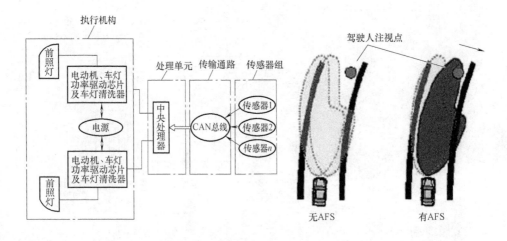

图4-32　自适应前照灯系统

14. 倒车雷达技术

倒车雷达辅助驾驶人扫除倒车时的后视盲区和视线模糊的缺陷，以提高驾驶的安全性，减少剐蹭事件。

倒车雷达通常由超声波传感器（俗称探头）、控制器和显示器（或蜂鸣器）等部分组成（图 4-33）。探头安装在汽车尾部，倒车雷达的提示方式可分为液晶、语言和声音三种；接收方式有无线传输和有线传输等。目前，中高级乘用车安装的都是可视的倒车雷达。驾驶人在倒车时，将汽车的档位推到 R 位，倒车雷达自动起动，在控制器的控制下，由装置于车尾保险杠上的探头发送超声波，遇到障碍物，产生回波信号，传感器接收到回波信号后经控制器进行数据处理，判断出障碍物的位置，由显示器显示距离、状态，并发出警示信号，从而使驾驶人倒车时做到心中有数，使倒车变得更轻松。当然障碍物的大小、方向、形状等也可以通过超声波测量出来，但受体积大小及实用性的限制。目前，倒车雷达的主要功能仅为判断障碍物与车的距离。

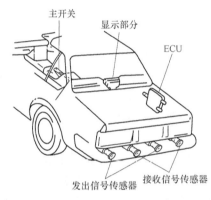

图 4-33　倒车雷达

15. 轮胎安全技术

在汽车高速行驶过程中，轮胎故障是所有驾驶人最为担心和最难预防的，也是突发性、恶性交通事故发生的重要原因。

轮胎安全技术主要有低压安全轮胎、轮胎压力检测技术和防滑水轮胎技术等。

（1）低压安全轮胎　低压安全轮胎技术的核心在于如何让轮胎即使失压也可以支承车体重量。低压安全轮胎一般用非常坚韧的材料作为轮胎胎壁，这样即使汽车爆胎，仍然可以依靠胎壁来支承汽车重量，使轮胎不会立刻变形扁掉。

低压安全轮胎具体可分为三类：自体支承式低压安全轮胎、自封式低压安全轮胎和加物支承式低压安全轮胎（图 4-34）。

1) 自体支承式低压安全轮胎。自体支承式低压安全轮胎在轮胎内部结构上比普通轮胎强度更高，因为它的胎侧比普通轮胎更厚，这样，高强度的胎侧可以在轮胎失压后暂时支承汽车的重量。

2) 自封式低压安全轮胎。自封式低压安全轮胎在轮胎内有一层特殊的密封胶，可以在轮胎被扎破时（扎破的地方不能太大），从轮胎内部永久密封住被扎破的地方。

3) 加物支承式低压安全轮胎。加物支承式低压安全轮胎在轮辋外缘加装一圈支承圈。

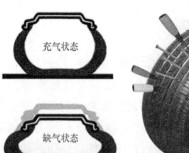

a) 自体支承式低压安全轮胎　　b) 自封式低压安全轮胎　　c) 加物支承式低压安全轮胎

图 4-34　低压安全轮胎

在轮胎失压后，主要由支承圈来承担车身重量。

（2）**轮胎压力检测技术**　汽车轮胎压力检测系统（Tire Pressure Monitoring System，TPMS），又称为轮胎失压预警系统或轮胎欠压预警系统，就是在汽车行驶过程中对轮胎压力进行实时监测，对轮胎的漏气和低压、高压进行报警，使驾驶人员能够及时采取相应的措施，从而保证车辆始终处于安全行驶状态。轮胎压力检测系统的应用对确保汽车行驶的经济性、安全性和操纵稳定性等具有十分重要的意义，它是一种有效的汽车主动安全装置。轮胎压力检测技术有间接式和直接式两种方式。

1）间接式轮胎压力检测技术。在装有 ABS 的汽车上，通过分析轮胎振动或轮胎半径，间接地检测出轮胎充气压力是否超过报警极限值，进而决定是否需要报警。

2）直接式轮胎压力检测技术。直接式轮胎压力检测技术是利用安装在每个轮胎里的压力传感器（以锂离子电池为电源）来直接测量轮胎气压，并通过无线调制将检测信号发射到驾驶台内的监视器上。监视器实时显示各轮胎气压，驾驶人可以直观地了解各轮胎的气压状况。当轮胎气压过低或有渗漏时，系统会自动报警。

16. 汽车红外夜视系统

红外夜视系统主要由红外照射灯、CCD 摄像机、视频处理系统及车载显示器组成（图 4-35）。车前面安装着一个红外照射灯，灯发射出不可见的红外线，当发出的红外线遇到障碍后会反射回来，反射回来的红外线被 CCD 摄像机接收到，经视频处理系统处理后在车载显示器上显示外界路况，使驾驶人能够清晰地看见道路情况，这样便可以提高行车安全性。

根据作用原理的不同，红外夜视系统可分为被动红外夜视系统和主动红外夜视系统。被动红外夜视系统是

图 4-35　红外夜视系统

通过接收物体发出的不同能量的红外辐射，并将信号进行放大，最后在显示装置上将物体的影像显现出来。被动红外夜视系统技术水平要求较高，显示质量也有所缺憾，更重要的是其作用距离难以满足汽车红外夜视系统的具体要求。主动红外夜视系统是利用其所携带的红外光源主动照射目标，使目标在视场中凸显出来。由于适当加大红外光源的功率，就可以有效增加其作用距离，因此，主动红外夜视系统十分适合视距在数百至数千米的汽车红外夜视系统中使用。

17. 汽车仪表远视点成像技术

仪表远视点成像系统也称为抬头显示系统（Head Up Display，HUD）。HUD 最初应用在战斗机上。车辆在高速行驶时，特别是夜间高速行车时，驾驶人可能会低头观看仪表显示或观看中控台的音响等显示，此时如果前方遇有紧急情况就有可能因来不及采取有效措施而造成事故。为避免这种情况发生，有些高档车辆上装配了 HUD，它可以将有关信息显示在前风窗玻璃的驾驶人平视范围内，且显示位置、显示亮度可调，这样可以避免低头看仪表，从而缩短眼球对前方的视觉盲区时间，对减少因低头走神引起的交通事故有着重要的意义（图 4-36）。

18. 底盘集成一体化控制技术

在汽车操纵稳定性的研究中，所要实现的控制目标可以概括为"稳定的车辆转向运动"和"对驾驶人的转向输入具有良好的动态响应"。如果仅采用单一的主动安全控制系统，很难同时在这两个控制目标上均实现良好的控制效果。同时，由于底盘各个子系统在完成某一个相同功能时候具

图 4-36 仪表远视点成像系统（抬头显示系统）

有各自的优势和缺点，如果能将各个子系统结合在一起，协调这些子系统的工作，则可以实现汽车操纵稳定性的优化控制。目前，在底盘一体化控制技术中，涌现出了诸如将 DYC 控制和 AFS 控制相结合的横向控制系统，以及结合了 DYC、AFS 和主动悬架技术的汽车动力学综合管理系统。这些控制系统结合了底盘上不同的子系统，有效地利用了这些子系统各自的优点，实现了对两个控制目标的有效控制以及对车辆操纵稳定性的优化控制。

基于 DYC 和 AFS 的底盘一体化控制技术集成了 DYC 技术和 AFS 技术的稳定性控制系统，需要对两种系统的协调工作制定非常细致的控制策略和控制逻辑，对控制技术也有很高的要求，同时还要兼顾系统的实时性问题。如果没有一个较为完善的协调控制策略和控制方法，两者反而会对汽车的纵向动力学性能造成严重的干扰，整个汽车的动态响应滞后增大，DYC 输出的整车横摆力矩也会明显增加，导致车辆振动和轮胎磨损明显增大，舒适性下降。目前，德国大众公司、宝马公司等都开发了自己的底盘一体化控制技术，通过控制器来协调控制 DYC 和 AFS，取得了较好的效果。

再进一步，主动悬架控制系统可以通过调节悬架刚度来调节车轮垂直方向载荷分布，从而间接改变整车的横摆力矩。将主动悬架控制系统和 DYC 以及 AFS 相综合，可以更好地完

成对车辆稳定性的控制，从而形成汽车动力学综合管理系统。

19. 主动安全和被动安全综合技术

随着主动安全技术的进一步发展，目前涌现出可实现主动安全性与被动安全性相结合的"综合主动及被动安全系统"技术。其具体应用之一是二次冲撞缓和系统（Secondary Collision Mitigation，SCM）。SCM 是一种防止众多事故在发生一次冲撞后出现二次冲撞危险的技术。其中，最典型的例子是在高速公路上发生追尾后，撞向道路护栏及其他车辆。这时，SCM 通过安全气囊的 ECU 检测到冲撞后，就会将相关信息发送至 ESC（防侧滑装置）的 ECU，通过起动 ABS 功能来实施完全制动。这样，在驾驶人不采取任何操作的情况下即可在最短的距离内将车辆停住。安全气囊的 ECU 会根据冲击力的大小，判断是否打开气囊、起动安全带预紧器。而 ESC 的 ECU 则以在最短距离内将车辆停住为目的起动。但是在驾驶人采取操作时，会优先执行驾驶人的操作。比如，当驾驶人判断追尾后实施紧急制动存在危险而踩下加速踏板时，就会优先执行该操作而车辆继续行驶。

目前，最新的研究成果是：通过将主动、被动安全系统及辅助驾驶系统建立成一个网络，创立了模块化的安全系统，即为整合主被动安全系统。该系统为实现先进的安全功能提供了基础，可更有效地防止事故的发生。第一代整合主被动安全系统功能整合了自适应巡航控制系统（ACC）和 ESP。第二阶段的开发成果是预测性碰撞警告系统。第三阶段的开发将推出预测性紧急制动系统，未来将能够使车辆在紧急状况下自行紧急制动。

二、汽车被动安全技术

被动安全装置是指在交通事故发生后能尽量减小人身损伤的安全装置，包括对乘客和行人的保护。

汽车被动安全技术主要有：安全气囊、新型安全带、主动式头枕、能量吸收式转向柱、行人碰撞保护技术、儿童乘员安全技术、汽车碰撞缓冲吸能技术、汽车结构抗撞性技术等。

1. 安全气囊（SRS）

汽车发生碰撞事故时，在惯性的作用下，驾驶人和乘客会高速撞向转向盘等车内部件，从而受到伤害。在汽车上安装安全带和安全气囊等保护系统，可以在撞车时把乘客约束在座椅上，限制乘客头部和胸部的移动距离，避免与车内部件发生剧烈的碰撞，从而起到保护作用，所以也把这种保护系统称为乘客约束系统。

（1）**正面碰撞安全气囊** 正面碰撞安全气囊一般有两个，安装在转向盘和右前仪表板下方，分别保护驾驶人和右前乘客。

在汽车发生足够严重的前碰撞或近似前碰撞事故时（相当于以大于 16km/h 的速度与一刚性壁正面碰撞），车上的探测碰撞点火装置探测到碰撞引起的突然减速信号，并将其传递给气体发生器的引爆装置，使密封在气体发生器内的物质（目前主要成分为叠氮化钠）引爆后进行快速化学反应，生成氮气。氮气充入一个坚固的纤维编织气囊内，在乘员前方气囊充气，充满气囊所用时间不到 0.05s。气囊充气前折叠在转向盘毂内和仪表板内，充气时先将保护外罩自动充开。气囊的侧面有排气孔，当乘客碰到膨胀的气囊时，囊内氮气排出，原来较热的气体在排出后快速冷却，吸收乘客向前的运动能量（图 4-37）。

（2）**侧面碰撞安全气囊** 统计发现侧面碰撞对车内乘客的身体和头部的伤害程度比正

第四章　汽车前沿技术

a) 正面碰撞安全气囊的安装位置

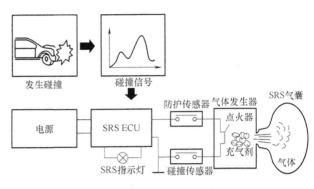

b) 工作过程

图 4-37　正面碰撞安全气囊的安装位置与工作过程

面碰撞还要严重，在侧面碰撞死亡事故中头部伤害占 59.27%，胸部伤害占 21.98%，其他部位伤害占 18.75%。车辆在发生侧面碰撞时，侧面安全气囊将乘客身体移出危险区域，在侧面碰撞期间降低施加在身体上的力，从而有效地保护头部和胸部。

侧面碰撞安全气囊的安装位置如图 4-38 所示。

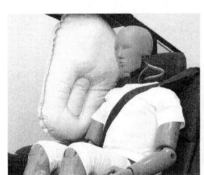 

图 4-38　侧面碰撞安全气囊

2. 新型安全带

安全带属于被动安全技术，它是主要的乘客约束系统，可限制前碰和翻滚过程中人体相对于车体的运动，并可吸收部分能量，达到保护乘员的目的。

汽车上除了广泛采用了三点式安全带之外，又开发了一些新型安全带，如气囊式安全带、预紧式安全带。

(1) **气囊式安全带**　佩戴安全带的乘客在汽车发生正面碰撞事故时，织带直接与乘客胸部和腿部相接触，织带的线性特性使乘客受的约束力几乎直线增大，过大的胸部压力甚至造成致命伤害。有一个非常简单和合理的想法，就是结合传统的安全带和安全气囊技术，在汽车碰撞时，安全带在乘员躯干和肩膀处展开成气囊。

一旦汽车发生碰撞，该车的安全系统传感器会在瞬间测定碰撞信号，安全系统的控制器接收到该信号，辨认碰撞的严重程度。判定需要展开气囊式安全带时，会发出信号给气囊式安全带，打开通气阀，位于座位底下的气体储存器内的气体通过特殊设计的扣环充入安全带气囊内的折叠气囊，充气到一定压力时气囊会突破安全带上的气囊保护层的纤维，由内向外扩展到覆盖乘客身体（图4-39）。

（2）**预紧式安全带** 为了保证乘客的舒适度，安全带的预紧力不能太大，安全带与人体之间总有一定的间隙，当乘客衣服较厚时，此间隙会较大。在碰撞时，这个间隙将减小安全带的有效作用范围，降低安全带的效能。安全带使用预紧器后，可在碰撞达到一定强度时，起动预紧器，带动锁扣回缩或卷收器回转，使得安全带缩短一定距离，有效消除间隙，可以提高安全带的作用。预紧式安全带是在普通安全带上增加预紧器构成的。预紧器可以与锁扣结合在一起（锁扣预紧器），也可以与卷收器结合在一起（卷收器预紧器）。

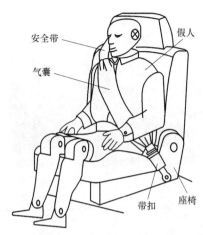

图4-39 气囊式安全带

预紧器常使用火药作为动力，锁扣上面与织带相连，下面由钢丝绳与预紧器内的活塞相连。发生碰撞时，通过点火设备点爆安装在预紧器上的火药，火药燃烧产生气体充入气室内。活塞在气体的压力下向右移动，通过钢丝绳将锁扣向下拉回约80mm，消除安全带与乘客之间的间隙。在活塞中安装有钢球，使得活塞只能向右移动，防止在安全带的拉力下活塞向左移动，如图4-40所示。

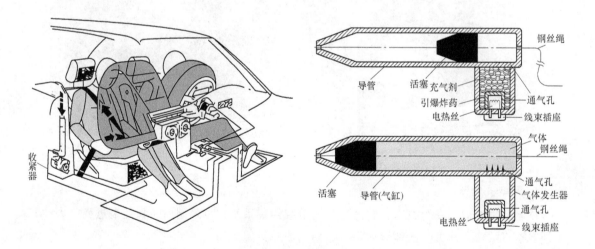

图4-40 预紧式安全带

（3）**孕妇安全带** 孕妇受到撞击的时候相当于承受3~5t的重量。腰带戴在腹部会使胎盘和胎儿经受无法忍受的压力。为此，设计了孕妇专用安全带，安全地引导腰带穿过腹部下方，将来自腰带的压力安全转移到骨盆，并能将安全带的着力点固定到耻骨处，完全固定在腹部以下的位置，在受到冲击时确保腹中胎儿的安全，让孕妇在开车或坐车途中更加舒适（图4-41）。

3. 主动式头枕

主动式头枕的功用是：防止在发生追尾等事故时前车乘客的颈椎因惯性而受伤。其原因是：在发生追尾时，前车因受到后车向前的撞击而突然加速，人体因坐在座椅上所以同汽车一起加速，而头部则因具有惯性而保持原运动状态，这样一来因为有个速度差所以头会向后仰，很容易伤及颈椎，而有头枕以后头部便会和身体一起加速，使整体仍然保持相对静止，能够避免伤害。

主动式头枕是一种纯机械系统，上方的衬垫支承是由一条连杆连接至座椅靠背内的压力板，当乘坐的车辆遭后方追撞时，乘客的身体因撞击力的作用，会撞向靠背，将压力板往后推，促使头枕往上、往前推动，以便在头颈猛烈晃动之前，托住乘客的头颈，防止受伤或降低受伤的可能（图4-42）。据调查显示，配备主动式头枕时，可降低75%追撞所造成的颈椎伤害。

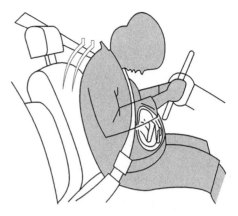

图4-41　孕妇专用安全带

4. 能量吸收式转向柱

由于转向柱与车身受撞脱开方式及转向轴受撞压缩的形式不同，能量吸收式转向柱的种类很多，到目前为止，新型的能量吸收式转向柱的专利还在不断出现。

在汽车发生正面碰撞时，碰撞能量使汽车的前部发生塑性变形。布置在汽车前部的转向柱及转向轴在碰撞力的作用下要向后，即驾驶人胸部方向运动。这种运动的能量应通过转向柱以机械的方式予以吸收，防止或减少其直接作用于驾驶人身上，造成人身伤害；另一方面，在汽车发生正撞时，驾驶人受惯性的影响有冲向转向盘的运动。驾驶人本身的运动能量一部分由约束装置（如安全带、气囊等）加以吸收，另一部分传递给转向盘和转向柱系统。这部分能量也要通过转向盘及转向柱系统予以吸收，以防止超出人体承受能力的碰撞力伤害驾驶人。这种除了能满足转向柱常规的功能外，在汽车发生正面碰撞时，能够有效地吸收碰撞能量，防止或减少碰撞能量伤害驾驶人的转向柱称为能量吸收式转向柱（图4-43）。

图4-42　主动式头枕

图4-43　能量吸收式转向柱

能量吸收式转向柱的类型主要有伸缩式转向中间柱、波纹管式转向中间柱、可脱开式转向中间柱、套筒式吸能转向柱、网状能量吸能式转向柱等。

5. 行人碰撞保护技术

（1）发动机盖弹升技术 汽车与行人发生碰撞时，如果车速很快的话，行人就会被撞得飞起，然后头部撞向发动机罩或前风窗玻璃上。发动机罩下面就是坚硬的发动机，如果直接相撞，会对行人造成非常严重的伤害。因此，要想保护好行人的头部，发动机罩与发动机之间就必须有足够的缓冲距离，但是如果这个距离很大，会增加发动机舱的高度，影响整车的风阻系数。发动机盖弹升技术很好地解决了这个问题，当车辆撞到行人时，发动机盖会自动弹升以留出较大的缓冲距离，在碰撞中能更有效地降低行人头部的伤害。该技术由于成本较高，目前应用于少量高端车型上。

发动机盖弹升系统包括ECU、制动器、保险杠加速度传感器。

在车速约25km/h以上时，发动机盖弹升系统则进入监测状态，对保险杠加速度传感器进行监测，如果检测到撞上行人，保险杠加速度值超过设定值后，就会起动发动机罩弹升控制模块，微型气体发生器在点火后瞬间产生气体，使顶杆上升，便可瞬间将发动机罩提高（图4-44）。

图4-44 发动机盖弹升技术

（2）发动机盖气囊 发动机盖气囊与车内的安全气囊性质相同，只不过是安装在前保险杠内和发动机盖与风窗玻璃接合处，在碰撞中保护行人的腿部和头部。

发动机盖气囊在保险杠上方紧靠保险杠处开始展开。充气后的安全气囊在两个前照灯之间的部位展开，由保险杠顶面向上伸展到发动机盖表面以上，保证了儿童头部和成人腿部的安全。前风窗玻璃附近的气囊系统的作用则是提供二次碰撞保护，防止行人被甩到发动机罩上，被前车窗底部碰伤（图4-45）。

6. 儿童乘员安全技术

近几年来对儿童乘员的保护方面的研究

图4-45 发动机盖气囊

在欧、美、日等国家和地区得到了的极大重视，他们不但在提高儿童约束保护研究方面做了大量的研究开发工作，同时还出台了相应的法规、标准，使儿童乘员在车辆碰撞事故中能得到有效的保护。在我国，目前对儿童保护方面的研究还处在起步阶段，还不具备完善的试验能力。实际上，近几年来随着乘用车不断进入家庭，儿童乘员数量也在不断增加，如何为他们提供安全的乘车保护，是全社会乃至每个家庭关心的问题。汽车安全儿童约束系统（Child Restraint System，CRS）是专门为儿童乘员提供的约束保护系统，以保证在车辆碰撞事故发生时，为儿童提供安全保护，从而减少儿童的伤亡。

我国于2012年7月1日正式实施了《机动车儿童乘员用约束系统》（GB 27887—2011）。该标准不仅规范了汽车儿童安全座椅生产，最重要的是使儿童乘车的安全性得到了更好的保障。

7. 汽车碰撞缓冲吸能技术

汽车碰撞会导致乘客与车内部件的碰撞。汽车碰撞称为一次碰撞，乘客与车内部件的碰撞称为二次碰撞。除了车内应采取对乘客二次碰撞的保护措施，如设置安全带、安全气囊等以外，车身结构的缓冲和吸能措施也是碰撞安全性设计的关键技术。

（1）**正面碰撞缓冲吸能技术** 将车身结构分为乘员安全区（A区）和缓冲吸能区（B区）两类区域设计模式，如图4-46所示。

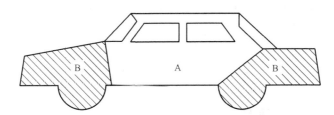

图4-46 车身结构的碰撞安全区和缓冲吸能区

车身的乘坐室（A区）应有足够的刚度，不允许发生大的碰撞变形，以保证乘客有足够的生存空间。此外，发动机和变速器等刚性部件不得因碰撞而侵入驾驶区，转向柱、转向盘以及一些操纵机构的碰撞位移不得威胁乘客的安全；碰撞后车门仍旧能正常开启，以确保能够营救乘客。乘坐室以外的车身前部结构和后部结构（B区），在正面碰撞、追尾碰撞时允许有较大的变形，以便合理地吸收撞击能量，使得作用于乘客身体上的力和加速度不超过规定的人体忍耐极限。图4-47显示了汽车正面碰撞、追尾碰撞时的力流方向和变形位置（箭头为力流方向，圆圈为主要变形部位）。

为此，车辆正面碰撞的理想特性曲线应如图4-48所示。图中表示了在碰撞中车头的三个变形吸能区段。第一区段表示的是低速碰撞，其车辆的变形及变形力都应比较小，以利于保护行人和车辆；第二区段为相容区，变形力应均匀，即在中速碰撞过程中能量比较均匀地被吸收，尽量降低撞击加速度峰值；第三区段表示在高速碰撞时使汽车乘员室具有自身保护能力，车身结构在这个区段应有较大的刚度，从悬架到车身前围板之间的变形力急剧上升，阻止变形扩展到乘客室；而且要求在这个碰撞过程中，必须通过相应的结构措施使汽车动力总成向下移动而不致挤入乘客室。

（2）**后面碰撞缓冲吸能技术** 对于后面碰撞，其理想的碰撞特性与前部相似，但一般

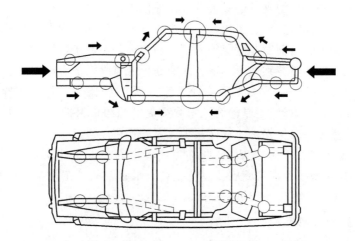

图 4-47 碰撞时的力流方向和变形位置

相对碰撞速度较低,且由于行李箱和后部车身纵梁等可构成一个吸能空间,所以后部吸能设计比前部更容易些;其吸能能力主要与构件的截面形状和尺寸大小、板料厚度的选择等有关。但要注意后悬架支承处(后轮罩)局部刚性的加强。

(3)侧面碰撞缓冲吸能技术 当汽车受到侧面碰撞时,受到撞击的部位一般是车门或立柱。由于车门、立柱与乘客之间的空间很小,在乘客胯点水平面上,内板允许凹陷量最多也只有300mm左右,要像车身前、后部那样设计吸能缓冲区比较困难。因此,侧面碰撞的理想特性只能是要求侧面结构有足够大的刚性,确保车门和立柱不发生大的变形,加强B柱的铰链柱刚度及其与门槛的接头刚度尤其重要。此外,车门设置抗撞梁,地板下面设置横梁,加大门槛梁,车门下边缘与门槛重叠以加强车门的支承等,使车门、门槛梁和地板能更好地起到承受侧向力和吸能的作用。

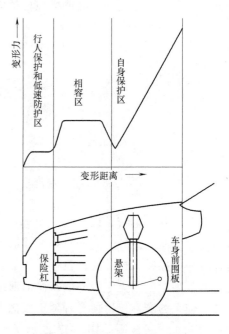

图 4-48 车辆正面碰撞理想特性

8. 汽车结构抗撞性技术

目前,轿车车身通常是承载式车身,在车身结构中存在着许多薄壁梁形的结构,它们一般是由薄板件经点焊连接后形成的,其截面有封闭的,也有不封闭的。薄壁梁形结构相交汇的部位称为接头,它的特性对车身结构的性能有较大的影响。除此之外,车身结构中还存在大量的板壳结构,如车门内板、车门外板、发动机舱盖、行李箱箱盖、顶盖、翼子板等。

研究表明,车身结构的抗撞性主要是由薄壁梁形结构和接头组成的框架结构决定的,它们在碰撞过程中吸收大部分的碰撞动能,为乘客舱提供大部分的刚性支持。

汽车结构抗撞性研究主要是研究车身结构对碰撞能量的吸收特性，寻求改善车身结构耐撞性的方法，使得车身结构在外力冲击下能以预计的方式变形，其变形量能控制在一定的范围内，在保证乘客安全空间的前提下，车身变形吸收的能量最大，从而使传递给车内乘客的碰撞能量降低到最小，尽可能使乘客所受到的减速度最小，因此，研究车身结构的抗撞性及增强汽车在碰撞事故中对乘客安全性的保护措施，具有鲜明的现实意义和广泛的应用前景。

车身抗撞性的核心就是合理组织车身结构各部分的刚度。因此，可以将车身抗撞性设计的主要内容分为以下三个方面：

(1) **车身结构刚度组织**

1) 合理组织结构的吸能。合理组织结构的吸能就是将吸能要求合理地分解为对相应吸能部件的要求。考虑到车身结构的特点，车身前、后部分各结构的吸能能力是不一样的。因此，要求在理解各部分结构特点的基础上，区分它们在吸能能力上的不同，使主要吸能部件吸收主要的碰撞动能，次要吸能部件少量吸能，并使尽可能多的结构参与吸能，以提高材料的使用效率。

2) 合理组织碰撞载荷的传递。即合理设计碰撞载荷的传递路径。

(2) **车身结构刚性设计** 车身结构刚性设计的目的是减小乘员舱在各种碰撞形式中的变形，保证乘客的生存空间。其主要工作是在车身结构刚度组织设计完成后，进行主要梁形结构和接头结构的设计，在满足重量约束的条件下，达到在刚度组织中对部件刚度特性提出的要求，进而满足乘客舱的刚度要求。

(3) **车身结构吸能设计** 在正面和后面碰撞中，允许通过车身前部或后部结构的变形来缓冲撞击，并减小碰撞过程中车身的减速度。如何在车身前部或后部结构允许变形区有限的情况下很好地完成这一任务，就是车身结构吸能设计要完成的工作。

第四节　汽车智能技术

智能汽车是一个集环境感知、规划决策、多等级辅助驾驶等功能于一体的综合系统，它集中运用了计算机、现代传感、信息融合、通信、人工智能及自动控制等技术，是典型的高新技术综合体。目前，对智能汽车的研究主要致力于提高汽车的安全性、舒适性，以及提供优良的人车交互界面。近年来，智能汽车已经成为世界汽车领域研究的热点和汽车工业增长的新动力，很多发达国家都将其纳入各自重点发展的智能交通系统当中。

一、智能汽车的研究领域

智能汽车的研究主要涉及信息融合、机器视觉、控制理论等领域。

1. 智能汽车的信息融合

智能汽车主要采用信息融合技术将各种信息融合在一起综合处理。信息融合又称为数据融合，它与信号处理、计算机技术、概率统计、图像处理、人工智能和自动控制等学科密切相关，是一门新发展起来的多学科交叉的前沿学科。

一个智能汽车系统正确、可靠运行的前提是通过各种传感器准确地捕捉环境信息，然后加以分析处理，因此，研究如何将通过传感器得到的信息加以有效处理、分析，并正确无误地了解环境的技术是很重要的。然而迄今为止，没有任何一种传感器能保证在任何时刻都提供安全、可靠的信息，但采用传感器融合技术，即将多个传感器采集的信息进行合成，形成对环境特征综合描述的方法，能够充分利用多传感器数据间的冗余和互补特性，从而获得需要的、充分的信息。

智能汽车的信息融合如图 4-49 所示。

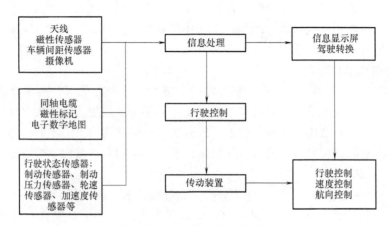

图 4-49　智能汽车的信息融合

2．智能汽车的机器视觉

驾车时，驾驶人所接收的信息几乎全部来自于视觉。交通信号、交通标志和道路标志等均可以看作是环境对驾驶人的视觉通信语言。很显然，人们自然考虑到应用机器视觉来解释这些环境语言。

视觉系统在智能汽车研究中主要起到环境探测和辨识的作用。与其他传感器相比，机器视觉具有检测信息量大、能够遥测等优点。缺点是要将探测的目标与背景提取出来，所需的图像计算量很大，单纯以当前的硬件条件出发解决，容易导致系统实时性较差。这可以通过一些特殊图像处理方式来解决，如使用 Hough 变换从图像中提取直线形式的道路边界，与汽车内部存储的电子地图相结合，采用合适的路径曲率预测算法，可以大大提高汽车行驶道路标线的识别速度及鲁棒性；也可将环境图像分解为各种类型，然后针对不同的类型采用不同的环境表示方法和导航方式，从而避免无用信息的运算；可以通过单帧图像信息判断障碍物的多幅连续图像序列来计算目标的距离和速度，还可根据一个摄像机的连续画面来计算汽车与目标的相对位移，并用适应性滤波对测量数据进行处理，以减小环境的不稳定性造成的测量误差。

总之，将计算机图像信息与其他背景知识及其他传感器相结合，能快速提取复杂环境中的有用信息，进而产生合理的行为规划与决策。在行车道路检测、汽车跟随、障碍物检测等方面，机器视觉都起着非常重要的作用，是智能汽车研究中最重要的一种传感器。

3．智能汽车的控制理论

为实现智能汽车对路径的稳定跟踪，性能优良的控制器是智能汽车必不可少的部分，所以控制理论在智能汽车上的应用是十分重要的。

智能控制代表着自动控制的最新发展阶段，也是应用计算机模拟人类智能，实现人类脑力劳动和体力劳动自动化的一个重要领域。智能控制是一门新兴学科，人们目前认为它包括递阶控制系统、专家控制系统、模糊控制系统、神经控制系统和学习控制系统五个方面。

二、智能汽车的新技术

1. 汽车防撞预警技术

汽车防撞预警技术是指在汽车行驶过程中，对汽车的前后以及左右方向的危险物进行检测，在汽车与危险物具有发生碰撞危险的情况下进行声光报警，提示驾驶人危险物的方向以及危险程度，以便让驾驶人采取相应的措施，避免追尾碰撞和侧刮等交通事故的发生。

汽车防撞预警技术的测距方法有多种形式，主要有：超声波测距、雷达测距、机器视觉测距、红外测距，其关键技术是测距精度。

汽车防撞预警技术的主要研究热点有：毫米波雷达、毫米波雷达与图像传感器融合、控制算法的研究与改进等。

2. 汽车行驶危害警告技术

汽车行驶危害警告技术能够防止由于车辆偏离相应的行驶路线引起的碰撞或交通事故，能够通过路侧和车载传感器装置快速收集有关车辆临近区域的车辆位置和移动信息，以及车辆前方影响行驶的障碍物。当系统检测到可能发生危险时，包括车辆偏离行驶车道、两车的距离或行驶速度不合理、车辆行驶前方有障碍物等，该系统发出警告，以帮助驾驶人正确地驾驶汽车。图 4-50 所示为车道偏离警告系统示意图。

车道偏离警告系统是一个基于视频传感器的驾驶人辅助系统。它利用集成在后视镜附近的摄像头监控前方道路，夜间监控前照灯光束内的道路。监控录像被发送至中央控制单元并进行处理计算。系统会识别出车道标记线，并持续跟踪观察标记线的位置。如果探测到车辆即将要偏离标记线，系统会通过转向盘的振动向驾驶人发出警告，提醒驾驶人及时校正车辆方向。

图 4-50　车道偏离警告系统

3. 汽车辅助驾驶技术

汽车辅助驾驶技术能够防止由于车辆偏离相应的行驶路线引起的碰撞或交通事故。该系统通过在前述的危险警告系统中加入自动控制功能来帮助驾驶人对汽车操控。当系统认为检测到的情况危险时，包括本车或临近区域车辆出现问题以及有障碍物等，该系统应用自动车速和转向控制装置以及制动装置，同时还可以帮助驾驶人自动泊车。该系统与危险警告系统的区别是可以对车辆进行干预操作。图 4-51 所示为自动泊车系统的工作过程。

自动泊车系统就是不用人工干预，自动停车入位的系统。目前，国内有大众途安、帕萨特、斯柯达昊锐、丰田皇冠、奔驰、宝马、雷克萨斯 LS 等车型配备了自动泊车系统。

图 4-51　自动泊车系统的工作过程

自动泊车系统是利用车辆周围的雷达探头测量自身与周围物体之间的距离和角度，然后通过车载计算机计算出汽车的当前位置、目标位置以及周围的环境参数，配合车速调整转向盘的转动，可以使汽车自动地停靠泊车，驾驶人只需要控制车速即可。

4. 驾驶人疲劳检测技术

车载设备将以不易察觉的方式监测驾驶人的状态，在驾驶人困乏或其他身体不适的情况下提出警示。另外，该系统也能对车辆关键部件进行监测，当可能发生功能障碍时，向驾驶人发出警报。车载设备还能探测不安全的道路状况，如桥面结冰、路面积水，并向驾驶人发出警示。图 4-52 所示为驾驶人疲劳驾驶监测系统检测效果示意图。

人眼的检测是指在静态图像中定位人眼的位置及状态。驾驶人眼睛的行为会在事故发生前发生变化，因此，通过测量眼睛闭合运动来监控驾驶疲劳，不失为一种好方法。

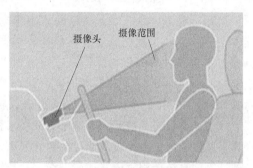

图 4-52　驾驶人疲劳驾驶监测系统检测效果示意图

5. 智能网联汽车

智能网联汽车是指搭载先进的车载传感器、控制器、执行器等装置，并融合现代通信与网络技术，实现车与 X（人、车、路、后台等）智能信息交换共享，具备复杂的环境感知、智能决策、协同控制和执行等功能，可实现安全、舒适、节能、高效行驶，并最终可替代人来操作的新一代汽车（图 4-53）。

图 4-53　智能网联汽车

智能网联汽车可分为五个等级：驾驶辅助（DA）、部分自动驾驶（PA）、有条件自动驾驶（CA）、高度自动驾驶（HA）、完全自动驾驶（FA），其等级定义和典型工况见表4-5。

表4-5 智能网联汽车的五个等级

等级	等级名称	等级定义	控制	监视	失效应对	典型工况
第一级	驾驶辅助（DA）	系统根据环境信息执行转向和加减速中的一项操作，其他驾驶操作都由人完成	人与系统	人	人	车道内正常行驶,高速公路无车道干涉路段,停车工况
第二级	部分自动驾驶（PA）	系统根据环境信息执行转向和加减速操作，其他驾驶操作都由人完成	人与系统	人	人	高速公路及市区无车道干涉路段，换道、环岛绕行、拥堵跟车等工况
第三级	有条件自动驾驶（CA）	系统完成所有驾驶操作,根据系统请求,驾驶人需要提供适当的干预	系统	系统	人	高速公路正常行驶工况，市区无车道干涉路段
第四级	高度自动驾驶（HA）	系统完成所有驾驶操作,特定环境下系统会向驾驶人提出响应请求,驾驶人可以对系统请求不进行响应	系统	系统	系统	高速公路全部工况及市区有车道干涉路段
第五级	完全自动驾驶（FA）	系统可以完成驾驶人能够完成的所有道路环境下的操作,不需要驾驶人介入	系统	系统	系统	所有行驶工况

智能网联汽车通过智能化与网联化两条技术路径协同实现"信息"和"控制"功能，并据此进行功能等级划分。

在信息方面，根据信息对驾驶行为的影响和相互关系分为"驾驶相关类信息"和"非驾驶相关类信息"；其中，"驾驶相关类信息"包括传感探测类和决策预警类，"非驾驶相关类信息"主要包括车载娱乐服务和车载互联网信息服务。

在控制方面，根据车辆和驾驶人在车辆控制方面的作用和职责，区分为"辅助控制类"和"自动控制类"，分别应对不同等级的智能控制。

智能网联汽车作为相关技术的载体，在技术层面上包括智能化与网联化两个方面。其中，汽车智能化技术是提高车辆安全性、经济性以及舒适性的主要技术手段之一，汽车网联化则是提供车载在线信息娱乐服务以及车辆全面接入网联环境进行车、路、人、云等信息交互甚至协同决策与控制的主要实现方式。两者并非各自孤立，而是一个相互促进并互为依托的整体，全面网联化是未来高度智能化的有力支撑，而高度智能化则将使车辆在网联化后得到更大的正向收益。

汽车智能网联技术发展趋势如图4-54所示。

6. 汽车的其他智能技术

（1）智能钥匙 智能钥匙能发射出红外线信号，既可打开车门、行李箱和燃油加注孔盖，也可以操作汽车的车窗和天窗。更先进的智能钥匙则像一张信号卡，当驾驶人触到车门把手时，中央锁控制系统开始工作，发射出一种无线查询信号，智能钥匙做出正确反应后，车锁便会自动打开，而且只有当中央处理器感应到智能卡在汽车内时，发动机才起动。

（2）智能悬架 汽车智能悬架系统由电子装置控制，可根据路面情况调节悬架弹性元

图 4-54　汽车智能网联技术发展趋势

件的刚度和减振器的阻力，使振动和冲击迅速消除。此外智能悬架还可以自动调节车身的离地高度，这样即使汽车在崎岖的路面上行驶也可顺利通过路面障碍，使乘客感觉平稳和舒适。

（3）**智能轮胎**　轮胎内装有计算机芯片或将芯片与轮胎相连接。计算机芯片在行驶状态下能自动监控并调节轮胎的温度和气压，使轮胎在不同条件下都能保持最佳的运行状况，既提高了安全因数又节省了开支。更为先进的智能轮胎还能在探测出结冰的路面后变软，使驱动力更好地发挥作用；在探测出路面的潮湿程度后，还能自动改变轮胎的花纹，以防打滑。

（4）**智能安全气囊**　智能安全气囊是在普通型安全气囊的基础上，增加了乘客识别技术，主要增加了超声波传感器（乘客识别传感器）、重量传感器（儿童传感器）、带扣传感器、座椅位置传感器，如图 4-55 所示。在发生碰撞瞬间，乘客识别传感器把获得的座椅上乘客身材、体重、是否系好安全带、人在座椅上所处位置等信息一并传递给微控制器，微控制器能根据车辆碰撞时的车速、撞击程度及乘客信息，除了要确定是否打开气囊并且是在高阈值或低阈值下打开气囊以外，还要根据乘客位置和重量信息来确定向对应的安全气囊采取不同的充气级别，使安全气囊对乘客提供最合理和最有效的保护，特别是减少对儿童等身体矮小者的伤害。

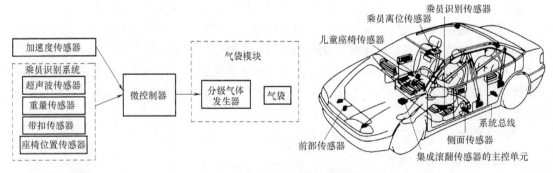

图 4-55　智能安全气囊的组成

（5）**智能空调**　智能空调系统能根据外界气候条件，按照预先设定好的指标对车内的温度、湿度以及空气清洁程度进行分析、判断，及时自动打开制冷、加热、去湿及空气净化装置，并调节出适宜的车内空气环境；在先进、安全的汽车上，空调系统还能与其他系统配合发挥更好的作用。

三、智能交通系统

智能交通系统（Intelligent Transportation System，ITS）是利用现代计算机、信息、通信、控制技术把车辆、道路、使用者紧密结合起来，以解决汽车交通事故、堵塞、环境污染及能源消耗等问题为目的，基于智能化、信息化的汽车交通系统。智能交通系统的目标就是建立一个高效、便捷、安全、环保、舒适的综合交通运输体系。

智能交通系统是一个复杂综合的技术体系，是由面向道路、面向车辆、面向综合交通管理的各种不同领域的技术动态组成的。不同的国家和地区，智能交通系统的具体内容、系统框架都有所差别。

《中国智能运输系统体系框架》在参考国外相关研究的基础上，划分为8个服务领域：①交通管理与规划；②电子收费（ETC）；③出行者信息；④车辆安全与辅助驾驶；⑤紧急事件和安全；⑥运营管理；⑦综合运输；⑧自动公路。

在该8个服务领域范围内，又进一步细分为34项研究内容，138项子服务。

车联网技术是智能交通系统的基础和扩展。车联网是指装载在车辆上的电子标签通过无线射频等识别技术，实现在信息网络平台上对所有车辆的属性信息和静、动态信息进行提取和有效利用，并根据不同的功能需求对所有车辆的运行状态进行有效的监管和提供综合服务。

通过车联网，可以实现停车引导、交通实时指挥、交通线路管理、车辆年检核查、车辆技术状况追踪、车辆追踪与告警、手持式抄牌、尾气监控、电子驾照、电子牌照、不停车收费等功能的应用。

本章相关的主要网站

1. 汽车论坛　　http：//www.qclt.com/
2. 中国汽车工程学会　　http：//www.sae-china.org/
3. 中国汽车工业协会　　http：//caam.org.cn/
4. 太平洋汽车网　　http：//www.pcauto.com.cn/
5. 新浪汽车　　http：//auto.sina.com.cn/
6. 汽车观察　　http：//www.autoobserver.net/
7. 汽车之友　　http：//www.autofan.com.cn/
8. 中国汽车学习网　　http：//www.carstudy.cn/
9. 腾讯汽车　　http：//auto.qq.com/zt
10. 汽车之家　　http：//www.autohome.com.cn/
11. 汽车工程师之家　　http：//www.cartech8.com/

思考题

1. 汽车节能技术主要有哪些？
2. 汽车轻量化的途径有哪些？

3. 何谓新能源汽车？为何各国均在研究开发新能源汽车？
4. 混合动力汽车的关键技术有哪些？
5. 串联式、并联式和混联式三种混合动力汽车各有何特点？
6. 电动汽车的关键技术有哪些？
7. 汽车尾气污染物主要有哪些？
8. 采用内净化技术来降低汽油发动机排放的技术有哪些？
9. 如何采用后处理净化技术来进一步降低汽油发动机的排放？
10. 柴油机与汽油机的尾气排放污染物为何不同？
11. 何谓汽车主动安全技术？目前主要有哪些汽车主动安全技术？
12. 何谓汽车被动安全技术？目前主要有哪些汽车被动安全技术？
13. 智能汽车主要研究领域有哪些？
14. 为何要大力发展智能交通系统？
15. 无人驾驶汽车的关键技术有哪些？

第五章

汽车服务工程专业的服务内涵

随着我国汽车工业的高速发展,汽车保有量在不断增大,汽车服务的内涵在不断延伸,涉及的服务领域越来越多。本章主要介绍汽车服务工程的种类;国内外汽车服务业的形成与发展;几种典型汽车服务内涵,如汽车营销、汽车物流、汽车维修、汽车美容、汽车金融和二手车等服务。

第一节 汽车服务工程的分类与基本内容

一、汽车服务工程的分类

汽车服务工程的分类方式很多,常见的有以下几种分类方式:

1. 按照服务的技术密集程度分

按照服务的技术密集程度,汽车服务可以分为技术型服务和非技术型服务。技术型服务包括汽车厂商的售后服务、汽车维修、汽车美容、智能交通服务和汽车故障救援服务等,其他服务为非技术型服务,如汽车营销、保险理赔和汽车金融等。

2. 按照服务的资金密集程度分

按照服务的资金密集程度,汽车服务可以分为金融类服务和非金融类服务。金融类服务包括汽车消费信贷服务、汽车租赁服务和汽车保险服务等,其他服务为非金融类服务。

3. 按照服务的知识密集程度分

按照服务的知识密集程度,汽车服务可以分为知识密集型服务和劳务密集型服务。知识密集型服务包括售后服务、维修检测服务、智能交通服务、信息咨询服务、汽车广告服务和汽车文化服务等,劳务密集型服务则包括汽车物流服务、废旧汽车的回收与拆解服务、汽车驾驶培训服务、汽车会展服务、场地使用服务和代办各种服务手续的代理服务等,其他服务则是介于知识密集型服务和劳务密集型服务之间的服务。

4. 按照服务的作业特性分

按照服务的作业特性,汽车服务可以分为生产作业型的服务、交易经营型的服务和实体经营型的服务。生产作业型的服务包括汽车物流服务、售后服务、维修检测服务、美容装饰服务、废旧汽车的回收与拆解服务、汽车故障救援服务等,交易经营型的服务包括汽车厂商及其经销商的新车销售服务、二手车交易服务、汽车配件营销与精品销售服务等,其他服务为实体(企业)经营型的服务。

5. 按照服务的载体特性分

按照服务的载体特性,汽车服务可以分为物质载体型的服务和非物质载体型的服务。物质载体型的服务是通过一定的物质载体（实物商品或设备设施）实现的服务，如上述的技术服务、生产作业型的服务、交易经营型的服务、汽车租赁服务、汽车广告服务、汽车文化服务、展会服务、场地使用服务等；非物质载体型的服务没有明确的服务物质载体，如汽车信贷服务、保险服务、汽车信息咨询服务、汽车俱乐部等。

6. 按照服务内容的特征分

按照服务内容的特征，汽车服务可分为汽车销售服务、汽车维修服务、汽车使用服务和汽车延伸服务。

1）汽车销售服务。汽车销售服务包括新车销售、二手车销售和交易服务等。

2）汽车维修服务。汽车维修服务包括汽车配件供应服务、汽车维修服务、汽车检测服务和汽车故障救援服务等。

3）汽车使用服务。汽车使用服务包括汽车维护及美容装饰服务、汽车驾驶培训服务、智能交通服务、汽车保险服务、汽车信息服务、汽车资讯服务、汽车租赁服务和汽车回收拆解服务等。

4）汽车延伸服务。汽车延伸服务包括汽车信贷服务、汽车法律服务和汽车文化服务等。

二、汽车服务工程的基本内容

汽车服务工程涉及面广，其基本内容见表5-1。

表5-1 汽车服务工程的基本内容

序号	服务类别	服务含义	服务主体	服务内容
1	汽车销售服务	指顾客在购买汽车的过程中，由销售部门的营销人员为顾客提供的各种服务性工作	汽车4S店、汽车连锁专卖店、汽车超市、汽车交易市场	汽车产品介绍、代办各种购买手续、提车手续、保险手续及行车手续
2	汽车物流服务	指汽车厂商为了分销自己的产品而建立的区域性、全国性乃至全球性的产品销售网络及物流配送网络	其服务主体包括以汽车厂商的销售管理部门为龙头的销售渠道体系，加入渠道体系的分销商、经销商、代理商和服务商（或者统称为中间商），以及提供运输、仓储、保管、产品配送和养护服务的物流服务者	1. 汽车与配件的包装、装卸搬运、配送 2. 汽车原材料的配送 3. 物流信息管理
3	汽车售后服务	指汽车厂商为了让用户使用好自己的产品而提供的以产品质量保修为核心的服务	此类服务的主体包括以汽车厂商的售后服务管理部门为龙头的服务体系，加入该体系的各类特约维修站或服务代理商等	其服务的主要内容包括产品的质量保修、技术培训、技术咨询、产品保养、故障维修、配件（备件）供应、产品选装、客户关系管理、信息反馈与加工、服务网络或网点建设与管理
4	汽车维修检测服务	指汽车厂商售后服务体系以外的社会上独立提供的汽车维修、检测、养护等服务	其服务主体是社会上独立存在的以上述服务为其主要经营内容的汽车服务机构或个人，他们或者提供单一服务，或者提供此类综合服务	汽车养护、汽车故障诊断、汽车维修和汽车性能检测
5	汽车美容与装饰服务	指汽车厂商售后服务体系以外的社会上独立提供的汽车美容、装饰、装潢等服务	汽车美容机构 汽车改装机构 汽车装饰机构	1. 汽车清洗、打蜡、漆面护理 2. 汽车内部、外部装饰和装潢 3. 汽车部件的改装或增设

第五章 汽车服务工程专业的服务内涵

(续)

序号	服务类别	服务含义	服务主体	服务内容
6	汽车配件与用品服务	指汽车厂商售后服务配件供应体系以外的汽车配件、汽车相关产品(如润滑油、润滑脂及有关化工产品等)与汽车用品(如汽车养护用品、装饰装潢用品等)的销售服务	社会上独立存在的不属于汽车厂商服务体系的以上述产品为经营内容的各类销售服务机构或个人	1. 汽车配件销售与安装 2. 汽车用品销售与安装
7	汽车金融服务	指向广大汽车购买者提供金融支持的服务	其服务主体是向汽车买主提供金融服务的机构,包括银行机构和非银行机构(如提供购车消费贷款的汽车财务公司)	主要提供客户的资信调查与评估、提出贷款担保的方式和方案、拟定贷款合同和还款计划、适时发放消费贷款、帮助客户选择合适的金融服务产品、承担一定范围内的合理金融风险等服务
8	汽车保险服务	指合理设计并向广大汽车客户销售汽车保险产品,为车主提供金融保险服务	提供与汽车使用环节有关的各种保险产品的金融服务机构(保险公司)	设计合适的保险品种、推销保险产品、拟定保险合同、收取保险费用等
9	汽车定损理赔服务	指对汽车事故提供现场勘查、定损、理赔服务	1. 保险公司 2. 公估行 3. 汽车事故鉴定机构	1. 事故现场勘查 2. 事故损失和责任鉴定 3. 办理理赔手续
10	二手车经营服务	指向汽车车主及二手车需求者提供交易,以二手车交易为服务内容的各种服务	提供汽车交易服务的各类机构或个人	货源收购、二手车售卖、买卖代理、信息服务、交易中介、撮合交易、拟定合同、汽车评估、价值确定、办理手续收缴税费,以及车况检测和必要的维修服务
11	汽车信息咨询服务	指向各类汽车服务商提供行业咨询的服务和向消费者个人提供汽车导购的信息服务	提供各类汽车咨询的服务机构或个人	市场调查、市场分析、行业动态跟踪、统计分析、信息加工、汽车导购、竞争力评价、政策法规宣传与咨询
12	汽车再生服务	指依据国家有关报废汽车管理规定,对达到报废规定的二手车,从用户手中回收,然后进行拆解,并将拆解下来的旧件进行分门别类处理的服务,属于环保绿色服务	从事上述环节工作的服务机构或个人	废旧汽车回收、兑现国家政策(按规定的回收标准向用户支付回收费用)、废旧汽车拆卸、废旧零件分类、旧件重复利用(对于尚有使用价值的旧件)、废弃物资移送(对不能重复的废弃零部件及相关产品,分类送交炼钢厂或橡胶化工企业)及相关的保管物流服务等
13	汽车租赁服务	指向短期的或临时的汽车用户提供使用车辆,并以计时或计程方式收取相应的资金的服务	提供汽车租赁的各类机构	审查用户提供的资信凭证、拟定租赁合同、提供技术状况完好的租赁车辆和车辆上路需要的有关证照、提供用户需要的其他合理服务

(续)

序号	服务类别	服务含义	服务主体	服务内容
14	汽车驾驶培训服务	指向广大汽车爱好者提供车辆驾驶教学,帮助他们提高汽车驾驶技术和考试领取汽车驾驶执照的服务	各类汽车驾驶学校或培训中心	提供驾驶培训车辆、驾驶教练和必要的驾驶场地、训练驾驶技术、教授上路行车经验、培训交通管理法规和必要的汽车机械常识、代办驾驶执照及其年审手续等
15	汽车广告会展服务	指以产品和服务的市场推广为核心,培养忠诚客户,向汽车生产经营者提供广告类服务和产品展示的服务	提供以上服务及相关服务的专门机构和个人。包括各种企业策划机构、广告代理商、广告创造人、广告制作人、大众传媒、会展服务商、展览馆等	企业咨询与策划、产品(服务)与企业形象包装、广告设计与创作、广告代理与制作、大众信息传媒信息传播、展会组织与服务、产品(服务)市场推介和汽车知识服务等
16	汽车停车服务	指以场地、场所及其建筑物的有偿使用为核心经营内容的,向汽车厂商、汽车服务商和汽车消费者个人提供使用场地或场所的服务	提供有偿使用场地、场所的服务机构	贯彻国家和地方的有关政策法规、商户入场资格审查、必要的辅助交易服务、市场的物业管理、代收代缴有关规费、提车服务、车辆看管、疏导场内交通服务
17	汽车智能交通服务	指向广大驾驶人提供以交通导航为核心,旨在提高汽车用户(尤其城市用户)出行效率的服务	提供交通导航的服务机构	介绍天气状况、提供地面交通信息、寻址服务、自动生成从用户出发地点至目的地的路线选择方案、诱导路面交通流量、紧急事故救援等,最终实现交通导航的目的
18	汽车救援服务	指向汽车驾驶人提供因为突发的车辆事故而导致车辆不能正常行驶,从而需要紧急救助的服务	提供汽车救援服务的机构或个人,通常是汽车俱乐部或其他汽车服务商	汽车因燃油耗尽而不能行驶的临时加油服务、因技术故障导致停车的现场故障诊断和抢修服务(针对已排除故障和常见小故障)、拖车服务(针对不能现场排除的故障)、交通事故报案和协助公安交通管理机关处理交通事故(针对交通肇事)等服务
19	汽车文化服务	指向广大汽车爱好者提供与汽车相关的以文化消费为主题的各类服务	提供汽车文化产品的各种机构或个人,包括汽车爱好者俱乐部、汽车传媒、各种专业的和非专业的汽车文化产品制作人、汽车文化产品及服务的经营者	汽车博物馆、汽车展览、汽车影院、汽车报刊、汽车书籍、汽车服饰、汽车模特、汽车旅游、汽车运动等
20	汽车俱乐部服务	指以会员制形式,向加盟会员提供能够满足会员要求的与汽车相关的各类服务	提供会员服务的各类汽车俱乐部,它们通常是汽车厂商、汽车经营者、社会团体、汽车爱好者组织的,一般属于社团型组织	1. 汽车各项服务 2. 汽车代驾 3. 汽车文化娱乐、交友谈心

第五章 汽车服务工程专业的服务内涵

 第二节 国内外汽车服务业的形成与发展

汽车服务业是指各类汽车服务彼此关联形成的有机统一体,是所有汽车服务提供者组成的产业。这个产业的兴起和发展,是由广大汽车用户对汽车服务的需要决定的,它早期起源于汽车的售后服务和汽车维修服务体系,并发展壮大于其他各种汽车服务项目的开展和从业者的快速增加。

从全球来看,汽车服务业已经成为第三产业中最富活力的产业之一。据统计,全球汽车50%～60%的利润是从服务中产生的,服务已成为汽车价值链上一块最大的"奶酪"。

一、国外汽车服务业的形成与发展

1. 国际汽车服务业的形成

汽车工业在全世界获得了迅速的发展,成为很多国家的支柱产业,带动了汽车服务业的形成和发展。汽车服务市场非常大,包括所有与汽车使用相关的业务。发达国家早就进入了汽车服务时代,汽车租赁、二手车交易、汽车维修和汽车金融等业务,被称为"黄金产业"。据权威资料统计,近几年,美国、英国、德国等国的二手车交易量都已达到新车销售量的2倍以上,日本二手车年销量已连续6年超过了新车,二手车交易的利润也超过了新车销售利润。全球汽车租赁业的年营业额已超过1000亿美元。以美国最为典型,每9个工人中就有1人从事与汽车有关的生产、销售、服务等工作。

美国的汽车服务概念形成于20世纪初期。20世纪20年代开始出现专业的汽车服务商,从事汽车的维修,配件、用品销售,清洁养护等工作。著名的PEP-BOYS、AUTOZONE、NAPA等连锁服务商,都是在这一时期开始创业。时至今日,它们已经成为美国汽车服务市场的中坚力量。美国PEP-BOYS已经拥有500多家大型汽车服务超市,每家面积近2000m²,被称为汽车服务行业的沃尔玛;AUTOZONE发展了3000多家700～800m²的汽车服务中心;而NAPA的终端则达到10000多家。

进入20世纪70年代,世界性的石油危机和外国汽车大量涌入美国,不仅对美国的汽车工业带来了巨大冲击,同时也引起了美国汽车售后服务市场的巨变,经营内容大大扩展,服务理念也大大改变,汽车服务开始向低成本经营转变,注重发展连锁店和专卖店的服务形式。连锁技术的充分应用是美国汽车服务业最大的特点。在美国几乎不存在单个的汽车服务店,无论全业务的PEP-BOYS汽车服务超市,还是单一功能的洗车店,无不以连锁的形式经营。这种模式不但能满足汽车服务行业发展与扩张的需要,而且能保证服务的专业化、简单化、标准化和统一化,得到了从业者和消费者的普遍欢迎。

美国不但有数千平方米的PEP-BOYS连锁店的大型卖场,也有AUTOZONE这样的一站式汽车服务中心;有星罗棋布、分散于大街小巷的便利型连锁店,还有各式各样的专业店,比如专业贴膜、专业喷漆、专业装音响等。多种业态各有优势、相互补充,满足不同层次消费者的不同需要,各有自己的生存与发展空间。例如,在美国,一家PEP-BOYS的大卖场周围,一般都会聚集很多小店,每间100～200m²。有修换轮胎的,改装底盘的,贴太阳膜的等。每家都充分把自己的优势发挥到极致,又与其他的商家相结合,成行成市,一起满足消费者的要求。分工已经从生产领域扩展到了服务领域,消费者更依赖专业化,而不再相信全能。

有资料表明,经过近百年的发展,美国的汽车服务业已经在汽车产业链中占据重要位置,其规模达到近2000亿美元,而且是整个汽车产业链中利润最丰厚的部分,汽车维修服务业已经成为美国仅次于餐饮业的第二大服务产业,并连续30年保持持续高速增长,是美国服务行业的骨干。

2. 国际汽车服务业发展的一些新趋势

(1) **品牌化经营** 一辆车的交易是一次性的,但是优秀的品牌会赢得顾客一生信赖,这就是品牌的价值所在。品牌可以使商品卖更好的价钱,为企业创造更大的市场;品牌比产品的生命更为持久,好的品牌可以创造牢固的客户关系,形成稳定的市场。

品牌经营是一种艺术。品牌经营要求企业告别平庸,打动顾客。有人认为汽车工业是重工业中唯一涉及时尚的行业,因为汽车代表着厂家的形象,也代表着用户的形象。

品牌对经营者是一种耐心的考验。品牌如同一个精美的瓷花瓶,烧制不易,价值连城,但是失手打破却是再简单不过的事。一个汽车公司或一家经销商,每天有成千上万的接触顾客的机会,每次机会都有可能发生重大的影响。

在国外,著名汽车厂家的产品商标同时也是服务商标,特别是在汽车修理方面,如果挂出某一大公司的商标,就意味着提供的服务是经过该公司确认的,使用商标是经过该公司许可的。而在国内只认识产品商标,还远远没有认识到以服务作为品牌。近年,德尔福公司宣称在中国树立汽车品牌服务形象,应该说这是国外品牌服务向国内进军的开始,美国的保标快修业到中国推行连锁加盟计划,实际上就是以品牌带动服务网络建设。

(2) **从修理为主转向维护为主** 汽车坏了就修理还不是真正的服务,真正的服务是要保证用户的正常使用,通过服务给客户增加价值。厂家在产品制造上提出了零修理概念,售后服务的重点转向了维护。20世纪80年代,美国汽车维修市场开始萎缩,修理工厂锐减了31.5万家,而与此同时,专业汽车养护中心出现爆炸式增长,仅1995年一年就增加了3.1万家。目前,美国的汽车养护业已经占到美国汽车维修行业的80%,年均收入超过100亿美元。

(3) **电子化和信息化** 随着汽车技术的发展,汽车的电子化水平越来越高,一些汽车产品已经实现了全车几乎所有功能的计算机控制,如动力系统、制动系统、悬架系统、空调系统、转向系统、座椅系统、灯光系统和音响系统等,车载通信系统、车载上网系统、车载电子导航系统等也得到越来越广泛的应用,因此汽车的维修越来越复杂。维修人员凭经验判断故障所在的时代早已经过去,现在汽车的维修需要通过专门仪器进行检测,运用专用设备进行调整。汽车修理所需要的产品数据也以计算机网络、数据光盘的形式提供,不再需要大量的修理手册。汽车厂商和修理商也会提供网上咨询,帮助用户及时解决使用中的问题。

(4) **规模化经营和规范化经营** 汽车维修行业的规模化经营与汽车制造业不同,不是通过建立大规模的汽车修理厂或汽车维修中心,而是通过连锁、分支机构实施经营。美国的保标快修业在美国本土就有1000家加盟店,并在全世界扩展自己的网络系统。

规模化经营同规范化经营是密不可分的。在同一连锁系统内,采用相同的店面设计、人员培训、管理培训,统一服务标识,统一服务标准,统一服务价格,统一管理规则,统一技术支持,中心采用物流配送,减少物资储存和资金占用,降低运营成本。

由于汽车产品的复杂化，使得维修技术越来越复杂，难度越来越高，以致维修的设备价值越来越高，已经不能像原来那样每个维修服务点都购置一套。为此，国外汽车公司开始实行销售和售后服务的分离，即在一个城市之间有几家规模较大的维修服务中心，备有全套的修理器材，而一般销售点只进行简易的修理和维护作业。

在汽车厂家提供越来越周到的售后服务的同时，汽车的维修行业也出现专业化的经营趋势，如专营玻璃、轮胎、润滑油、美容品、音响、空调等。专业化经营具有专业技术水平高、产品规格全、价格相对比较低等优势。与此同时综合化（一站式）经营也发展很快，如加油站同时提供洗车、小修、一般维护、配件供应等服务。

二、国内汽车服务业的形成与发展

1. 我国汽车服务业的发展历程

我国汽车服务行业的发展，根据政府职能部门对该行业的影响的程度，大致可以分为四个阶段：

（1）**萌芽阶段** 萌芽阶段是指汽车开始进入我国（1901~1949年）的阶段，即新中国成立阶段。我国从1901年开始有了进口汽车，到1936年1月，湖南长沙机械厂试制出了25座"衡阳牌"汽车，用于长途客运，初步具备了现代汽车服务的某些特征。

这个历史阶段，并没有真正意义上的汽车服务业出现，汽车的主要社会功能是体现拥有者的尊严和地位，所谓汽车服务功能的体现更多地集中在达官贵人通过对汽车的使用而获得的一种尊贵的感觉。

（2）**满足阶段** 1949年新中国成立后，百废待兴，由于多年的战争，我国遭受了巨大的损失，人们的物质生活受到极大的破坏，长期在战乱中生活的人民，终于迎来了和平的曙光。1956年，新中国第一辆"解放牌"货车下线，标志着新中国有了自己的汽车工业。汽车用户对以汽车维修为基本内容的汽车服务产生了需要，从此我国汽车服务业的发展拉开了序幕。

在当时的经济环境下，汽车服务业是在高度的计划经济体制下运行的。汽车一直作为一种重要的战略物资，实行高度的计划分配，由国家物资部门统一进行调拨、销售和供应。另外，当时的汽车生产品种单一，主要集中在货车的生产上，汽车配件的品种也很单一，此时的汽车服务更多地集中在汽车维修上。交通部门下设的汽车维修企业，是当时全社会汽车维修的主要承担者。在这个阶段，我国的汽车服务业实现了从无到有的历史性跨越，积累了一定的服务经验，特别是在汽车维修方面，形成了规模较大的汽车维修体系，为以后汽车服务业的发展奠定了基础；在汽车运输方面，形成了一批有一定规模的运输车队，为现代物流业的发展打下了良好的基础。

（3）**销售阶段** 从1978~1993年的这个阶段称为我国汽车业的销售阶段。该阶段以1984年国家实施城市经济体制改革为分界点，1984年以前，称为观念转型阶段，此后，称为销售观念阶段。

自改革开放以来，中国从过去严格的国家计划体制开始逐步过渡到以计划经济为主、市场调节为辅的经济运行体制。与汽车服务相关的各类企业的经济主体的利益，开始得到承认，各类经济主体得到了一定程度的经营自主权，允许在计划范围以外生产和销售部分产品。在管理体制上，由过去的中央管理为主的单层管理体制，演变为以中央管理为主、地方管理为辅的双层管理体制。在汽车服务领域，由于国家的指令性计划的比重有所下降，汽车产品的指令性计划由1980年的92.7%下降到了1984年的58.3%，汽车厂商为了满足用户的需求，争取更多的市场份额，开始在一些中心城市建立自己的特约服务站，售后服务这种新的服务模式在中国得以诞生。

1985~1993年，我国的汽车服务业进入了一个较快的发展时期。国家肯定了个人和私营企业拥有汽车及其汽车服务业的合法性，汽车运输市场和汽车消费市场相继开放，汽车保有量迅速增加，一些新的服务项目相继出现。

在汽车流通领域，汽车产品流通市场机制的作用日益扩大，由政府和市场共同作用的双轨制过渡到以市场为主的单轨制，标志着市场机制成为汽车产品流通的主要运行机制。1988年，国家指令性计划只占当年国产汽车产销量的20%，1993年进一步下降到不足10%。汽车流通体制也开始呈现出多元化的态势，出现了以汽车厂商的销售公司及其联合销售机构为代表的企业自销系统等多种形式的汽车销售模式。企业自销系统的出现，对后来我国汽车流通体制的演变产生了重要的影响。

在汽车配件流通领域，国家对汽车配件经营的放权更大，使得配件市场呈现出一片繁荣景象。根据地理优势，各地兴建了一批区域性和全国性的汽车配件交易市场，极大地方便了消费者，有效地降低了订货的成本，受到汽车配件消费者的欢迎。

在售后服务领域，由于国家对城市经济体制进行改革，国内的汽车生产厂商广泛建立了自己的售后服务系统，与社会上的汽车维修企业联合建立自己的特约服务站。而特约服务站反过来又增加了汽车维修企业的商机，由于可以得到汽车生产厂商直接的技术支持和正宗的配件供应，提高了维修企业在市场上的竞争力，从而吸引更多的维修企业纷纷加入汽车生产厂商的售后服务系统中。

在这个阶段，汽车生产企业虽然强调了产品的销售环节，但仍然没有逾越"以产定销"的框框，虽然汽车生产厂商有效拓宽了销售的渠道，但却没有能力对其分销体系进行统一的规划和管理。这个阶段的汽车销售商，只提供单一的销售服务，基本上不提供其他服务。特别是对于一些国有汽车生产企业，将销售和营销混为一谈，缺乏有效组织市场的方法和技巧。

（4）营销阶段　自1994年开始，我国政府颁布并实施了第一个《汽车工业产业政策》，标志着我国汽车服务业发展开始驶入快车道。为了抑制"泡沫经济"对我国经济发展的影响，国家实行了一系列经济"软着陆"政策，使汽车市场彻底由卖方市场转入买方市场。在汽车生产厂商的生产能力大幅度提高的同时，受宏观调控政策的影响，汽车市场的有效需求相对不足，市场竞争空前激烈，使得原有的汽车服务体系的局限性开始显现出来，对于那些经营观念和经营手段落后的汽车服务企业，在市场价值规律的作用下，不得不进行有效的经营策略的改革或直接退出历史舞台；而一些与外国企业合作的汽车厂商，因其推出了先进的服务理念，通过对原有代理商的改造，以及提供整车销售（Sale）、零配件（Sparepart）、售后服务（Service）、信息咨询（Survey）等的"4S"服务模式，推进了销售服务网与售后服务网统一的进程，提高了服务的效率，降低了服务成本，在汽车服务领域的影响力和控制力不断增强，使汽车服务从销售阶段上升到营销阶段。当前，汽车的物流配送、二手车交易、汽车文化、汽车俱乐部等服务形式相继出现，服务由单一向多样化发展，极大地丰富了我国汽车服务业的内涵。

2. 我国汽车服务存在的主要问题

我国汽车服务业主要在以下六个层面上存在问题：

(1) **环境层面** 环境层面包括法制法规、竞争环境。表现在有关汽车服务业的法律制度不够健全、竞争无序。

(2) **管理层面** 管理层面包括管理理念、管理规范、管理制度等几个方面。在管理层面存在的问题有：管理理念落后，没有真正地认识"服务"的内涵；管理不够规范，随意性较大，既损害消费者的利益，也对自身的服务品牌带来伤害；在维修、美容、配件企业中缺少必要的、完善的管理制度。

(3) **体系层面** 体系层面的主要问题表现在：没有建立一个完善的服务体系和服务标准体系。各自为政，一哄而上，规模小、管理乱、社会效益差。因此需要政府的参与和扶持，协调利益，创造环境，建立一个全方位、立体的汽车售后服务体系。

(4) **人才层面** 人才层面的主要问题有：对汽车服务人才的培养缺乏远见，偏重于培养技能人才，对专业的汽车服务人才的培养没有引起足够的重视。

(5) **竞争层面** 从参与国际竞争的角度，我国汽车服务业比汽车制造业还要落后，在很多方面处于不利的竞争位置。

(6) **消费者认可度低** 调查显示：国内汽车消费者普遍认为目前汽车企业服务流程不规范，服务内容不透明、服务信息不对称、服务诚信度不高。20世纪90年代初，美国哈佛大学商学院教授的研究结果表明，服务型企业的市场份额对利润并没有什么影响。他们发现：顾客忠诚度较高的服务性企业更能盈利，企业不应追求最大的市场份额，而应尽力提高市场份额质量（主要指忠诚的顾客比率），这就是著名的关系营销战略理论。因此，汽车服务企业应把提高服务质量、提升顾客满意度并达到顾客忠诚作为重中之重。提高消费者的认可度，才能获得市场竞争优势。

3. 我国汽车服务业的发展趋势

(1) **汽车服务业管理规范、法规将逐步完善** 2003年以来，政府有关部门出台了一些与汽车服务业相关的重要制度与政策措施，如新《保险法》《道路交通安全法》《汽车金融公司管理办法》《汽车金融公司管理办法实施细则》《缺陷汽车产品召回管理规定》《汽车信贷管理办法》《汽车品牌专卖管理办法》，国家交通部发布的《机动车维修管理规定》等。随着汽车服务市场的发展，国家还会不断地制定和完善关于汽车服务业管理的规范、法规，将对我国汽车服务市场的发展产生积极影响。

(2) **商家提供诚信和优质的服务将是汽车服务的重心** 现在许多从事汽车服务业的人士已经充分认识到优质的服务对企业和行业发展的重要意义。"企业的一切经营活动，都要围绕顾客的需求"的理念已经越来越被业内人士接受，许多商家通过自律，改正过去的服务欺诈行为，以树立诚信和优质服务的形象，这将带动汽车服务业整体形象的提升。

经销商为摆脱伪劣商品对市场的冲击及营销无利可图的局面，变目前单纯的商品经营模式为品牌经营、网络经营、深度开发经营、团队经营等全方位经营模式。通过经营创新，开发新的利润空间和实现差别化竞争；通过注重投资和品牌建设，把连锁经营的稳定感、信任感和安全感带给顾客。

(3) **汽车服务业正向"连锁店"和"一站式服务店"两个方向发展** 连锁经营在汽车

服务业中是比较理想的模式，它有助于提高整个行业的服务水平。我国汽车后市场已经掀起了加盟连锁浪潮，并成长了一批有影响的汽车服务企业，有的企业服务连锁店的数量已超过千家。据业内专家分析，连锁经营将是未来汽车服务行业的主流运营模式。连锁业的兴盛不但能大大提高商业流通领域的效率，而且对制造业、服务业等产业也带来深远的影响，更重要的是它使消费者受益，提升了人们的生活品质。

（4）**市场竞争日趋激烈** 我国已正式加入WTO，根据WTO议定的条件，我国将给予外商全面的贸易权和分销权，开放企业营销、批发和零售、售后服务、产品修理、维护、物流运输、金融服务等与服务贸易有关的市场。在国际和国内两个汽车服务市场上，我国的汽车服务业将与国际、国内的同业者开展全面、充分的市场竞争。因此，我国的汽车服务业必须面对日趋激烈的国际、国内竞争。

第三节 典型的汽车服务

为了了解汽车服务业内涵，本节主要介绍汽车营销、汽车物流、汽车维修、汽车美容、汽车金融和二手车等服务，使汽车服务工程专业的学生能了解本专业涉及范畴。

一、汽车营销服务

汽车营销是指汽车相关企业或个人通过调查和预测顾客需求，把满足其需求的商品流和服务流从制造商引向顾客，从而实现其目标的过程。

1. 汽车营销服务的主要工作内容

根据汽车营销运作过程的不同，汽车营销服务通常包括：汽车市场调查、汽车市场分析、汽车营销技巧、汽车营销策划、汽车顾客服务五方面的工作内容。

（1）**汽车市场调查** 在市场经济环境下，市场竞争无处不在，要发现市场、占有市场、开辟市场，制定有效的营销策略，使企业立于不败之地，源于企业对市场信息的准确了解和把握。因此，掌握汽车市场调查的方法，以获得准确的信息，是每一位汽车营销人员不可或缺的基本技能之一。

汽车市场调查通常涉及汽车市场环境调查、企业竞争者调查、汽车目标消费者情况调查、汽车营销企业营销组合调查和汽车售后服务水平调查五个方面。

市场调查的资料来源主要有两种途径：一是第一手资料，即通过实际市场调查，对企业及顾客进行询问调查得到的信息资料。二是第二手资料，即通过收集一些公开的出版物，如报纸、杂志、电视、网络等，或行业内部信息，而获得的资料，这些资料有助于了解整个市场的宏观信息。汽车市场调查的方法按照获取资料的方式可分为直接调查和间接调查两种方式，如图5-1所示。

根据市场调查的进程，可以把市场调查的程序分为3个阶段，12个步骤（图5-2）。

（2）**汽车市场分析** 营销不是单纯的商品交易，它受到市场环境中各个因素的影响。通过对市场环境要素的分析，可以发现市场机会，洞悉消费者的购买动机，扬长避短，从而实现营销目标。

汽车市场分析包括汽车市场环境分析、汽车消费者购买行为分析、汽车行业竞争者分析和汽车产品分析等工作内容。

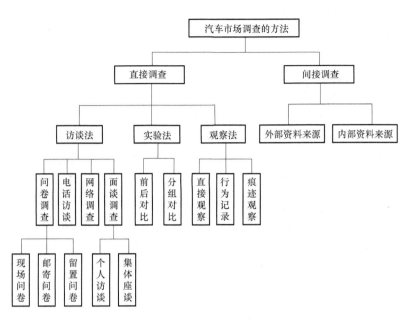

图 5-1 汽车市场调查的方法

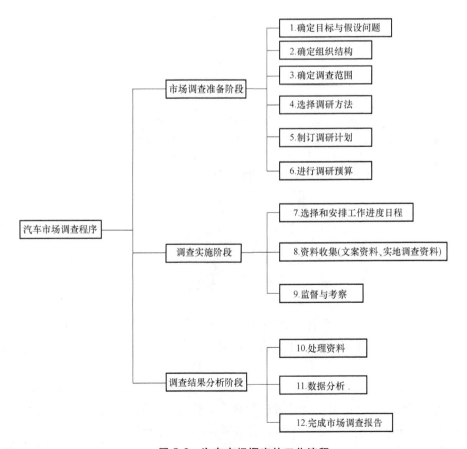

图 5-2 汽车市场调查的工作流程

1）汽车市场环境分析。汽车是一种高技术性质的消费品，与经营环境的依存关系尤为紧密，各种因素都会对汽车产业的发展产生影响。作为汽车企业营销人员，对营销环境的认识主要从两个方面来考虑，一是汽车营销环境主要包含哪些内容；二是如何维护企业的经营生态环境，创建企业的经营链条。

社会环境中的许多因素都会对汽车营销活动产生影响，汽车营销时主要考虑宏观和微观两方面的因素，宏观方面主要考虑经济环境、政治环境和自然环境，微观方面主要考虑竞争对手、公众、渠道成员和消费者。

2）汽车消费者购买行为分析。单凭个人天赋和经验来判断目标顾客的真实需求，会导致很多目标顾客流失。在竞争环境下，营销人员通过熟悉消费者的购买决策过程，了解顾客的欲望、喜好，分析顾客的购买动机，才能有效地与顾客沟通，满足顾客的需求。掌握对潜在顾客真实需求的准确判断能力，将大大提高成交率，从而使营销人员的业务能力得到有效增强。

消费者购买行为是指消费者为满足自身生活消费需要，在一定的购买动机驱使下，所进行的购买消费品或消费服务的活动过程。消费者的需求是所有营销活动的起点，要开展以顾客为中心的销售，就要分析顾客的购买动机，了解顾客的欲望、喜好与购买行为，以便有效地与顾客沟通，满足顾客的需求。

影响消费者购买行为的因素有很多，且错综复杂，涉及文化的、社会的、个人的和心理的等多个方面，共同作用、影响消费者的购买行为。就汽车商品而言，一般主要考虑以下因素的影响，这里可以通过购买行为模型（图5-3）来表达。

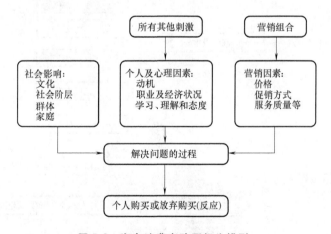

图5-3　汽车消费者购买行为模型

3）汽车行业竞争者分析。任何企业要赢得发展，首先要清楚自己在本行业竞争环境中所处的位置，才能结合企业的发展目标、资源优势和生存环境，制定出适合企业发展的竞争战略。

汽车销售企业必须经常将自己的产品、价格、分销渠道、促销策略与竞争对手进行比较。这样，汽车销售企业才能确定竞争者的优势和劣势，从而使企业能够发动更为准确的进攻，以及在受到竞争者攻击时能及时做出较强的防卫。汽车行业竞争者分析具体内容主要有：识别企业的竞争者；识别竞争者的战略；判定竞争者的目标；评估竞争者的优势和劣势；评估竞争者的反应模式；选择竞争者以便进攻和回避。

知己知彼，百战百胜，分析竞争者的目的，在于使企业在经营过程中处于有利的竞争态势。竞争者的分析流程如图 5-4 所示。

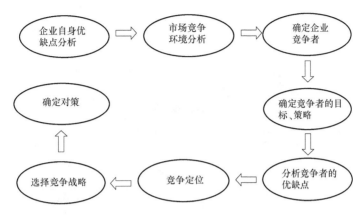

图 5-4 竞争者的分析流程图

4）汽车产品分析。汽车产品的营销与其他产品最大的不同，就是消费者获得这个产品的交换成本高，甚至是巨额的投入，因此，除了提供消费者一个可视的实物外，还必须给消费者提供一个无形的保障，即汽车产品使用期间的良好服务。此时，汽车营销过程中交易行为的目的物已经不再是单纯的汽车产品，而是构成消费者汽车消费行为的一系列有形与无形的价值再现。汽车营销人员只有对汽车产品、品牌、服务、价格之间的关系有一个正确的理解，才能较好地将汽车产品的利益传达给消费者，实现汽车营销的目标。

汽车产品分析的主要要点是：汽车产品的特征、汽车产品的生命周期、汽车品牌、汽车价格构成、汽车定价方法和汽车定价策略等内容。

（3）汽车营销技巧 汽车销售通常采用展厅销售和市场销售两种方法。

展厅销售是被动销售，只有潜在顾客到展厅参观后，企业的营销行为才能开始；市场销售是主动销售，营销人员根据一定的市场规律去发现目标消费群，然后进行针对性的营销工作，企业的营销活动是主动的。两者在很多时候是穿插进行的，既有不同之处，又可互为补充。汽车展厅销售和市场销售的工作流程大致如图 5-5 所示。

通常对汽车产品的介绍一般可采用六个方位来进行，如图 5-6 所示。六方位绕车介绍法是指汽车销售人员在向客户介绍汽车的过程中，销售人员围绕汽车的车前方、车左方、车后方、车右方、驾驶室、发动机盖六个方位展示汽车。

（4）汽车营销策划 汽车营销策划作为市场营销学领域中新崛起的细分学科，具有鲜明的创新特点和具体的可操作性，是现代汽车市场逐步发育成长的产物。

在汽车营销活动中，为达到预定的市场营销目标，运用系统的、科学的、理论联系实际的方法，对企业生存和发展的宏观经济环境和微观市场环境进行分析，寻找企业与目标市场顾客群的利益共性，以消费者满意为目标，重新组合和优化配置企业所拥有的和可开发利用的各种人、财、物资源和市场资源，对整体汽车营销活动或某一局部的汽车营销活动进行分析、判断、推理、预测、构思、设计和制订汽车市场营销方案的行为，称为汽车市场营销策划。

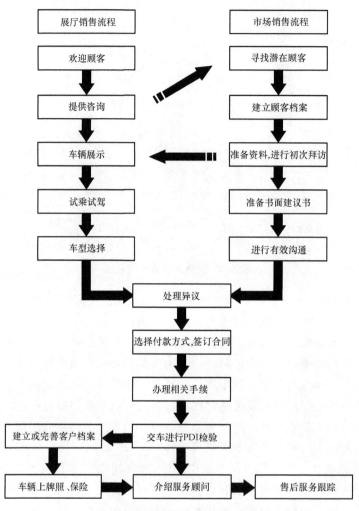

图 5-5　汽车展厅销售和市场销售的工作流程图

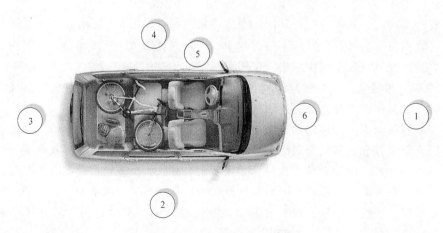

图 5-6　汽车介绍六方位图

汽车营销策划的方法通常采用寻求第一、概念先行、借势造势、宁简勿繁、集中力量、正和奇胜、软硬兼施和策略整合等多种方法。

汽车营销策划的基本内容包括汽车企业形象策划、汽车产品策划、汽车价格策划、汽车促销策划和汽车分销渠道策划等。

汽车营销策划是一项艰巨的工作，策划成功的前提条件是对自身能力与竞争对手能力的客观认识，任何认识上的偏差和缺失，均会造成竞争能力的不足甚至失去成长的机会。此时常会运用SWOT分析法。

SWOT分析法是评价和分析汽车企业各产品竞争能力和内外营销环境的重要方法，其中S表示优势（Strengths），W表示劣势（Weaknesses），O表示机会（Opportunities），T则表示威胁（Threats）。SWOT分析法的作用可以概括为"扬长避短、趋利避害"，具体表现在：

1）能够揭示汽车企业的优势与劣势，在汽车营销活动中做到"扬长避短"，有助于汽车企业做到"以己之长，攻敌之短"，充分发挥企业的优势与长处。

2）能够明确面临的机会与威胁，使汽车企业在营销活动中"趋利避害"，及时抓住汽车市场营销环境中的机遇，避开对企业有威胁的因素。

3）能够让汽车企业把握住要重点推动的业务，充分认识到应放弃的业务，丢掉包袱开展好"黄金业务"。对于既处于劣势，又充满威胁的业务，企业应果断放弃，以免影响其长远发展，从而加速推动企业的发展。

(5) **汽车顾客服务** 市场营销已由传统的生产导向、产品导向、销售导向过渡到以服务为导向的营运模式。市场营销的核心理念是以顾客的需求为中心，对顾客进行全面的服务和关怀，使顾客完全满意，成为企业的忠诚顾客。这种经营理念就要求汽车营销人员把顾客忠诚度管理提升到一个新的高度，不仅要重视顾客的开发工作，而且要重视顾客的管理工作，彻底改变过去那种重开拓、轻管理的工作方式。

当顾客认为汽车产品和服务的提供商已经达到或超过他们预期时的一种感受称为顾客满意。当前在汽车行业中，虽然有很多企业已经提出以顾客为中心的销售，并尽力提高顾客满意度，但离顾客满意的要求还有较大的差距。着手顾客满意度调研，找出企业目前在顾客满意方面存在的问题，提升本企业的顾客满意水平，这是每一个汽车企业应该花时间解决的问题。

顾客导向的市场营销管理就是要提供良好的顾客服务，使顾客满意，维系顾客的忠诚度。在实际工作当中，顾客满意只是一种态度。顾客满意在很多情况下只代表顾客对产品和服务的一种认可态度，但不一定会转化为购买行为。顾客的忠诚度是指顾客经过长期沉淀而形成的情感诉求，它是顾客在历次交易活动中状态的积累。

2. 汽车营销人员的基本要求

(1) **品德素质要求** 汽车营销人员应具备的品德素质主要有：积极向上的心态、谦卑的态度、坚持不懈的决心、不断总结、合作的态度。

(2) **外在形象要求** 销售工作主要是与人打交道，在销售过程中，营销人员与汽车产品同等重要。顾客在选择汽车时，往往受到营销人员外在形象、言谈举止等多方面的影响。相当一部分顾客决定购买是出于对营销人员的喜欢、信任和尊重。因此，营销人员首先应该学会"推销"自己，让顾客能够接纳营销人员，愿意与营销人员接触，喜欢听营销人员对汽车的介绍和讲解，在与顾客接触的过程中为销售汽车创造机会。

良好的外在形象和表现可以给顾客留下较好的第一印象,为此营销人员要特别注意自己的仪容美、仪态美、仪表美、谈吐修养美。

(3) **汽车专业知识要求** 为了更好地向顾客推荐汽车产品,一个优秀的汽车营销人员要具有宽广的专业基础,能基本掌握并向顾客介绍所售汽车产品的内部配置和各项性能指标。营销人员的介绍越专业,越容易赢得顾客的信任与好感,顾客越乐于接受营销人员所推荐的产品。

例如,对汽车所配置的发动机而言,要了解其型号和主要技术参数,如发动机的排量、最大功率、最大转矩、缸数、每缸的气门数、所达到的排放标准、是否带有涡轮增压等。随着汽车普及程度的提高,顾客的专业水平也在不断提升,汽车消费越来越理性,要求营销人员的专业水平要高于消费者,如果营销人员还能向顾客介绍所销售汽车发动机的首次装车时间(即研发后投入市场的时间)、适用的车型(如同一款发动机可能同时安装在宝来、帕萨特和奥迪 A6 上)及该款发动机在国外的使用情况等,将会赢得顾客的信赖。

对于变速器要了解是手动换档、自动换档还是无级变速,现在同一品牌的汽车在配置同型号发动机的情况下,往往同时有手动档和自动档(或无级变速)的车供顾客选择,作为营销人员就要了解并能介绍其差价是多少,各有什么利弊。

汽车的专业知识包含的面很广,如果系统学习过相关的专业知识,具备一定的专业水平,才可以说基本具备了汽车营销人员的专业素质要求。

此外,相当多的汽车购买者并不熟悉汽车相关技术和知识,但他们会找具备这方面知识的朋友来当"参谋"。这些"参谋"的知识和建议,往往会对购买行为起到重要作用。面对这样的顾客,汽车营销人员必须表现得更具专业性,运用专业知识和业内经验,让对手臣服,才能说服对手。如果能做到这一点,对于销售来说,往往会起到事半功倍的效果。所以优秀的营销人员应该善于学习专业知识,使自身的素质能够不断提高。

(4) **销售能力要求** 销售能力不可能通过遗传获得,而是经过后天训练出来的。大量研究结果表明,很多普通的学生通过系统的销售训练取得了很好的销售成绩。一名专业的营销人员应具备的销售能力主要有:善于观察市场、确立顾客利益、树立顾问形象、掌握营销沟通技能、建立良好的顾客关系等。

汽车营销是竞争性、综合性和专业性很强的职业,在竞争不断深化的市场背景下,每一笔业务、每一位不同的顾客、每一处不同的市场环境下,都需要综合运用不同的手段去争取。总之,营销没有固定的模式,很难有一种营销模式是通用的。因此,要树立以顾客为中心的营销理念,不断地学习,提高综合能力,从而适应市场的不断变化,成为社会进步的推动者。

3. 汽车营销服务的发展前景

我国汽车市场正在发生深刻变化,增速下滑,价格下探,新能源汽车、电商、互联网+等新情况、新模式不断冲击。未来汽车营销的发展趋势主要表现如下:

(1) **4S 店兼并重组趋势明显** 受益于规模和资源优势,大型经销商强者越强,中小型经销商面临着强大的竞争压力,兼并重组大潮就此开始,中小型经销商要么被兼并,要么倒闭。

(2) **汽车超市或将遍地开花** 具备资源、价格优势的汽车超市类模式将给传统 4S 店模式带来冲击,类汽车超市模式将在大中型且年需求达一定量的城市普及,需求量较小的城市机会将留给小型单一销售经销商。

（3）**新车电商茁壮成长** 更多的车辆来源渠道将促使优秀的新车电商脱颖而出，形成一定规模后，当前困扰电商发展的价格、支付、物流、后续服务问题将迎刃而解，又加速电商进一步良性发展。汽车品牌与经销商关系松绑后，类似特斯拉的直销模式或成为汽车品牌厂家的新选项，电商轻资产特性或成为厂家直销的起点。

（4）**大型保养维修超市诞生** 零部件垄断放开之后，厂家纷纷控股相关的零部件供应商，分享汽车后市场大蛋糕。快修连锁店迅速地入侵4S店保有客户市场，4S店售后降价应对，售后修保费用下降。随着新模式的不断兴起，4S店及快修连锁店纷纷"拥抱"互联网+，汽车品牌厂家直营售后服务点也加入竞争，大型保养维修超市从此诞生。

（5）**客户购车品牌弱化、产品强化** 汽车超市里包含多品牌相同等级、类别、价位的车型，客户购车的便捷性进一步提升，在销售服务标准类似的状态下，客户的重心将聚焦在车辆本身，车辆本身的外观及性能将成为客户做购买决策的最核心因素。

二、汽车物流服务

汽车物流是指汽车供应链上原材料、零部件、整车以及售后配件在各个环节之间的实体流动过程。主要包括运输、储存、包装、装卸、配送、流通加工、信息处理等活动。广义的汽车物流还包括废旧汽车的回收环节。汽车物流在汽车产业链中起到桥梁和纽带的作用。

1. 汽车物流的类型

按照汽车产业供应链的流程分类，汽车物流分为生产供应物流、生产物流、整车销售物流、零部件供应物流和回收物流。

汽车生产供应物流是指汽车生产企业购入原材料、零部件的物流过程。汽车生产物流主要发生在企业的内部，即指从仓库入口到生产线消耗点，再到成品车库的入口前的物流。汽车整车销售物流是指汽车生产企业为保证自身的经营效益，不断伴随销售活动，把产品所有权转移给用户的物流活动，即从汽车的生产者到消费者之间的物流。零部件供应物流是以汽车零部件供应商或者汽车生产企业为起点，以汽车零部件流通为主（如零部件的调配更换、返厂等），以客户（汽车修配企业）为终点的物流活动。汽车回收物流是指对生产及流通过程中的废旧汽车或零部件进行回收利用过程中所产生的物流活动。汽车物流的分类如图5-7所示。

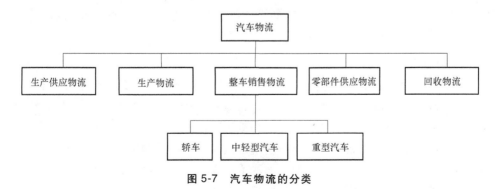

图5-7 汽车物流的分类

从汽车物流系统示意图（图5-8）可以看出，汽车行业按照本身的生产与市场的发展规律，形成了从原材料供应、汽车零件加工、零部件配套、整车装配到汽车分销以及售后服务的一整套（供应→制造→销售→服务）供应链体系结构，即汽车的供应链。

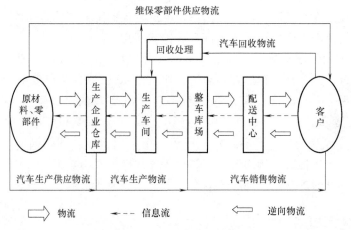

图 5-8　汽车物流系统示意图

2. 汽车物流的特点

汽车整车及零部件的物流配送是高技术行业，是国际物流业公认的最复杂、最具有专业性的领域，要求整个物流链中各个环节之间的衔接必须十分顺畅、平滑。其中，汽车整车物流是汽车物流的重要组成部分，汽车物流主要有以下特点：

（1）**技术复杂性**　汽车整车及其零部件的物流配送业是各个环节衔接必须十分平滑的高科技行业。要保证汽车生产所需零部件按时、按量到达指定工位是一项十分复杂的系统工程，汽车的高度集中生产带来成品的远距离运输以及大量的售后配件物流，这些都使汽车物流的技术复杂性高居各行业物流之首。

（2）**服务专业性**　汽车生产的技术复杂性决定了为其提供保障的物流服务必须具有高度专业性。例如，供应物流需要专用的工位器具及运输工具，生产物流需要专业的零部件分类方法，销售物流和售后物流也需要服务人员具备相应的汽车保管、维修专业知识。因此，汽车物流是国际物流业公认的最复杂、最具专业性的领域。

（3）**资本、技术和知识密集性**　汽车物流需要大量专用的运输和装卸设备，需要实现"即时生产"和"零库存"，需要实现整车的"零公里销售"，这些特殊性需求决定了汽车物流是一种高度资本密集、技术密集和知识密集型行业。

3. 汽车物流模式

（1）**自营物流模式**　自营物流模式，又称为第一方物流，是封闭性很强的企业内部物流，是指汽车制造企业依靠自身的力量，结合自身的经营特点，建立适合自身的物流体系，从汽车产品原材料、零部件、辅助材料等的购进，到汽车产品的生产、储运、包装和销售等物流活动全部由企业自身来完成。制造企业既是汽车生产活动的组织者、实施操作者，又是企业物流活动的组织者与实施者。例如：上汽集团自有的安吉物流，也具有一定的规模。但随着电子商务的发展，这种模式将会向其他模式转化。

（2）**第三方物流模式**　第三方物流（又称3PL）是指生产经营企业为集中精力搞好主

业，把原来属于自己处理的物流活动，以合同方式委托给专业物流服务企业（即第三方），同时通过信息系统与物流服务企业保持密切联系，以达到对物流全程的管理和控制的物流活动方式。

第三方物流在国外也称为契约物流，是20世纪80年代中期在欧美国家出现的概念。一般来说，第三方物流是指由物流劳务的供方、需方之外的第三方完成物流运作方式从而完善供应链的过程。第三方是指提供物流交易双方的部分或全部物流功能的外部服务提供者。第三方物流的总的演变过程是由简单的契约式物流向企业外包和集成式供应链管理发展。第三方物流便于处理供应链末端任务，在尽可能靠近消费者或者卖主的地方完成产品的制造，降低运输成本，缩短供货时间，便于提供定制化产品，增加收益，提高客户满意度。

（3）**过渡型物流** 过渡型物流是企业逐渐引入第三方物流模式的一种过渡型模式。它是指企业在原有的物流职能或物流部门基础上成立独立的物流公司，该物流公司具有独立企业法人资格和经营自主权，并且自负盈亏，业务上以满足原制造企业的服务需求为主，有富余能力的情况下，可以承接社会上其他企业的物流业务，并随着业务运作的专业化程度加深以及业务范围的扩大，逐渐转变为完全社会化的第三方物流企业。目前，由于国内的物流公司大多是由传统的储运公司转变过来的，能真正满足制造企业汽车销售物流需求的很少，所以，国内许多大型汽车制造企业便利用已有的丰富资源自建物流公司，从而形成了这种过渡型物流模式，这种模式是自营模式向第三方物流模式的过渡，随着业务量的扩大，会逐渐发展为完全社会化的第三方物流模式。

4．我国汽车物流的发展趋势

汽车物流行业发展至今，已经覆盖汽车零部件、整车销售、售后服务备件、进出口、供应链管理规划与咨询等领域，贯穿了以汽车制造为核心的整个产业链，并不断地向产业两端拓展，行业队伍也不断扩大。汽车物流企业未来发展的几大趋势如下：

（1）**企业利润来源将从主要依靠增量市场转变为依靠企业内部挖潜** 尽管市场增长放缓，但自2016年起，年销量已突破2800万辆，为物流行业带来稳定的庞大市场，企业内部挖潜空间巨大。挖潜有两个方向，一是完善现代企业制度，不断加强内部科学管理；二是业务持续优化，缩短流程，提高效率，降低成本。

（2）**企业将扩展既有物流要素，提高一体化服务能力** 多数物流企业均从运输业务发展而来，企业已经习惯于靠运输获取效益。无论未来我国运输行业是进行规范化管理，还是参照国际社会物流发展情况，运输都已经成为物流发展的基础环节，是物流业务的载体，并非利润的主要来源。拓展仓储、配送、流通加工、信息服务等更多的物流服务项目是汽车物流企业新的利润源。

（3）**企业物流业务链条将不断延长，业务领域不断拓宽** 从过去的发展也可看到未来，发展之初的汽车物流行业主要以整车服务为主，目前行业已经发展到包括零部件入厂、售后服务备件、进出口等更多环节，今后二手车、售后维修、报废车等市场的物流业务将会有巨大空间。链条越长，企业业务会越稳定，利润点也会相应增多，链条上不同业务的呼应更会延伸出综合服务业务。同时拓宽同类业务市场，如与汽车相近的其他工业类产品，都可以成为新的市场。

（4）**新兴流通方式发展对物流企业将产生深远影响** 改革开放30多年，我国成功抓住了国际产业转移和信息化发展两大机遇，经济发展跻身世界前列，未来的发展，尽管面临重重矛盾，但前景光明。如火如荼的电商大战，从一个侧面反映我国在电子商务改变流通方式方面在全球的引领地位。这些探索在全球五分之一人口的国度获得成功，必将影响全球流通业发展。物流作为经济生活不可或缺的一环，在未来发展中必将有新的机遇，前瞻企业将获得领先的机会。

（5）**企业合作将增强，形成产业规模优势**　发展到今天，汽车物流行业尽管已经形成相对稳定的格局，但汽车和物流两大产业进一步整合的脚步不会停止，对优势企业来讲凝聚更多力量，对弱势企业来讲寻求更好平台，都会使企业发展焕发新的生命力，稳定立足于强者之林。

三、汽车维修服务

汽车维修服务是汽车服务最主要的服务之一，包括汽车修理、汽车检测、汽车钣金和汽车涂装等服务。

1. 汽车修理

汽车修理是汽车维修企业中一项主要的技术服务，主要是对汽车发动机、底盘、电气设备进行维护、故障诊断、故障排除等作业。汽车修理涉及机械与电气两大部件的修理，分别称为汽车机修工与汽车电工。由于汽车的各个工位均涉及机械与电子，所以机电一体化成为汽车修理的发展方向。

（1）**汽车维护**　汽车维护是保持车容整洁，及时发现和消除故障及其隐患，防止汽车早期损坏的技术作业。汽车维护作业包括清洁、检查、补给、润滑、紧固、调整等，除主要总成发生故障必须拆解时，不得对其进行拆解。

汽车维护分为日常维护、一级维护和二级维护三个级别。

1）日常维护。日常维护是日常性作业，由驾驶人负责执行。其作业中心内容是清洁、补给和安全检视。日常维护是驾驶人保持汽车正常工作状况的经常性工作。

2）一级维护。一级维护由专业维修工负责执行。其作业中心内容除日常维护作业外，以清洁、润滑、紧固为主，并检查制动、操纵等安全部件。在汽车经过较长里程运行后，特别要注意对汽车的安全部件进行检视维护。

3）二级维护。二级维护由专业维修工负责执行。其作业中心内容除一级维护作业外，以检查、调整为主，包括拆检轮胎，进行轮胎换位。这是因为汽车在经过更长里程运行后，必须对车况进行较全面的检查、调整，维持其使用性能，以保证汽车的安全性、动力性和经济性达到使用要求。汽车二级维护前，应进行检测诊断和技术评定，了解和掌握汽车技术状况以及磨损情况，据此确定附加作业或小修项目，一般结合二级维护一并进行。

每年4月至5月和10月至11月汽车进入夏、冬季运行时，应进行季节性维护，并更换润滑油（脂），一般结合二级维护一起进行。

（2）**汽车故障诊断**　汽车故障诊断是现代汽车维修最核心、最难的工作，汽车故障诊断之所以困难主要体现在两个方面：一是现代汽车为了提高动力性、经济性、舒适性、安全性和环境保护性能，采用了许多新技术、新结构，特别是电子技术和计算机在汽车上的广泛应用，使汽车构造相对复杂；二是导致汽车故障的因素繁多，有的甚至达几十种（如发动机怠速不良的产生原因有二三十种），而且涉及面相当广，可能涉及点火系、供给系、发动机的电子控制和机械部分，这些因素有时是单一的，有时是综合交替地起作用，因而要做到准确而迅速地诊断故障比较困难。这就要求诊断人员不仅要熟悉汽车构造及其工作原理，而且要掌握一定的诊断方法，方法越多，解决问题的能力越强。

汽车故障诊断方法有很多，常见的主要有：人工经验法、万用表法、数据流法、自诊断法等。随着物联网的不断发展，汽车上开始采用远程故障诊断法，远程故障诊断法是将汽车运行状态数据通过电子通信系统和网络传输到专业技术服务点，实现专家与汽车用户的信息交流，对汽车进行远程监测和诊断，以及时、快捷的远程技术指导服务。

根据汽车状态远程监测的特点，汽车状况信息的传输路线如下：信号的获取（车载传感器）→信号前处理→信号的发射（车载通信模块）→现有移动通信网→信号的接收（公众电话网）→信号后处理（获取信号特征值）→汽车状况信息传输于Internet（监测站点和网站）。信息传输方案如图5-9所示。

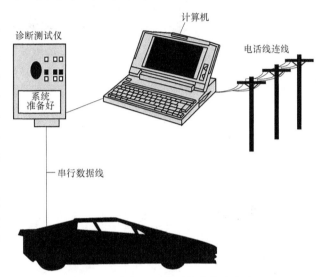

图5-9　汽车远程监测信息传输方案

（3）汽车故障排除　当汽车故障原因被诊断出来后，排除汽车故障的方法通常有换件法和修复法两大方式。

1）换件法。对于汽车电器和电子部件的故障，通常采用换件法来排除故障，因为这些部件大多是集成电路、微机械，维修非常困难，另外，对一些部件，其修复费用高于新件费用一般均采用换件法。

2）修复法。对于一些机械部件，如缸体、曲轴、齿轮箱、车架、驱动桥等部件的故障一般采用零件修复来排除故障。

零件修复通常有机械加工修复法、镶套修复法、焊接修复法、电镀修复法和胶粘修复法等。

汽车零件修复方法的选择直接影响到汽车的修复成本和修复质量。选择时应根据零件的结构、材料、损坏情况、使用要求、工艺设备等，通过对零件的实用性指标、耐用性指标和技术经济性等进行全面的统筹分析而定。

2．汽车检测

汽车检测是对汽车技术状况进行定量或定性评价，是确定汽车技术状况或工作能力的检查。汽车检测的对象是对无故障汽车进行性能测试，其目的是确定汽车整体技术状况或工作能力，检验汽车技术状态与标准值的相差程度，保障汽车行驶安全及防止公害。汽车检测主要是汽车年度审验、汽车维修质量评定、营运车辆等级评定、新车或改装车性能检验、进口汽车商品检验、汽车安全与防治公害诸方面的性能检查。汽车检测的结果一是提出汽车维护、修理和使用的建议，二是预测使用寿命，三是监督和评定维护和修理质量，四是评定营运车辆等级、划分营运客车类型，五是交通、公安等主管部门发放有关证件。

汽车检测是汽车故障诊断的基础，只有进行认真的检测和分析，才能准确地查明故障原因。

汽车检测的基本方法根据其检测目的不同而不同。目前检测方法主要有：检测线检测（图 5-10）、维修过程检测和例行检测。

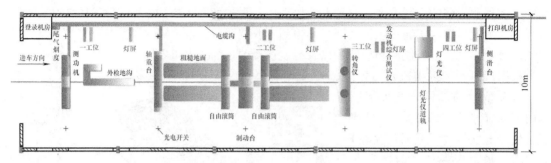

图 5-10　汽车检测线

3. 汽车钣金

汽车钣金主要是对汽车车身及其附近的维护和修理。我国交通事故每年不断上升，尤其是碰撞事故，大量的事故车需要整形修复，而汽车钣金修复是一种手工技能操作，很难掌握，为此，汽车钣金人员相对紧缺。

（1）汽车钣金的主要内容　汽车钣金修复包含钣金修复和涂装作业两项主要工作，日常习惯称为"钣喷"。目前，这两个工种仍然相互独立，并没有像汽车"机电"那样真正融为一体。

汽车钣金，在国内已经历了一个漫长的发展历程，按其发展过程可划分为两个阶段，即车身焊补阶段和事故车修复阶段。

1）车身焊补阶段。汽车使用中，车身出现因撞击或者擦伤导致的凹痕或漆面破损、车身钢板的腐蚀等缺陷，其修复方法通常采用对车身缺陷处进行焊补。

2）事故车修复阶段。随着汽车保有量的增加、道路状况的改善、车身钢板防腐性能更加优异，车身钢板的腐蚀现象越来越少，汽车钣金的工作，由焊补阶段过渡到了事故车修复阶段。事故车修复是指通过一定的方法或手段，将汽车损伤部位恢复到原来形状和性能的一种技术和工艺，主要工作包括面板整形、车身测量、结构件校正与更换、焊接、零部件装配与调整等。

（2）汽车钣金修复常用工具　从事汽车钣金修理所使用的机具与设备，大致分为手工工具、动力工具以及动力设备三大类，了解和掌握钣金修理机具与设备性能、用途和作业技巧，便于顺利地完成相应的钣金修理工作。

1）手工工具。汽车钣金修复常用的手工工具主要有：锤子（球头锤、橡皮锤、铁锤、镐锤、冲击锤、精修锤等）、垫铁、修平刀、撬镐、凹坑拉出器、拉杆、金属剪、板材剪、划针、划规等。

2）动力工具。汽车钣金修复的动力工具包括气动工具和电动工具两类。汽车钣金修复的常用动力工具主要有：气动扳手、气动钻、气动打磨机、气动手提式振动剪、电动砂轮机、真空吸尘器、热风枪、龙门剪板机、折弯压力机等。

3）动力设备。汽车钣金修复的动力设备主要有：大梁校正仪（图 5-11）、汽车钣金修复机等。

4. 汽车涂装

汽车涂装俗称汽车维修漆工，是汽车维修中的一个独立工种。汽车涂装主要涉及涂装材料、涂装工艺和涂装设备等知识。

汽车涂装材料的种类很多，包括涂装前处理材料、涂料（面漆、底漆、中间涂料）、涂装后处理材料，以及其他辅助材料等。

根据汽车类型不同，汽车涂装工艺有多种类型。

汽车涂装设备主要有喷涂系统、烘烤系统和人员保护装置等。

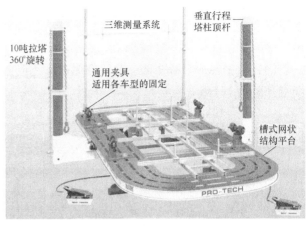

图 5-11　汽车大梁校正仪

四、汽车美容服务

汽车美容是指针对汽车各部位不同材质所需的养护条件，采用不同性质的汽车美容护理产品及施工工艺，对汽车进行全新养护以达到延长汽车使用寿命，增强其装饰和美观的一种行为。

汽车美容可以延长汽车的使用寿命，防止车漆龟裂、硬化和脱色，使车辆美观并保值；汽车美容还有较高的装饰性，可以起到使汽车美观靓丽，充分体现出车主高贵身份的作用。

1. 汽车美容的分类

汽车美容根据其服务部位不同，可分为：车身美容、车饰美容、漆面美容和装饰美容。

汽车美容根据其程度不同，可分为：护理美容、修复美容和专业美容。

汽车美容根据汽车的实际美容程度不同，可分为：一般美容和专业美容。

2. 汽车美容的常见服务项目

（1）**整车清洗**　整车清洗即采用专用设备和清洗剂，对车身及其附属部件进行全面彻底的清洗。按部位不同，清洗作业可分为车身表面清洗、内室清洗和行走部分清洗。车身表面清洗是主要针对车身漆面、汽车门窗、外部灯具、外部装饰、附件等的清洗。常采用无水洗车、泡沫精致洗车、全自动计算机洗车、底盘清洗、漆面污渍处理等方法。内室清洗是主要针对篷壁、地板地毯、座椅、仪表台、空调风口、操纵件、内部装饰、附件等的清洗。行走部分清洗则是主要针对汽车底盘有关总成、壳体表面等的彻底清洗。这是汽车美容服务中最常规的项目。

（2）**漆面美容处理**　汽车日常运行中饱受风吹、日晒及酸雨等具有氧化性物质的侵蚀，使漆面逐渐粗糙失光，形成各种病害。同时，人为因素也常使汽车漆面遭受各种伤害。漆面美容处理就是通过一些特殊工艺，如油污、飞漆、污物的清洗处理；漆膜缺陷的砂平处理；漆膜的研磨抛光处理；漆膜的抗氧化保护处理；漆膜的增艳与镜面细膜还原处理等，使汽车漆面再现昔日靓丽风采，并能得到持久的保护。

（3）**轮胎翻新处理**　轮胎黏附各种污物后将失去原有纯正黑色，而呈现灰黑色，不但影响视觉效果，而且受侵蚀的橡胶极易老化、变硬，失去原有的弹性及耐磨性。轮胎翻新就是在轮胎彻底清洁的基础上，使用特殊用品（如轮胎清洁增黑剂），将其迅速渗透于橡胶内，分解浸入的有害物质，使轮胎橡胶延缓衰老，增黑增亮，还原如新。

（4）**镀铬件的翻新处理** 镀铬件能提高汽车的装饰效果，空气中的盐分及硫化气体长期附着在镀铬件的表面时，会使其失去光泽，影响美观。当镀铬件表面出现深度划痕时，腐蚀会迅速扩展到镀铬层下面，从而影响到汽车的外在价值。通过除锈翻新、上光保护处理，可使镀铬件表面重现光泽。

（5）**发动机系统的维护护理** 使用专业用品及工艺，通过对发动机外部的清洁美容，可除斑、防锈、预防老化，且对汽车有一定的保值作用；而对其内部清洁则可消除胶质、积炭、油泥、水垢等沉积物，使发动机供油正常，运转顺畅，从而延长其使用寿命。

（6）**底盘部分的清洁护理** 底盘部分因位置特殊而容易被忽视，然而，由于它离地最近，工作环境比较恶劣，经常会粘有泥土、焦油、沥青等污物，如不及时清洁，就会形成油渍、锈渍，进而影响到汽车的行驶性能。底盘部分的清洁护理就是通过对车身底板、转向系统、传动系统、制动系统及轮毂的清洁护理，使其达到清洁美观，防止锈蚀及渗漏，减少机件磨损，延长使用寿命的功效。

（7）**汽车外部装饰** 汽车外部装饰简称汽车外饰，是指对汽车外表面进行的加工处理，如对汽车顶盖、车窗、车身周围及车轮等部位进行的装饰。主要项目有：加装太阳膜、车身贴饰、加装天窗、加装车身大包围、加装导流板、加装扰流板、底盘封塑、底盘装甲、加装金属饰条、加装车轮饰条、加装汽车护杠、加装尾梯、加装晴雨窗罩、加装挡泥板、加装行李架、加装静电带、加装防撞胶、车灯装饰等。

（8）**汽车的内部装饰** 汽车内部装饰简称汽车内饰，是指对汽车驾驶室和乘客室进行的加工处理，如对汽车顶棚内衬、侧围内护板和门内护板、仪表板、座椅、地板等部位进行的装饰。

3. 汽车美容业的发展前景

根据欧美国家统计，在一个完全成熟的国际化汽车市场中，汽车的销售利润在整个汽车业的利润构成中仅占20%，零部件供应的利润占20%，而50%~60%的利润是从汽车服务业中产生的。例如，美国汽车服务业的营业额已经超过汽车整车市场的销售额，其中，单单一个汽车美容业年产值就已超过3500亿美元。

市场调查表明：目前我国60%以上的私人高档汽车车主有给汽车做外部养护的习惯；30%以上的私人低档车车主也开始形成了给汽车做养护的观念；30%以上的公用高档汽车也定时进行外部养护；50%以上的私家车主愿意在掌握基本技术的情况下自己进行汽车养护。不难看出，汽车养护行业在我国有着巨大的市场发展空间。

据调查，我国平均每辆车每年的美容费用为1550元，至2017年底，我国汽车保有量已达到2.17亿辆，汽车美容行业年总收入达3360亿元左右，这与国外发达国家的平均水平相比，还有一定的差距。差距即意味着具有一定的增长空间。在未来的10~20年内，我国汽车保有量将持续增长。汽车产业的急剧膨胀将有力推动汽车美容养护产业的急速发展，汽车美容养护服务消费必将会演变为一种日常消费，汽车美容养护行业也必将成为我国汽车产业链条中最为关键的一部分。

随着人们对自己的爱车更加呵护，汽车平时的清洁护理、定期美容养护及汽车百货用品采购也理所当然地成为人们日常消费的内容。美容装饰的观念落实到一种实实在在的消费行为上，与之相伴的必然是汽车美容业的直线升温，这使汽车美容业成为一个新兴的阳光产业。

五、汽车金融服务

汽车金融服务是在汽车的生产、流通与消费环节中融通资金的金融服务活动，包括为最终用户提供零售性消费贷款或融资租赁，为经销商提供批发性库存贷款，为各类汽车用户提供汽车保险，为汽车服务企业提供营运资金融资等活动。具有资金量大、周转期长、资金运作相对稳定和价值增值等特点，它是汽车制造业、流通业、服务维修业与金融业相互结合渗透的必然结果，并与政府有关法律、法规、政策，以及与金融保险等市场相互配合，是一个复杂的大系统。

1. 汽车金融服务的作用

对制造商而言，汽车金融服务是实现生产和销售资金分离的主要途径；对经销商而言，汽车金融服务则是现代汽车销售体系中一个不可缺少的基本手段；对汽车营运机构而言，汽车金融服务是其扩大经营的有力依托；对消费者而言，汽车金融服务是汽车消费的理想方式。汽车金融服务的具体作用如下：

1）汽车金融服务对汽车生产商起到促进销售、加快资金流转的作用。
2）汽车金融服务可帮助汽车销售商实现批发和零售环节资金的相互分离。
3）汽车金融服务可以帮助汽车消费者实现提前消费。
4）汽车金融服务扩大了汽车消费规模。
5）汽车金融的发展能够完善金融服务体系，拓展个人消费信贷方式。

2. 汽车金融服务的主要内容

汽车金融服务的内容涉及范围甚广，包括为厂商提供维护销售体系、整合销售策略、提供市场信息的服务；对经销商的库存融资、营运资金融资、设备融资、财务咨询及培训等服务；为用户提供的消费信贷、大用户的批售融资、租赁融资、维修融资、保险等服务。在我国，常见的主要有汽车消费信贷服务、汽车保险服务和汽车租赁服务等。

（1）汽车消费信贷服务 汽车消费信贷服务是指汽车消费信贷机构以个人、机构和其他消费群体为对象，以其获取未来收益的能力和历史信用为依据，通过提供贷款，实现其或者其客户对交通工具的购买和使用。汽车消费信贷是消费信贷的一种。

汽车消费信贷起源于美国，从国外汽车消费信贷发展来看，汽车消费信贷已经成为汽车购买的主要方式之一。2006年，美国汽车销售额中靠分期付款方式销售汽车的占70%，日本和德国分别占50%和60%。

汽车消费贷款对国内银行来说是一项非常有发展前途的业务。汽车消费贷款除具有一般贷款的特点外，还具有如下独特的特点：一是贷款对象不集中、还贷风险率高；二是对个人的资信调查和评估存在信用风险；三是汽车消费信贷是一项全新的业务，银行缺乏经验，不能有效地防范风险；四是汽车消费信贷服务方向的业务延伸不全面。

我国个人汽车消费信贷主要有以下三种模式：

1）银行为主体的直客式。直客式的信贷模式是指由银行、律师事务所、保险公司三方联合，银行为信用主体，委托律师事务所进行资信调查，保险公司提供保证保险的业务模式。这种模式可以充分发挥银行资金雄厚、网络广泛、成本较低的优势。但是，由于汽车市场变化迅速，汽车生产企业的商业策略以及竞争策略会因市场变化进行及时调整，银行在开展信贷业务时需要对汽车产品本身以及汽车企业的情况进行全面了解，在这种情况下，银行往往对市场及策略的变化反应滞后，从而影响金融产品的适应性和服务质量。

2）经销商为主体的间客式。经销商为主体间客式的汽车消费信贷是由银行、保险公司、经销商三方联合，经销商作为资信调查和信用管理的主体，保险公司提供保证保险，经销商附带保险责任的业务模式。此种模式最大的特点是方便用户，实现"一站式"服务，但是在这种模式下，由于经销商的资金来源和自身的资产规模有限，在信贷业务方面的经验比较缺乏，因此这种间客式模式只适合在一定范围内采用。

3）非银行金融机构为主体的间客式 非银行金融机构对购车者进行资信调查、担保、审批，向购买者提供分期付款。风险主要由汽车金融公司或汽车财务公司、经销商和保险公司共同承担。

由于我国汽车金融业发展比较缓慢，目前仅有几家大型的汽车厂商拥有汽车财务公司，我国的汽车金融公司也很少，仅有几家大型的汽车金融公司，此项业务在我国还没有大规模开展。

汽车消费信贷业务的基本流程可以归纳为申请、审批、实施、监控和违约处理五个阶段。

（2）汽车保险服务 汽车保险服务是以保险汽车的损失，或者以保险汽车的所有人，或者驾驶人因驾驶保险汽车发生交通事故所负的责任为保险标的的保险。

汽车保险因保险标的及内容不同而赋予不同的名称。2006年7月1日，机动车交通事故责任强制保险（简称交强险）实施后，商业车险随之变化。根据保障的责任范围，目前我国车险行业产品体系实际上可分为交强险和商业车险两大块。

汽车保险的险种及其含义见表 5-2。

表 5-2　汽车保险的险种及其含义

车险种类			险种含义
机动车交通事故责任强制保险（简称交强险）			在中华人民共和国境内(不含港、澳、台地区)，被保险人在使用被保险机动车过程中发生交通事故，致使受害人遭受人身伤亡或者财产损失，依法应当由被保险人承担的损害赔偿责任
商业险	基本险	机动车损失保险	保险期间内，被保险人或其允许的驾驶人在使用被保险机动车过程中，因碰撞、倾覆、坠落；火灾、爆炸；外界物体坠落、倒塌；雷击、暴风、暴雨、洪水、龙卷风、冰雹、台风、热带风暴；地陷、崖崩、滑坡、泥石流、雪崩、冰陷、暴雪、冰凌、沙尘暴；受到被保险机动车所载货物、车上人员意外撞击；载运被保险机动车的渡船遭受自然灾害（只限于驾驶人随船的情形）。造成被保险机动车的直接损失以及为防止或者减少被保险机动车的损失所支付的必要的、合理的施救费用，且不属于免除保险人责任的范围，保险人依照本保险合同的约定负责赔偿
		机动车第三者责任保险	保险期间内，被保险人或其允许的驾驶人在使用被保险机动车过程中发生意外事故，致使第三者遭受人身伤亡或财产直接损毁，依法应当对第三者承担的损害赔偿责任，且不属于免除保险人责任的范围，保险人依照本保险合同的约定，对于超过机动车交通事故责任强制保险各分项赔偿限额的部分负责赔偿
		机动车车上人员责任保险	保险期间内，被保险人或其允许的驾驶人在使用被保险机动车过程中发生意外事故，致使车上人员遭受人身伤亡，且不属于免除保险人责任的范围，依法应当对车上人员承担的损害赔偿责任，保险人依照本保险合同的约定负责赔偿
		机动车全车盗抢保险	保险期间内，被保险机动车被盗窃、抢劫、抢夺，经出险当地县级以上公安刑侦部门立案证明，满60天未查明下落的全车损失以及受损零部件及设备修复的合理费用，且不属于免除保险人责任的范围，保险人依照本保险合同的约定负责赔偿

(续)

车险种类			险种含义
商业险	附加险	玻璃单独破碎险	保险期间内,被保险机动车风挡玻璃或车窗玻璃的单独破碎,保险人按实际损失金额赔偿
		自然损失险	保险期间内,指在没有外界火源的情况下,由于本车电器、线路、供油系统、供气系统等被保险机动车自身原因或所载货物自身原因起火燃烧造成本车的损失;以及为防止或者减少被保险机动车的损失所支付的必要的、合理的施救费用,由保险人承担
		新增加设备损失险	保险期间内,投保了本附加险的被保险机动车因发生机动车损失保险责任范围内的事故,造成车上新增加设备的直接损毁,保险人在保险单载明的本附加险的保险金额内,按照实际损失计算赔偿
		车身划痕损失险	保险期间内,投保了本附加险的机动车在被保险人或其允许的驾驶人使用过程中,发生无明显碰撞痕迹的车身划痕损失,保险人按照保险合同约定负责赔偿
		发动机涉水损失险	保险期间内,投保了本附加险的被保险机动车在使用过程中,因发动机进水后导致的发动机的直接损毁,以及为防止或者减少损失所支付的必要的、合理的施救费用,保险人负责赔偿
		修理期间费用补偿险	保险期间内,投保了本条款的机动车在使用过程中,发生机动车损失保险责任范围内的事故,造成车身损毁,以致使被保险机动车停驶,保险人按保险合同约定,在保险金额内向被保险人补偿修理期间费用,作为代步车费用或弥补停驶损失
		车上货物责任险	保险期间内,发生意外事故致使被保险机动车所载货物遭受直接损毁,依法应由被保险人承担的损害赔偿责任,保险人负责赔偿
		精神损害抚慰金责任险	保险期间内,被保险人或其允许的驾驶人在使用被保险机动车的过程中,发生投保的主险约定的保险责任内的事故,造成第三者或车上人员的人身伤亡,受害人据此提出精神损害赔偿请求,保险人依据法院判决及保险合同约定,对应由被保险人或被保险机动车驾驶人支付的精神损害抚慰金,在扣除机动车交通事故责任强制保险应当支付的赔款后,在本保险赔偿限额内负责赔偿
		不计免赔率险	保险事故发生后,按对应投保的险种约定的免赔率计算的、应当由被保险人自行承担的免赔金额部分,保险人负责赔偿

(3) **汽车租赁服务** 汽车租赁服务是指在约定时间内,租赁经营人将租赁汽车交付承租人使用,但是不提供驾驶劳务的经营方式。汽车租赁业的核心思想是资源共享服务社会。汽车租赁作为一种全新、高效的消费形式,从一开始进入我国起,就经历了一个迅猛的发展历程。汽车租赁业在我国的发展证明,作为一种全新的消费方式它已经日益被广大消费者接受,随着消费者日益转变的消费理念以及日趋成熟的汽车市场,汽车租赁业在我国存在着巨大的发展机遇。

汽车租赁可以分为融资租赁和经营性租赁。

1) 汽车融资租赁。汽车融资租赁是指承租人以取得汽车的所有权为目的的租赁行为。经营者是以租赁的形式实现标的物所有权的转移,其实质是一种具有"边租边卖"性质的销售业务,一定程度上带有融资服务的特点。

2) 汽车经营性租赁。汽车经营性租赁是指汽车消费者通过与汽车销售者之间签订各种形式的付费合同,来取得约定时间内汽车的使用权,经营者则通过提供车辆功能、税费、保险、维修及配件等服务,来实现投资增值的一种实物租赁形式。

汽车的经营性租赁按租赁时间可分为长期租赁、短期租赁和分时租赁。

① 长期租赁。长期租赁是指租赁企业与用户签订长期（一般以年计算）租赁合同，按长期租赁期间发生的费用（通常包括车辆价格、维修维护费、各种税费开支、保险费及利息等）扣除预计剩存价值后，按合同月数平均收取租赁费用，并提供汽车功能、税费、保险、维修及配件等综合服务的租赁形式。

② 短期租赁。短期租赁是指租赁企业根据用户要求签订合同，为用户提供短期内（一般以小时、日、月计算）的用车服务，收取短期租赁费，解决用户在租赁期间的各项服务要求的租赁形式。在实际经营中，一般认为15天以下为短期租赁，15~90天为中期租赁，90天以上为长期租赁。

③ 分时租赁。分时租赁是指租赁企业以小时计算提供汽车的随取即用租赁服务，用户可以按个人需求和用车时间预订租车的小时数，其收费按小时计算。目前在我国仍处于起步阶段，有部分电动汽车企业采用这种方式进行电动汽车的推广。

3. 汽车金融服务的发展前景

在我国开展汽车金融服务，面临的主要问题是市场问题。一是信用体系极为缺乏；二是国内资本市场不发达；三是国内金融市场还不完善。

我国的汽车金融将向着以下几个方向发展：

1）商业银行将同专业化的汽车金融服务公司联合发展。

2）我国的汽车消费者不仅能得到汽车信贷，还会享受到包括汽车消费过程中的融资性租赁、购车储蓄、汽车消费保险、消费信用卡、旅游信贷等在内的全方位的汽车金融服务。

3）资金来源将逐步专门化、多样化。

4）汽车金融公司将汽车金融风险管理专门化。

六、二手车服务

二手车是指从办理完注册登记手续到达到国家强制报废标准之前进行交易并转移所有权的机动车。

1. 二手车服务涉及的主要内容

二手车服务主要包括二手车鉴定评估、二手车拍卖、二手车经销、二手车经纪四项服务（图5-12）。

二手车鉴定评估是指二手车鉴定评估机构对二手车技术状况及其价值进行鉴定评估的经营活动。

二手车拍卖是指二手车拍卖企业以公开竞价的形式将二手车转让给最高应价者的经营活动。

二手车经销是指二手车经销企业收购、销售二手车的经营活动。

二手车经纪是指二手车经纪机构以收取佣金为目的，为促成他人交易二手车而从事居间、行纪或者代理等经营活动。

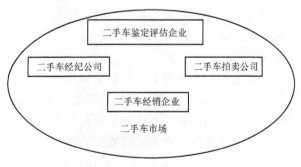

图5-12 二手车相关服务企业

2. 二手车交易市场

二手车交易市场是指依法设立、为买卖双方提供二手车集中交易和相关服务的场所。经过多年发展的国内二手车市场逐渐形成了以下几个特点：

1）政府扶植二手车交易政策的实施，使得二手车交易量快速增长，消费者得到了实惠。

2）二手车的流向是从经济发达地区向欠发达地区流动，从高收入者向低收入者流动。

3）二手车资源丰富、价格低廉，受到部分消费者青睐，2002年以来轿车频频问世，加快了轿车消费者换车的频率，加上我国加入世界贸易组织后进口汽车关税下降，进口汽车数量增长，丰富了二手车市场的资源，带动了车价下降。

4）二手车拍卖、新车置换为二手车市场注入了新的活力，进而加快了与国际接轨的步伐。

国内二手车市场正处于起步阶段，发展也相对滞后，与发达国家之间的差距还相当明显，还有较大的发展空间。

3. 二手车鉴定评估

二手车鉴定评估是指依法设立，具有执业资质的二手车鉴定评估机构和二手车鉴定评估人员，接受国家机关和各类市场主体的委托，按照特定的目的，遵循法定或公允的标准和程序，运用科学的方法，对经济和社会活动中涉及的二手车所进行的技术鉴定，并根据鉴定结果对二手车在鉴定评估基准日的价值进行评定估算的过程。

（1）**二手车鉴定评估的特点** 二手车作为一类资产，既是生产资料，也是消费资料。二手车鉴定评估具有以下几个特点：

1）二手车鉴定评估以技术鉴定为基础。

2）二手车鉴定评估都以单台为评估对象。

3）二手车鉴定评估要考虑其手续构成的价值。

（2）**二手车鉴定评估要素** 在二手车鉴定评估过程中，涉及了八个基本要素，即鉴定评估主体、鉴定评估客体、鉴定评估依据、鉴定评估目的、鉴定评估原则、鉴定评估程序、鉴定评估价值和鉴定评估方法。

（3）**二手车鉴定评估的目的** 二手车鉴定评估的主要目的可分为两大类：一类为变动二手车产权；另一类为不变动二手车产权。

变动二手车产权是指车辆所有权发生转移的经济行为，它包括：二手车的交易、置换、转让、并购、拍卖、投资、抵债和捐赠等。

不变动二手车产权是指车辆所有权未发生转移的经济行为，它包括二手车的纳税、保险、抵押、典当、事故车损、司法鉴定（海关罚没、盗抢、财产纠纷等）。

（4）**二手车鉴定评估的程序** 二手车鉴定评估作为一个重要的专业领域，情况复杂、作业量大。在进行二手车鉴定评估时，应分步骤、分阶段地实施相应的工作。从专业评估角度而言，二手车鉴定评估的工作流程如图5-13所示。

（5）**二手车技术状况鉴定** 二手车技术状况鉴定是二手车鉴定评估的基础与关键。其鉴定方法主要有静态检查、动态检查和仪器检查三种。

1）静态检查。二手车静态检查是指在静态情况下，根据评估人员的经验和技能，辅之

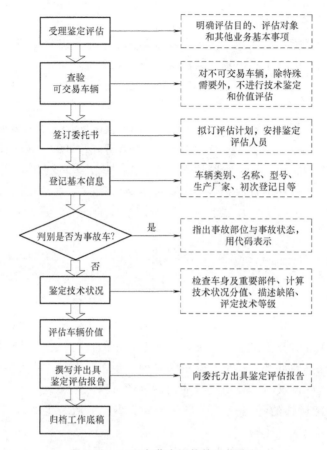

图 5-13 二手车鉴定评估的工作流程

以简单的量具,对二手车的技术状况进行静态直观检查。

二手车的静态检查主要包括识伪检查和外观检查两大部分。其中识伪检查主要包括鉴别走私车辆、拼装车辆和盗抢车辆等工作;外观检查包括鉴别事故车辆、检查发动机舱、检查车舱、检查行李箱和检查车底等内容。具体如图 5-14 所示。

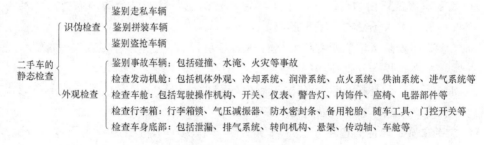

图 5-14 二手车静态检查的主要内容

2)动态检查。在对二手车进行静态检查之后,再进行动态检查,其目的是进一步检查发动机、底盘、电器电子设备的工作状况,以及汽车的使用性能。

在进行路试之前,检查机油油位、冷却液液位、制动液液位、转向油液位、踏板自由行程、转向盘自由行程、轮胎胎压、警告灯等项目，各个项目正常后方可起动发动机，进行路试检查。二手车的动态检查的主要内容如图5-15所示。

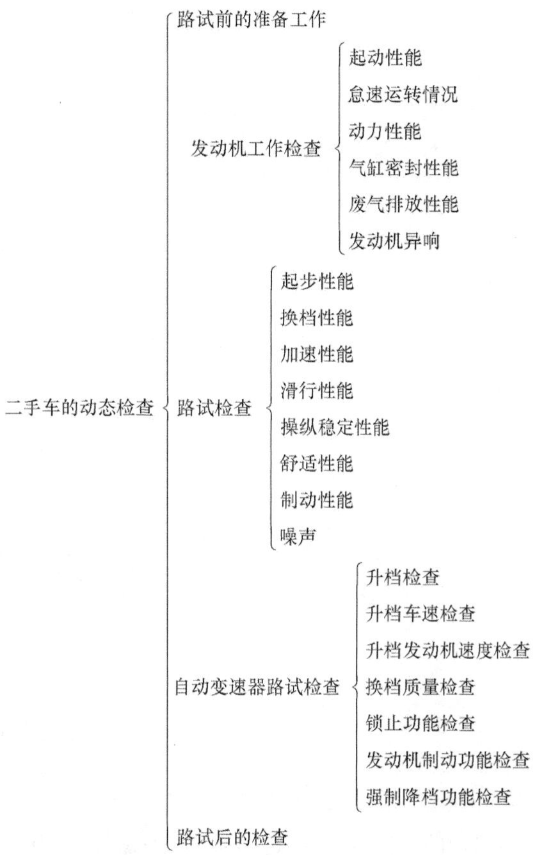

3）仪器检查。对二手车进行综合检测，需要检测车辆的动力性、燃料经济性、转向操作性、排放污染、噪声等整车性能指标，以及发动机、底盘、电器电子等各部件的技术状况。

检测汽车性能指标需要的设备有很多，其中主要的有底盘测功机、制动检验台、油耗仪、侧滑试验台、前照灯检测仪、车速表试验台、发动机综合测试仪、示波器、四轮定位仪和车胎平衡仪等设备。

4．二手车置换

二手车置换有狭义和广义之别。狭义就是以旧换新业务，经销商通过二手车的收购与新商品的对等销售获取利益。狭义的二手车置换业务在世界各国都已成为流行的销售方式。广义的二手车置换是指在以旧换新业务基础上，同时兼容二手商品整新、跟踪服务、二手车在销售乃至折抵分期付款等项目的一系列业务组合，使之成为一种有机而独立的营销方式。

二手车置换的目的是：通过"以旧换新"来开展二手车贸易，简化更新程序，并使二手车市场和新车市场互相带动，共同发展。客户即可通过支付新车、二手车之间的差价来一次性完成车辆的更新，也可选择通过其原有二手车的再销售来抵扣购买新车的分期付款。

图5-15 二手车动态检查的主要内容

发挥二手车贸易置换功能的关键在于对物流、资金流进行控制与协调，与汽车维修、车辆流通等相关领域以及车辆管理所、客管处、工商、税务等政府机关进行横向沟通和纵向疏导工作。

5．二手车拍卖

拍卖本着公开、公正、公平、诚信的原则，提高被拍卖车辆的信息透明度，以方便买者做出判断。二手车拍卖是二手车销售的一种有益补充，也是二手车交易体系中一个不可或缺的环节。

二手车拍卖有两种拍卖方式，即现场拍卖和网上拍卖。

6．二手车交易

二手车交易是一种产权交易，实现二手车所有权从卖方到买方的转移过程。二手车必须完成所有权转移登记（即过户）才算是合法、完整的交易。

7. 二手车服务的发展前景

随着我国汽车工业的高速发展，二手车市场的交易量和规模也日益扩大，其巨大的发展潜力和市场空间逐渐突显出来。我国的二手车市场从 20 世纪 90 年代起步，从无到有、从小到大，只用了很短的时间就发展到了今天较为可观的规模。

据中国汽车流通协会资料显示，我国二手车销量由 2000 年的 25 万辆增长到 2016 年的 1039 万辆，16 年间增长了 41.6 倍。2000~2016 年我国二手车交易量情况如图 5-16 所示。

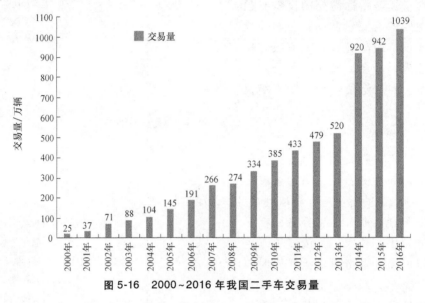

图 5-16　2000~2016 年我国二手车交易量

虽然我国目前二手车市场规模增速较慢，但我国现在已是全球最大的新车市场，未来也会成为最大的二手车市场，市场潜力很大。2017 年底我国汽车保有量约为 2.17 亿辆，保守估计每年新车增速在 10% 以上，发达国家二手车与新车流通量比例一般在 1.5∶1 以上，按照这个比例计算，未来我国二手车交易量可望超过 3255 万辆。

从经营利润上看，二手车将来一定会成为厂家和经销商的一个重要利润来源。数据显示，1992 年美国汽车经销商的利润构成和 2016 年相比，来自新车销售的利润占总利润的比例基本相同，但是二手车销售利润所占比例从 24.5% 上升到 28.6%。新车的单车利润已经非常低，有的甚至不到 100 美元，但是二手车的平均单车利润能超过 1000 美元。因此，完全有可能在不久的将来成为汽车市场新的利润增长点。

伴随着汽车普及程度的提高以及汽车消费观念的不断成熟，人们对于二手车的接受程度也在不断地提高，从而带来了二手车市场的蓬勃发展。据来自中国汽车流通协会的统计数据，2017 年全国二手车交易额 8093 亿元，相比 2016 年的 5926 亿元上涨 35.4%。

 本章相关的主要网站

1. 中国大学精品开放课程（爱课堂）　http：//www.icourses.cn/home/
2. 《汽车营销基础与实务》国家精品资源共享课　http：//www.icourses.cn/

第五章 汽车服务工程专业的服务内涵

coursestatic/course_ 3438. html

3.《汽车底盘电控系统检修》国家精品资源共享课　http：//www. icourses. cn/coursestatic/course_ 4436. html

4.《汽车电器与电子技术》国家精品资源共享课　http：//www. icourses. cn/coursestatic/course_ 3890. html

5.《汽车电气设备构造与维修》国家精品资源共享课　http：//www. icourses. cn/coursestatic/course_ 6926. html

6.《汽车保险与理赔》国家在线开放课程　http：//www. icourse163. org/course/HEPSVE-334003#/info

思 考 题

1. 何谓广义的汽车服务？何谓狭义的汽车服务？它们有何区别？
2. 汽车服务工程是如何分类的？
3. 汽车服务工程包括哪些基本内容？
4. 简述我国汽车服务业的现状。
5. 简述我国汽车服务业的发展趋势。
6. 何谓汽车营销？其工作内容有哪些？
7. 汽车营销人员应具备哪些基本素质和专业技能？
8. 何谓 SWOT 分析法？如何应用 SWOT 分析法评价汽车营销策划？
9. 何谓汽车物流？其工作内容有哪些？
10. 汽车物流有什么特点？
11. 比较自营？第三方？过渡型三种汽车物流模式的特点。
12. 分析我国汽车物流存在的主要问题。
13. 分析我国汽车物流的发展趋势。
14. 汽车维护通常分为哪三个级别？各作业内容有哪些？
15. 汽车故障诊断有哪些方法？
16. 简述远程故障诊断的基本原理。
17. 汽车检测的基本方法有哪些？
18. 整车性能检测有哪些项目？分别有哪些检测指标？
19. 汽车钣金的主要工作内容有哪些？
20. 汽车钣金修复有哪些工具与设备？
21. 简述我国汽车维修行业的特点。
22. 简述我国汽车维修行业的发展趋势。
23. 什么是汽车美容？
24. 汽车美容有何作用？
25. 汽车美容如何分类？
26. 汽车美容服务主要有哪些项目？
27. 简述我国汽车美容业的现状及存在的问题。
28. 汽车金融服务的内容有哪些？
29. 汽车消费信贷有何特点？
30. 我国个人汽车消费信贷有哪三种模式？各有何特点？

31. 简述汽车金融服务的作用。
32. 现场调查汽车消费信贷的工作流程，画出其流程框图。
33. 试分析我国目前汽车消费信贷存在的风险，并简述如何回避这些风险。
34. 汽车保险有何特点？
35. 简述我国汽车保险业的现状与发展趋势。
36. 二手车服务包括哪些？
37. 简述我国二手车交易市场的发展现状与存在的问题。
38. 对二手车进行静态检查，需检查哪些项目？
39. 对二手车进行动态检查，需检查哪些项目？
40. 简述二手车置换的工作流程。
41. 简述我国二手车拍卖的现状与发展趋势。
42. 为何要实行二手车质量担保制度？这对我国二手车市场发展有何影响？

第六章

汽车服务工程专业的学习方法

第一节 大学的教学特点

1978 年,中国的高等教育毛入学率(是指高等教育在学人数与适龄人口之比。适龄人口是指 18~22 岁年龄段的人口数)只有 1.55%,1988 年达到 3.7%,1998 年升至 9.76%。1999 年开始大学扩招,高等教育毛入学率快速上升,2002 年达到 15%,2007 年达到 23%,2010 年达到 26.5%,2012 年达到 30%,2015 年达到 40%,2016 年达到 42.7%。

国际上通常认为,高等教育毛入学率在 15% 以下时属于精英教育阶段,15%~50% 为高等教育大众化阶段,50% 以上为高等教育普及化阶段。

我国高等教育已进入大众化阶段,超过中高收入国家平均水平,进入世界中上行列,逼近高等教育普及化阶段。

一、高等学校的教学特点

何谓大学?蔡元培先生说:"大学者,囊括大典,网罗众家之学府也"。雅斯贝尔斯也指出:"大学是研究和传授科学的殿堂,是教育新人成长的世界,是个体之间富有生命的交往,是学术勃发的世界"。

中国高等学校是为国家培养高等专门人才的机构,其教育和教学目的、过程、管理体制和管理的方式方法都有自身的特点。

我国普通高等学校教育与中等学校教育相比存在许多不同,主要区别见表 6-1。

表 6-1 我国普通高等学校教育与中等学校教育的主要区别

教育类型	普通中等学校教育	普通高等学校教育
教育性质、学制	普通中等教育,学制 6 年	普通中等教育基础上的专业教育,大学本科 4~5 年
社会职能	向高一级学校输送合格学生,为国家建设培养劳动后备力量	培养社会需要的各种高级专门人才,开展科学研究,发展科学技术,开发科技项目,直接为社会服务
管理体制	学校统一管理。全国或地区、市统一教学计划和课程设置,附加课程和活动学校可自行安排	在学校统一领导下,课程和教学活动以系和专业划分,具体安排和管理。系是基层教育行政单位;专业是组织教学的基层单位。各专业有自己的培养目标,对学生的素质要求,以及相应的教学方案和教学过程
教育方式	以课堂教学为主,附加各种课外教育活动	有多种教学方式,如课堂教学、电化教学、实验教学、设计教学、生产实习、社会调查等附加各种丰富多彩的课外活动

(续)

教育类型	普通中等学校教育	普通高等学校教育
课程设置	开设政治、语文、外语、数学、物理、化学、生物、历史、地理、体育、音乐、美术等10余门基础课,劳动技术和生理卫生等必修课程,课程多属于基础知识型	包括通识教育、专业教育和拓展教育三大部分。通识教育为必修课,一般分为通修教育课程、通识教育课程、必读选读课程三部分;专业教育为必修课,包括学科基础课(含实验实习)、专业基础课(含实验实习)、专业核心课(含实验实习)和综合性实践教学环节四个部分;拓展教育为选修课,包括本专业推荐选修课和其他专业教育类课程两部分 共有40～50门课程,160学分左右。学生修完规定的学时,取得规定的学分即可毕业,获学士学位
教师作用	传授科学文化知识和技能,塑造学生的思想品德	传授知识技能,组织学生的学习活动,教书育人;开展科学研究,技术开发,参加各种工程科技活动
教育教育设施、环境	图书馆、实验室、音像教学设施、体育活动场地,与大学比较,相对比较简单	图书馆、资料室、实验室、电教中心、计算机设施、体育设施、实习基地

从表6-1中可以看出,高等学校在教育性质、社会职能、课程设置及教师的作用等诸方面都与中等学校教育不同。刚进大学的学生要主动适应大学的生活,应注意以下几个方面:

1)认识高等学校区别于中等学校的特点。
2)了解大学所学课程和教学方式,适应大学的学习机制。
3)明确大学的学习任务,认识学习规律和过程,建立积极学习的动机和目标。
4)摸索良好的学习方法,不断完善自我。

在接受高等教育的同时,要认真解决好如下几方面的问题:

1)学知,即掌握认识世界的工具。
2)学做,即学会在一定的环境中工作,强调"从技能到能力"的转变。能力包括动手技能、处理人际关系的能力、社会行为、集体合作态度、主观能动性、交际能力、管理和解决矛盾的能力,以及承担风险的精神等综合能力。
3)学会共同生活,培养在人类活动中的参与和合作精神。
4)学会发展,以适应和改造自己的环境。

二、大学教学形式的基本特点

高等教育的基本特点是:研究高深学问,培养高级专门人才。从这一观点出发,便派生出大学教学形式的两个基本特点:

1. 专业针对性

尽管高等教育在人才培养方向上有所谓"专才"与"通才"之争,但总体上还是培养符合社会需要的按学科、专业分类的各种专门人才,也可以把"通才"看作是一个类型的专门人才。专业针对性就要求在教学组织上充分体现理论与实际紧密联系的原则,充分反映社会上各专业、行业、学科发展的现实与对人才培养方面的需求。教学过程需要社会有关方面的参与、配合,因而产生了产学研合作等多种教学组织形式。

2. 研究探索性

大学不仅有文化传承的任务,而且负有整合创新、探索创造新科技、新文化的使命。因此大学教学工作要在研究的气氛下进行,高等教育的"研究高深学问"这一基本特点必然使得其教学形式具有研究探索性。比如，在教学中安排有研讨班、课程论文、毕业论文、课程设计、毕业设计、设计性试验、综合性试验、专题科学研究等教学环节。

此外，由于教学对象特点等因素，大学教学形式还有以下两个特点：

（1）**学生学习的独立自主性** 由于大学生身心发展已趋于成熟，经过大学教育将成为步入社会的独立工作者。因此，大学生学习的独立自主性逐步增强。学生自学的成分随年级的升高而递增。学生自主能力的增强使他们能根据自己的实际情况自己管理自己，自主选择自己的发展方向，独立地收集信息、研究各种文献资料。教学方式也由过去的以知识传授为主转向以"学会学习""自主学习"为主。学生从学习中获得的已不仅是事实与原理，还包括精神状态与思想方法。

（2）**教学形式与教学方法的融合性** 在高等教育阶段，教学形式与教学方法是融合在一起的，有某种教学形式也就有其相应的教学方法。这是大学教育形式特殊性的一个表现。

三、大学的主要教学方式

教学方式方法取决于教学任务和内容，为完成教学任务和内容服务。我国高等教育的主要教学方式有以下几种：

1. **课堂教学**

（1）**课堂讲授** 课堂讲授是以教师在课堂上讲授作为传授知识、技能和方法的教学方式。课堂讲授是按照各门课程的教学大纲规定的内容和体系，有固定的时间表，面向编成固定人数的班级集体，通过教师在课堂内讲授，使学生系统地、集中地学习科学文化知识，同时，通过教师讲授时的思想、感情、作风、方法、态度等对学生进行教育的教学方式。

（2）**课堂讨论** 按照预先拟好的问题，在课堂上讨论，进行师生互动和交流的教学方式。课堂讨论以学生自学和思考问题为讨论的基础，在问题的情景中进行积极的思维活动，通过讨论的形式加深对问题的理解，促进学生自主学习，锻炼学生分析问题和口头表达观点的能力，培养学生的发现思维。教师可以通过讨论检查学生的学习效果和智能发展水平。学生可以系统发言或自由发言。

（3）**习题课** 由教师或学生在课堂上进行习题演算，达到教学目的的教学方式。

（4）**辅导课** 以学生自学为主，教师帮助学生理解教学内容，质疑或答疑的教学方式。

2. **电化教学**

（1）**录像** 通过播放事先准备好的录像教材，用于传输动态图像或事物变化过程的教学方式。

（2）**录音** 通过播放事先准备好的录音教材，用于语言教学的教学方式。

（3）**计算机辅助教学** 在教学过程中，通常采用电化教学（视听教学、机器教学），即采用幻灯、电视、电影、录音、录像、通信卫星、电动教学模型等教具，以展现教学体系、内容和图示，观察事物现象，结构原理，辅助制图，辅助设计，增进学生对课程的理解和巩固。

3. **实验教学**

实验教学是通过在实验室中观察事物、现象的变化规律，获取知识或验证知识，教授实际作业的方法，训练基本技能的教学方式。通过实验操作使学生弄懂原理，掌握实验技术，学会把知识转变成验证理论和实验方法、解决实际问题的手段。学生根据教学要求制订实验方案，准备实验条件（此项内容也可以由实验员完成），进行实验，观察实验现象，获得并分析、处理实验数据，得出实验结论，写出实验报告。

4. 设计教学

通过设计使学生面对模拟或实际的社会需要，运用所学的科技知识，提高自身的技术设想，并转化为可以实施的方案、图示和说明，在较大程度上培养学生的自学、解决问题、组织和创新能力。设计教学一般采用多方案、可扩展的题目，以便发挥学生的创造性。学生要在考虑各种约束条件的基础上，学会综合运用所学知识解决实际问题，在设计中学会检索资料、运算、绘图、科技写作等，讲求运用好的设计方法、规范化的设计程序和正确的设计结果表达形式，完成符合工程设计要求的设计说明书、计算书和设计图样。

（1）**课程设计**　课程设计是针对某一课题，综合运用本课程的理论和方法，制定出解决该课题问题的方法、图示和说明的教学方式。例如，"机械原理"课程中的"机械原理课程设计"，其主要目的是为学生在完成课堂教学基本内容后提供一个较完整的从事机械设计初步实践的机会。再如，"汽车设计"课程中的"汽车设计课程设计"，是汽车服务工程专业的一个集中实践教学环节，培养学生具有初步汽车设计的能力。

（2）**毕业设计**　毕业设计是针对与车辆相关的某一实际工程或研究项目，综合运用汽车服务工程专业已学的理论知识和技术手段，制订出可以实施的方案、图示、说明，作为总结和检查学生在校期间的学习成果的教学方式。

5. 现场教学

现场教学是组织学生到车辆设计、制造、试验及售后服务等相关的生产车间和场所，通过观察、调查进行教学的教学方式。

6. 实习

（1）**教学实习**　通过学生自己实际操作练习，完成所属课程规定的教学要求，如金工实习、电工电子实习、驾驶实习、车辆构造实习、车辆制造工艺实习等。

（2）**认识实习**　到车辆生产线、零部件生产线等现场系统地了解车辆、零部件的生产过程。

（3）**生产实习**　生产实习是指学生以实际工作者的身份，在现场工程师和教师的共同指导下直接参与生产过程，完成一定的生产任务，通过实际工作学习知识、技能和培养能力，使所学专业知识与生产实际结合起来的教学方式。生产实习要贯彻理论联系实际的原则，使学生学到实际的生产技术和管理知识，检验学生掌握专业知识和技能的实际水平，为社会服务的专业思想，以及劳动纪律和职业道德。

（4）**毕业实习**　到生产现场或技术中心收集各种资料数据，为毕业设计做准备。

7. 社会实践活动

（1）**公益劳动**　参加校内或校外具有公益性的劳动，如改善校内环境、参加社区服务等，以树立劳动观念。

（2）**军事训练**　实施军事教育和训练，以增强国防观念，加强组织纪律性。

（3）**社会实践**　参加各类社会活动，进行调查研究，写出调查报告，培养分析社会现象的能力。

8. 自学

以学生自己学习为主,教师不进行课堂讲授,事先提出教学要求或提出具体要学生通过学习解决的问题,列出教材和参考书,布置作业,进行答疑,学生根据规定的教材和教师的具体要求进行自学和练习,通过规定的考查或考试后获得承认或取得学分。

9. 考核

（1）**考试** 考试是指通过口试、开卷笔试、闭卷笔试、操作考试等形式对教学效果进行考核,包括章节考试、期中考试、期末考试等。

（2）**考查** 考查包括日常考查和总结性考查,方法有写课程论文、大作业、口头提问、书面测试、实践调查总结等。

四、大学的主要教学环节

普通高等学校人才培养目标确定以后,通常要根据培养目标的要求制订培养方案,而培养方案的实现,还要通过一定的教学环节来完成。

普通高等学校主要的教学环节有军训、通识教育课、学科基础课、专业基础课、专业核心课、专业方向课、专业实践、毕业设计（论文）、课外教育活动等。

1. 军训

军训是新学期的第一课,通常为 2 周。军训的目的是：通过严格的军事训练提高学生的政治觉悟,激发爱国热情,发扬革命英雄主义精神,培养艰苦奋斗、刻苦耐劳的坚强毅力和集体主义精神,增强国防观念和组织纪律性,养成良好的学风和生活作风,掌握基本军事知识和技能。

2. 通识教育课

普通高等学校工程类专业的通识教育课（也称公共课）,主要包括思想道德修养与法律基础、中国近现代史纲要、毛泽东思想和中国特色社会主义理论体系概论、马克思主义基本原理、形势与政策、英语、信息技术基础、C 语言程序设计、军事技能训练、国防军事导论、体育、生涯规划与职业发展、大学生心理健康教育、大学生社会实践等。

3. 学科基础课

学科基础课是指研究自然界和社会的形态、结构、性质、运动规律的课程。其中包括没有应用背景,各专业都需要学习的基础知识课程,是学生学习知识、进行思维和基本技能训练、培养能力的基础,也是学生提高基本素质以及为学好专业技术课程奠定良好的基础的课程;还包括有专业背景,与专业相关并且与某些技术科学学科有关的知识组成的课程。它是利用自然和改造自然为人类服务的知识,虽与专业内涵相关,但是,并不涉及具体的工程或产品,因而是覆盖面较宽,有一定理论深度和知识广度,具有与工程科学关系密切的方法论的课程,它是为培养专门人才奠定基础的课程。

学科基础课主要包括：高等数学、工程制图、物理学、物理学实验、线性代数、概率论与数理统计、计算方法、工程化学等。

4. 专业基础课

专业基础课是指一种为专业课学习奠定必要基础的课程,是学生学习专业课的先修课程。比较宽厚的专业基础，有利于学生的专业学习和毕业后适应社会发展与科学技术发展的需要。

汽车服务工程专业基础课主要包括：专业导论、理论力学、电工电子学、材料力学、机械原理、机械设计、汽车电子控制基础等。

5. 专业核心课

专业核心课程是指是以本专业基本活动为主题而编制的课程系统。主要包括：汽车构造、发动机原理、汽车电器与电子、汽车材料、汽车理论、汽车电子控制技术、汽车服务工程、汽车营销、汽车检测与诊断技术、汽车运用工程等课程。

6. 专业方向课

专业方向课是指以后选择的方向，因为每个专业都有各自不同的研究方向。但是由于时间等因素限制，只能研究一个方向，而研究方向所对应的课程，就称为专业方向课。汽车服务工程专业有汽车零部件设计、汽车维修、汽车非技术、汽车钣喷等方向，各专业方向课一般设置3~5门课程。

7. 专业实践

实习课与设计课是配合工程师基本训练，为培养相应的技能和能力的课程。其教学目标是使学生获得将所学知识用于解决科学技术和工程实际较为简单问题的能力。主要包括：大学生社会实践、科研基础训练、金工实习、电工电子实习、机械设计课程设计、汽车构造实习、汽车试验实习、汽车零部件测绘、《汽车服务企业工艺设计》课程设计、专业综合能力训练、汽车维修实习、汽车服务工程实习、生产实习等环节。

8. 毕业设计（论文）

毕业设计（论文）是工程师基本训练的重要组成部分，是培养学生理论联系实际，综合运用所学知识解决工程实际较为复杂问题的能力，使学生与社会、工程之间的关系更为密切。

毕业设计（论文）是有针对性地将学生与毕业后的就业联系起来的生产实习过程，在实习中学习就业岗位所要求的基本知识、基本技能和专业规范，培养适应就业岗位所要求的工程能力和工程素质，为今后的工作奠定基础。另一方面，针对毕业设计（论文）的题目和内容，调查并收集资料，研究和发现问题，思考如何用所学知识来解决这些问题，在实习的基础上，进行总结和分析研究，为毕业设计（论文）奠定基础。

9. 课外教育活动

课外教育活动是我国普通高等学校教育和教学不可缺少的部分，是课堂教学的必要补充，是学生课余所参加的有教育意义的活动，课外活动又可以分为校内活动和校外活动，两者的区别在于组织指导的不同。

第二节　大学的学习方式

一、什么是学习

"学"是仿效，"习"是鸟儿频频飞起。"学习"，顾名思义是指小鸟反复学飞。把"学习"二字用在教育上，则意味着通过模仿、读书、听课、研究、参加实际工作等获得知识和技能，并且要反复巩固所获得的东西以便真正得到它。这是从功能上理解"学习"的含义。

在心理学上，学习是指经验的获得以及行为变化的过程。它可具体理解为人在一定的环境中，对某些具体的经验、知识和技能的获得，引起智力的发展、能力的提高、情感意志行为的变化的过程。学习有以下属性：

1）学习由学习的主体（一般指学生）和学习的客体（指学习的对象）两个方面组成。
2）学生是在一定环境中进行学习的，所以，学习是主体、客体和环境相互作用的结果。
3）学习主体通过学习必定会产生某些变化，而这些变化在时间上是相对持久的。

学生的学习，除上述属性外，还具有以下特征：

1）目的性。为满足社会发展需要和自身发展需求而学习。
2）间接性。在学校的环境里，主要通过书本，接受前人早已积累下来的已有知识和技能，而不是主要通过直接的实践活动获得知识和技能。
3）系统性和集中性。在学校制订的教学计划安排下系统地组织进行，学生在校的全部时间基本上都要集中到与学习有关的活动上。
4）指导性。学生是在教师指导下学习的，即使强调大学生应该做到自主学习，这种自主学习也应该在教师指导下进行。

二、大学学习的特点

新入学的大学生，可能对大学的学习很不适应，他们已经习惯了中学的教育方式和学习方法。但是，走入大学以后，他们会感到有一些变化，因为这两个教育层次在教学和学习特点上存在较大的区别，见表6-2。

表6-2 大学与高中的学习特点比较

项目		高中	大学
学习目的		考上大学	成为优秀高级人才
学习要求		门门课程高分	具备高级全面素质,掌握专门知识与专门能力,课程成绩优良
学习自主性		自主学习范围小,依靠教师安排多	自主学习范围大,课外学习由学生自己安排,要求独立生活和学习的能力强
课程内容	层次性	课程不分层次	大致分为三层(阶段):基础课(基础理论)、应用基础课(技术科学)和专业课(应用技术)
	数量、质量	少而浅	多而深
	时代性	粗浅的经典知识	深层的经典知识与少量的现代科技前沿知识
	选修课	选修课少	选修课程多,内容广,人类知识无所不包(是学生因材施学的重要阵地)
实践性教学形式		少	多
学习方法		自学少	自学多,以培养自学能力
思维方法		模仿、记忆多,一般性理解多	深层次理解多,创造性学习多

三、学习观

当你怀揣着录取通知书走进大学校门成为一名大学生的时候，你有没有考虑过大学生和非大学生的区别究竟是什么？其实质是综合素质的差别，关键是树立怎样的学习观。

正确的学习观反映了学习活动的内在规律，体现了时代发展对学习的要求。它可以帮助大学生制定科学的学习策略，确定正确的学习方向，选择有效的学习方法，克服学习中的各种困难，激发学习热情，提高学习效率。作为 21 世纪的大学生，应主动树立自主学习观、全面学习观、终身学习观和创新学习观。

1. **自主学习观**

　　自主学习观就是指大学生在学习活动中，在教师积极有效的指导和帮助下，不断激发主体意识，积极发挥主观能动性和创新精神的一种学习观念。自主学习观是在教师的指导下，学生成为学习的主人、发展个性和提高自我的必然选择。这种学习观重在创设一定的教育情境，激发学生主动学习的内驱力，指导学生学会学习，是对教师和学生在教学中主导与主体地位的分别承认，也是对当前学校教学不足之处的有益补充。自主学习观具有四大特点，即独立性、能动性、创新性和协调性。自主学习是学生自身认知、情感、意志、个性等各种心理品质的综合运作和同时发挥作用的过程，需要学生个人对自身状态进行全方位的协调；同时自主学习又必须在师生互动和合作学习中才能实现，这又要求学生和外部环境的协调。

　　因此，培养大学生的自主学习观，有助于大学生养成正确的学习态度，乐学好学的情感和积极学习的行为准备；有助于提高大学生的自我评价能力，不断在学习过程中对自身进行反思和评价；有助于发展大学生的智力水平，为个人智力更快、更高的发展奠定坚实基础；有助于培养大学生的非智力因素，使他们的学习动机、学习兴趣、情感意志、个性等在学习过程中得到协调发展；有助于大学生掌握和理解良好的学习方法，勇于和善于思考，并相应地发挥和创造一系列具体且适合自身需要的学习方法来推动自己学习的进步。

2. **全面学习观**

　　现代教育对大学生的培养有一个共识，那就是：只有全面发展的人（联合国教科文组织称为"完人"），才能称得上是合格人才。因此，大学生要树立全面学习观，正确处理好德与才，通与专，知识、能力和素质，全面发展与个性发展等方面的关系。

3. **终身学习观**

　　社会的发展加快了知识更新的频率和新技术的应用，新知识层出不穷，科学技术突飞猛进。人类近 30 年来创造的知识大概等于过去 2000 年的总和。据统计，在现代社会中，一个大学生毕业五年以后，就有一半知识陈旧。在高新技术领域，知识衰减的速度达到每年 15%~20%。在人的一生中，大学阶段只能获得需用知识的 10%，其余 90% 的知识都要在工作中不断学习才能取得。社会越进步，经济越发达，职业和岗位的变动就越频繁。因此，学校的一次性教育已经不能适应社会发展的要求，从小学到大学一次性获取知识以后，不可能一劳永逸，大学阶段所学的知识也不能包打天下。"一次性学习管用一辈子"的时代已成为历史，只有终身不停地吸收新信息、获取新知识、增长新本领，才能迎接日新月异、飞速发展的学习型社会的挑战。在现代社会中，终身学习与自身的生活质量和生存地位息息相关，也是一个人实现自我完善、自我提高和全面发展的必要条件。终身学习使人们能够多次地"从头再来""重新开始"，有足够的机会发展自我、完善自我，最大限度地发挥潜能。

4. **创新学习观**

　　创新学习观是指学习者在学习的过程中，不拘泥于书本，不迷信于权威，不依循于常规，而是以已有的知识为基础，结合当前的实践，独立思考，大胆探索，标新立异，别出心裁，积极提出自己的新思想、新观点、新思路、新设计、新意图、新途径、新方法的学习活动。创新性学习是一种能带来变化、更新、重组和重新提出问题的学习形式，能使个人和社会在急剧变革中具有应付能力和对突变提前做好准备，是解决个人和社会问题的重要手段。其基本特征是预期性和参与性。通过预期促进事物发展的连续性，通过参与创造空间或地域的连续性，两者紧密相关，相辅相成，缺一不可。创新性学习的主要追求目标是自主性和整体性。通过创新学习，使学习者既具有自主性，即尽可能地自力更生和摆脱依赖，又具有介入更广阔的人际关系、与他人合作、理解和认识自身所在大系统的整体性能力。

总之，科学、正确的学习观念，能使大学生明确学习目的、激发学习兴趣、提高学习效率。当然正确的学习观不仅只是这几种，还有其他类型的学习观，但无论哪种学习观，只要是正确的、能够适应我们的，那就是我们应该学习和树立的。

四、学习过程

大学的教学过程具有专业性、阶段性、创造性、开放性和自主性的特点，这些特点要求大学生在学习过程中采取相应的学习策略。所以，对于汽车服务工程专业的学生，在大学生活开始之初，就要了解大学的整个学习过程，做到"心中有数，运筹帷幄"。

大学生在校学习要经历从大到小两个不同层次的学习过程。

1. 第一层次学习过程——从入学到毕业

一般来说，大学一年级上学期学生往往表现出各种不适应，这就要求各门课的教师在学习内容、学习方法和学风养成上帮助和指导学生完成这个适应期。

大学一、二年级是大学学习活动最紧张的阶段。学生在这个阶段要接受基础科学和技术知识、技能，以及体育课体能的训练，并形成广泛的文化需要。而且，许多教育和教学形式都会比较集中地反映在这个时期的课程中，"汽车服务工程专业导论"课程把学生引向接受专业教育，懂得当前学习和今后从事职业的联系，调动学习积极性和主动性的作用。

大学三年级是开始学习专业知识技能的阶段，也是应用、巩固所学基础知识和技术知识技能，培养学生的专业技术意识，使学生对科学技术有浓厚兴趣，并对自己未来发展有朦胧意向的阶段。在这以后，学生个性特征的形成往往受到专业教育和教学因素的制约。

大学四年级是学生即将毕业，也是对未来职业逐渐形成明确目标的阶段。在这个阶段，每个学生的学习目标有所分流：一方面要按照自己的专业意向选修各类必修课和选修课；另一方面还要按照自己的发展意向选择毕业设计课题。学生经过这个阶段的培养，知识、能力、素质都会有一个较大的变化，而且出现了许多与前途、家庭、工作地点等实际问题有关的新的思考内容。

2. 第二层次学习过程——从一门课的开始到结束

在这个过程中，学生的认知水平要经历三个阶段，如图6-1所示。

只有充分掌握了大学学习过程中的每一个层次和环节，才能有效地规划自己的时间，明确自己的学习方向，"运筹帷幄之中"，把学习真正地掌握在自己手中。

五、创造性学习

1. 创造性地听课与读书

听课与读书是每个学生日常学习的最基本形式，其中培养创新能力的机会比比皆是。

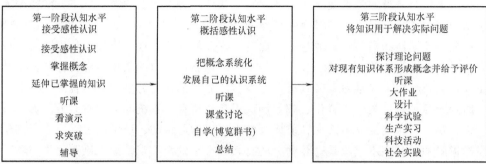

图 6-1 学生的认知水平要经历的三个阶段

1）听课时不仅要掌握知识本身，还要思考获取知识的方法。

2）对教师的讲授和书上的内容，不仅采取求同思维，解决"为什么是这样"的问题，还要采取求异思维，提出"不这样行不行，还有没有更好的或其他的办法"这类问题；不仅训练收敛性思维——对教师的结论与书上的结论给予认同，还要训练发散性思维——这样的结论或结果有什么局限性？如果我来做，一定是这样的吗？

3）强化教学过程中的参与意识，课堂上积极思考，经常制造一些问号，通过课堂提问或课下之余来讨论这些问题。

4）养成在教材的书页上加评论与批注的读书习惯，力求在课堂上或书本里发现问题，提出问题。

2. 创造性地做作业

做作业不仅是帮助理解听课内容、巩固学习成果的重要步骤，而且是训练创新能力的好机会。创造性地做作业是指：

1）不满足于能求得结果，而是追求运用不同的思路和方法来求出正确的结果，然后通过分析比较，找出最巧妙、最合理的解题方法。

2）对解题的过程和结果从不同的角度进行分析、推理，有时可派生出新的知识和体会。

3）对理论问题找原形，把书本上、课堂上的内容与工程中的实际问题联系对号，培养问题来源于实践、又回到实践中去的意识。

3. 创造性地做实验

对汽车服务工程专业的大学生来说，实验是教学的重要环节，也是培养创造性能力的重要渠道。

除完成一些验证性实验外，应格外重视做一些设计型、综合型的实验，而且尽可能独立完成，实现自我设计、自我操作、自我分析、自我总结。

在实验中养成细心观察、善于分析的好习惯。不满足于书本上所限定的结论，大胆提出疑问和设想。

4. 在课程设计、毕业设计中力争有所创新

这些教学环节往往都是要求针对一个实际问题，提出方案，完成设计。学生对这类问题，要分析要求，查阅资料，确定方案，给出总体设计和每部分的设计，很多题目还要求实际制作、完成安装和调试，甚至形成产品。这一过程中的每一步，对学生的独立工作能力都有很大锻炼。

5. 在各种课外活动中锻炼创新能力

课外活动形式多样，有的是学校、院系或学生社团组织的，有的是学生自发组织或自愿参加的。无论哪一类，都是培养创新能力的重要环节。例如，参加课外科技活动各种竞赛活动，参加教师的科研、各种社会实践，写读书报告，写综述报告，写现场实习或调研报告，写科普论文，甚至写学术论文等。

第三节 汽车服务工程专业理论课程的学习技巧

汽车服务工程专业的理论课表现为各种学科课程，如高等数学、普通物理、机械制图等基础课；理论力学、材料力学、机械原理、机械设计等专业基础课；汽车构造、汽车理论、汽车服务工程、汽车电子控制技术、汽车营销、汽车检测与诊断技术、汽车运用工程等专业核心课；汽车试验学、液压与气动技术、汽车空调、供应链管理、汽车制造工艺学、汽车评估、专业英语、客户关系管理、汽车人机工程、汽车美容、汽车事故鉴定学等专业选修课。

汽车服务工程专业理论课的主要教学组织形式为课堂讲授。学习的目的是掌握本学科的基本规律、基本原理、基本概念和基本方法，了解本学科的前沿知识，具备继续通过自学和实践钻研本学科的能力。学习这些理论课的过程可以剖析为听（怎样听课）、记（怎样记笔记）、习（怎样预习、复习和练习）、问（怎样解决疑难）、查（怎样查阅参考文献）、用（怎样在实践课的教学环节和课外工程实践中应用）等几个方面。

一、听课技巧

听课是学生吸收知识最简捷的途径，听课作为学生学习活动的最基本、最重要的形式，对学生来说至关重要，它关系到学习活动的优劣成败，关系到学生质量和素质的高低，关系到教师和学校教育教学行为的成败。因此，"听好课"是获得好的学习效果的最重要手段。

要听教师对于基本概念和基本原理的解析。概念是构成原理的细胞，原理是概念的推演成果，都是构成知识体系的基本成分，也是理解整个知识体系的基本支点。

要听教师对于概念之间、原理之间、概念与原理之间关系的分析。

要听教师的分析方法。

二、记笔记技巧

大学对学生自主学习的能力要求提高了，大学生在上课时不仅要抓住知识重点，而且要及时消化所学的内容，特别是对一些课外知识和各种讲座、报告，就更加要求学生做好记录，记笔记就是一种行之有效的方法。

1. 记课堂笔记的作用

1）使大学生在课堂上能够集中注意力听课，提高学习效率。

2）促进大学生在课堂上积极思考，增强听课效果。

3）记下教师的思路、见解和解决问题的经验，以及教师所讲的那些教科书上没有的内容，便于课后有线索复习，提高学习质量。

4）训练眼、耳、手、脑协同合作技能。

5）促使大学生勤于思考，善于总结。

2. 记课堂笔记的方法

记课堂笔记的详略程度和方法，要根据课程性质、讲授内容、教学方式和学生长期形成的行之有效的习惯而定。通常，在笔记中应记那些上课时比较模糊且一时难以理解的问题，以及认为比较重要课后需要强化的内容。对老师的讲课内容也要有选择性地记，否则时间全花在记笔记上，没有时间听课。大学生应该随时记下尚未明白或需深入钻研的问题，以及一些新想法、新思路，并向他人请教，理解之后变成自己的知识，整理成读书笔记，使大学笔记成为一种创新型和探索型的学习方法。

记课堂笔记主要记教师讲授的思路、重点、难点和主要结论。不同课程记课堂笔记的方式也不同。例如：

1）基础课和技术基础课教材比较成熟、详尽，系统性也好，学生在课堂上主要是听，笔记侧重于记下基本概念、基本规律、基本原理、基本方法的推论、应用和联系。

2）专业课一般知识面广、综合性强、内容更新快，笔记除记本学科理论和方法的推论、运用外，还要记下新技术、新方法等信息，注意记下与其他学科的联系。

3）外语课不仅要记好语法分析，还要多记词汇、词组、习惯用语、一词多义等。

但是，在大学里，还有很多同学不善于记笔记，他们记笔记只是在书上划道道，以标明老师所讲内容，他们认为，有现成的教材，并且教材的内容非常丰富，老师所讲内容大多不会超过教材，记笔记是多此一举；记笔记的也多是照搬照抄，对所记内容不求甚解，这些同学不是在受教育，只是在为考试及格而抄笔记。

俗话说"好记性不如烂笔头"，记笔记的重要性不言而喻。但是课堂笔记延续至今，是守旧，还是改革和创新，需要大学生去共同品评。但不管怎样，不要仅为考而记。

三、预习技巧

大学每门课程涉及内容多，信息量大，一节课可能讲 20～30 页教材，因此，必须进行课前预习。

1. 课前预习教材及相关参考文献有关章节的作用

课前预习教材及相关参考文献有关章节的作用如下：

1）有助于培养独立思考能力。

2）有助于提高听课质量。

3）有助于提高记课堂笔记的水平。

4）有助于提高学习效率。

2. 课前预习的基本方法

预习的基本方法是用"已知"比较鉴别"未知"，要在教科书上做一些符号，对新的概念和方法以及可能是重点和难点之处加以标明，以便在听课时引起自己注意。

3. 课前预习要点

课前预习要点如下:

1) 要把预习纳入学习计划,有时间保证。
2) 要从自己已有知识实际出发,进行比较鉴别。
3) 要努力摸索一套适合于自己的预习方法。
4) 要长期坚持下去,形成一种学习习惯。

四、复习技巧

1. 课后复习的作用

课后复习的作用如下:

1) 巩固课堂听课时学到的知识。
2) 将"已知"的知识和"新知"的知识联系起来,形成自己头脑中更为丰富的信息网络。
3) 为做习题练习、实际应用,以及开展实验、大作业、设计等教学实践活动做理论准备。
4) 反复地复习可以使某些知识形成头脑中的"常规",达到学习过程中的一次次飞跃。

2. 复习的特点

复习的特点:一是不受讲课节奏的约束,学生可以自己支配复习时间和复习的次数;二是没有定型的方式方法,可以通过温习"已知"掌握"新知"。广义复习的环节和作用如图6-2所示。

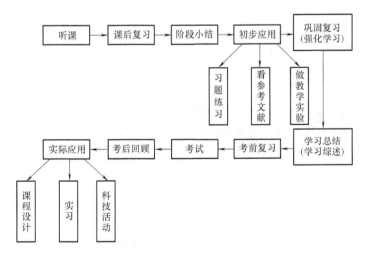

图6-2 复习的环节和作用

3. 复习的环节

复习的环节如下:

1) 在习题练习中复习。
2) 在初步掌握课内知识基础上,有针对性地找课外参考文献阅读。

3）在练习和阅读参考文献后，再对一些重要的概念、原理进行复习、练习和应用，称为巩固复习或强化学习。

4）在巩固复习后进行学习总结或学习综述（针对某一章或某一阶段）。

4. 复习时应该注意的问题

复习时应该注意如下问题：

1）正确对待复习和做习题练习的关系。应该在通过课后复习，掌握好基本概念、基本原理、基本方法后再做习题练习，而不要边做习题边复习。

2）正确对待主要教科书和参考文献的关系。复习时，应该以教师指定的主要教科书和课堂笔记为主，参考文献为辅。在复习中还应该分清"重点"和"一般"，区别对待。

3）要及时复习、及时消化，不要等问题成堆后才复习，更不要考试前"临时抱佛脚"。

4）在复习过程中，要不断地自己提出问题、自己回答问题。

5）要用自己的语言和文字，以自己习惯用的格式进行学习小结、总结和综述，不要把总结变成抄书或抄笔记。

五、练习技巧

练习是指学生在教师的指导下，依靠自己的控制和校正，反复地完成一定动作或活动，借以形成技能、技巧或行为习惯的一种学习方法。例如，外语课的语音和作文练习、体育课的技能技巧练习、工程制图课的绘图练习、计算机语言的编程应用练习、汽车构造课的拆装练习及汽车设计课的结构设计练习等。

思考题是为复习每个教学单元而提出的问题，大多数课程每章均配有思考题这个环节。学生应运用所学知识，反复地对一些假想的或实际的问题做出解答，达到理解和巩固所学知识、形成一定技能技巧的目的。

解答思考题要注意的方面有：

1）对所提问题既可独立思考，又可展开讨论，还可与教师共同探讨。

2）思考题的解答应该是在思考和讨论后自己认为正确的答案。

3）要用简明的文字或图形、表格，清晰地将解答表述下来。

4）受到思考题的启发，不断向自己提出更深入的思考题，寻找相关参考文献，开辟新思路，追求新认识。

六、解决疑难问题的技巧

学生在学习过程中会遇到各种疑难问题（包括教科书中的和教师提出的思考题）。这时，只靠听教师讲授和自己勤奋学习是不够的，还要靠勤于提问。所谓学问，就是既要学又要问。问谁呢？问自己、问老师、问同学、问书本。

七、查阅科技文献的技巧

科技文献是记录、存储和传递知识的载体，也是与某一学科有关的图书资料。利用和吸取前人或他人的知识就需要阅读和研究文献。科技文献主要有图书、期刊论文、学位论文和报刊等。

第六章 汽车服务工程专业的学习方法

1. 查阅科技文献的目的

汽车工业是我国的支柱产业之一,其产业发展需要卓越工程师人才的推动,而科技文献的查阅及写作能力作为卓越工程师人才的一项基本素养,应该在大学阶段的专业课学习中,在教师的指导下加以培养。

课堂教学以基本概念、基本理论和基本方法的讲解为主,而对于汽车服务工程学科的一些最新研究成果基于课时安排及学生的知识储备,教师一般只是适当提及而不会详细阐述。那么,对于这些最新研究成果及理论的理解,就需要由学生在课外复习时通过查阅国内外的相关科技文献资料来解决。众所周知,科技文献是记录科学研究、工程实践或经验的书面材料,是运用概念、判断、推理、证明或反驳等逻辑思维手段分析专业技术领域里的某些现象或问题,从而揭示出问题本质及规律的文献资料。

学生通过查阅科技文献,会养成碰到问题查找文献资料,积极思考问题的习惯,并且可以熟悉科技论文的表达思路、科学方法和思维方式,进而有意识地撰写科技小论文。培养大学生科技文献查阅与科技论文写作能力,既有助于激发大学生创新意识和创新能力,使其掌握利用互联网、图书馆馆藏等工具获取知识和信息的方法,又有助于提高其分析问题的逻辑性和论文的写作功底;相反,学生如果没有养成查阅科技文献和写作的习惯,没有掌握科技论文写作的基本方法,毕业后一旦进入实质性的技术管理岗位,即便积累了丰富的实践经验,也具有独到的工程体会,却不能用技术报告或论文的形式呈现出来,势必影响对其技术水平的认可,也可能会影响其个人的发展。

2. 查阅科技文献的方法

(1) 要了解科技文献的查阅途径 利用学校图书馆购买的收费或者免费的数据库,可以进入检索界面,搜索自己想要查询的相关资料。各大学的校园电子图书馆一般购买了中文和英文数据库,以供师生查阅使用。

中文数据库主要有:中国知网(CNKI)、万方数据库、维普中文科技期刊数据库、读秀学术搜索、中国科技论文在线精品论文、方正 Apabi 数字图书馆、博硕士学位论文数据库、超星数字图书、超星视频资源、超星数字图书馆镜像站点、万得数据库(Wind)、书生电子图书、阳光影院、高校教学参考书全文数据库、中国高校人文社会科学文献中心、中国国家知识产权局专利检索、人大报刊复印资料全文数据库、E线图情、国务院发展研究中心信息网和中文社会科学引文索引等。

英文数据库主要有:Web of Science、Elsevier Science Direct、Springerlink、Nature 全文在线、Wiley-Blackwell、Swets、Science Online、Springer 施普林格电子书、PNAS(美国科学院院报)、Western e-journals navigation(西文电子期刊导航)、CABI 电子图书等。

(2) 确定科技文献的主题 爱因斯坦曾经说过,"提出一个问题往往比解决一个问题更重要",可见选题工作的重要性。选题就是确定查找什么主题的文献。这项工作,初期由教师布置题目,让学生去查找与主题相关的文献,中后期则由学生根据自身所需进行选取。

(3) 选取科技文献期刊 应该选取世界一流的学术刊物。"一流学术刊物"的评判标准是权威性强、读者群大、被引用率高。一流学术刊物主要以科技前沿和热点问题为研究对象,论文具有很高的鉴赏价值。

(4) 掌握科技文献的阅读方式 科技文献的阅读一般分泛读与精读。泛读是指快速阅读所有检索到的、和本课题或问题相关的文献，从而大体上了解与主题相关文献的基本概况，普遍的实验和理论方法、结论等。精读则是在大量泛读之后，经过不断筛选，认真阅读与当前问题最为相关的那部分文献，从而汲取文献中最有营养价值的内容。

(5) 把握科技文献的阅读过程 在拿到一篇论文后，首先，要用辩证的思想去读懂文章的引言和作者的思路；然后，要明确作者想要论证的问题，并判断该问题与你需要查阅的信息是否相关，是否是最新的研究成果等；再者，要从作者的研究思路中体会到科学工作方法和思维方式；最后，要有意识地记住论文的结论。

八、怎样正确地对待考试

在当前高校课程教学过程中，一般采取三种考试方式：闭卷考试、开卷考试、课程论文，一般在学期内完成。其中，闭卷考试占大多数，一般都在必修课程中实行，开卷考试和课程论文形式的考试，则常在选修课中实行。

1. 考试的作用

考试成绩不但决定着学生的学籍，而且影响着用人部门挑选毕业生时对学生的印象。但是，考试的全部意义并不仅是这些，它的重要性还在于：

1) 学生可以通过考试认真、全面地复习所学知识，并从中获得矫正的反馈信息以调整自己的学习。

2) 教师可以通过考试发现自己教学上的成败，以便研究、改进教学。

3) 学校可以通过考试了解教学情况，从中看出应该采取哪些改革措施，同时还可以通过考试选拔优秀人才，决定因材施教。

2. 正确对待考试的态度

正确对待考试的态度应是：

1) 在平时学习中，要了解本课程的教学目标，并按此教学目标做好平时的学习。这是考出好成绩的根本战略保证。

2) 认清考试对学生来说的根本目的是促进复习、提高学习质量。这是考出好成绩的理论保证。

3) 将考试当作自己平时学习的一次总结性检验，相信平时学好了必然也会考得好，即使平时学得不好，只要考前认真复习，不留死角，不存在侥幸过关思想，也能考好。这是考出好成绩的心理保证。

4) 重视考试过程中的方法和技巧。这是考出好成绩的战术保证。

第四节 汽车服务工程专业实践课程的学习方法

实践课程是大学教学改革的根基，实践教学是高等教育今后将要发展的方向；尤其对工科院校。例如，汽车服务工程专业中，汽车构造、汽车故障与诊断技术、汽车营销等一系列的课程都需要实践教学作为依托，否则"空而不实"。所以，高校学生对实践课程的学习需要有更高的了解和认识。

汽车服务工程专业的主要实践课程有：大学生社会实践、科研基础训练、金工实习、电工电子实习、机械设计课程设计、汽车构造实习、汽车试验实习、汽车零部件测绘、汽车服务企业工艺设计课程设计、专业综合能力训练、汽车维修实习、汽车服务工程实习、生产实习等。

一、实践课的特点

实践课的主要教学组织形式是学生参与实验、设计和实际生产过程等各种活动。学习的目标是掌握各种实际的知识和技能，培养各种解决实际问题的能力，获得学习和思想上的收获。

由于实践课是学生通过亲自参与教学活动得到收获的，所以能否有意识地依据自己的期望来主动安排自己的学习，向自己提出学习要求，将对能否学好实践课产生重大的影响。

1. 在知识、技能、能力方面

1) 获得应用所学理论解决实验、设计以及在实习中遇到的实际问题的能力，并且在应用中巩固所学的理论。

2) 学会在实践中应用所需要的实验技能、运算技能、上机（计算机）技能、制图技能、操作技能、写作技能等。

3) 在实践应用中扩展工程技术知识和经济知识，开拓思路，开阔眼界。

4) 在实践应用中锻炼创新思维，培养初步的创新能力。

5) 如果实践课为一种集体的教学活动，则可以在集体活动中学会处理人际关系（与教师、同学、实验技术人员、工程技术人员、工人等的关系）。

2. 在情感和学风方面

在情感和学风方面，学生应加深对本专业的事业感、责任感、职业道德感，养成勤奋、严谨、求实、创新的学风。

3. 在意识和意志方面

在意识和意志方面，学生应培养完成实际任务应具备的意识，包括实践意识、质量意识、协作意识、竞争和创新意识；培养不怕困难坚定地完成任务的意志。

二、实践课的体系

实践教学是理论教学的延续和深化，是传统实践教学的一个重要环节，贯穿于汽车服务工程专业大学四年教学的始终。本科教学水平评估体系将实验分为演示性、验证性、综合性、设计性和创新性实验，以提高学生动手能力、培养创造能力和综合素质。学生通过足够的实验，采取循序渐进的培养方法，逐步加深理解和掌握所学的理论知识和应用技术，将理论与实践很好地结合起来。

汽车服务工程专业实践教学体系通常分为三个层次：基础实践层、综合应用层和科技创新层，如图6-3所示。

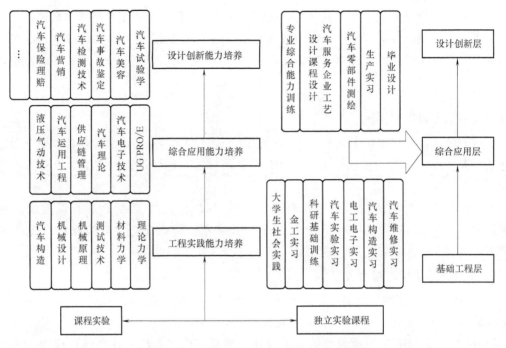

图 6-3 汽车服务工程专业的实践教学体系

1. 基础实践层

基于理论力学、材料力学、机械原理、机械设计和工程化学等学科基础课,以及汽车构造、发动机原理、汽车理论、测试技术等专业基础课,开设演示性和验证性实验,重点在于理论教学与实践教学相结合,达到知识的运用、理解和深化的目的。以大学生社会实践、金工实习、科研基础训练、汽车认知、电工电子实习、汽车构造实习等综合训练为主,重点提高学生的工程能力,使学生直观地认识车辆各总成组成,并分析其作用,增强学生对所学专业知识的兴趣,启发学生的思考。初步掌握汽车部件安装、调试和测试等方面的基本技能。

2. 综合应用层

以课程设计课题实验和毕业设计(论文)课题实验为主,通过教师拟定或学生自己设计的课题实验开展综合性、设计性的实验研究,进而完成设计任务,提高学生的综合能力和汽车设计水平,加深对专业知识的认识和理解,增强团队精神。

3. 科技创新层

当前的国际竞争往往体现在具有科技创新竞争力和高素质的人才竞争上,作为承担培养具有科技创新能力和高素质人才的高等院校,在培养大学生科技创新能力上进行改革就显得尤为重要。

对于高年级学生或学有余力的学生,开设创新实验教学班,围绕新能源、汽车故障自诊断、汽车检测、汽车试验、汽车营销、汽车事故鉴定、汽车评估、汽车美容等研究方向,设置相关课题。学生自由组合,以小组为单位设计实验课题,开展综合性、设计性的实验研究，进而完成设计任务，从而提高学生的综合能力。鼓励学生参加教师的科研课题研究，吸纳学生参与合作企业的科技攻关项目，接触实际应用，提高创新能力。并为学生创造机会参加校级及校级以上的各种科技大赛，促进学生实践能力的提高，为培养个性化人才创造条件。

三、实践课的学习方法

为了更好地通过实践课增强学生的操作能力，学生要参考表 6-3 在实践课前、课初、课间和课后各个方面下功夫。

表 6-3　实践课活动内容及要求

	学习要求	实验课	设计课	实习课	课外科技活动
实践课前	复习已学理论	基本概念、基本原理、基本方法、主要构造			
	弄清实践目的	实验目的（验证、观察、研究……）	设计目标和设计阶段（方案设计、技术设计、施工图设计……）	实习目的（认识、操作、岗位训练……）	课题内涵及其目标
	搜集信息资料	以往的实验报告 与本实验有关的资料 与本实验有关的仪器设备	社会需求 自然及环境条件 材料、技术、制造条件 经济、市场条件 以往的设计资料	以往的实习报告 操作规程 岗位职责 现场生产的一般情况	阅读有关文献 参阅相近的研究报告 材料、设备、资金情况
实践课初	自拟方案计划	实验方案、计划、仪器设备	设计方案、计划	个人实习计划	科技活动方案、计划
实践课间	完成技能训练	熟悉仪器设备 掌握实验技能（安装、测试、记录、校正……）	查阅技术标准 掌握设计技能（运算、上机、校核、绘图……）	操作技能 处理技术问题	调查研究、实验、统计分析等
	勤观察多思索	观察实验现象，了解事物本质	从综合比较分析中寻找最佳方案	观察思考生产过程中的技术和管理问题	科学技术事实及其概括 直觉、灵感与科学发现
	锻炼创新能力	创新的思想意识、创新的认知风格、创新的处置方法、创新的工作态度			
	解决实际问题	描述实验现象 统计分析实验数据 得到实验结论	按照设计目标完成设计任务 满足各项设计指标	记录实际生产过程 解决若干生产中遇到的实际问题	完成课题
实践课后	做好文字总结	实验报告	设计说明书 计算书	实习报告	科技小论文

1. 实践课前的学习

实践课前要复习好有关的理论知识。例如，要掌握：
1）要应用的有关基本概念。
2）要验证的有关基本原理。

3）要使用的有关计算公式及其使用条件。

4）要遵照的有关构造做法。

最好自己能写一个学习小结或列一些表格，以便在实践课中应用。

此外，实践课前还要弄清本课程要解决的主要问题，并据此查阅和收集尽可能多的信息。例如：实验课前要弄清实验的目的是检验某些理论还是验证一些假说；是观察、描述某些现象，还是探索、研究新的设想。并据此收集该理论、假说、现象的有关资料，以及关于将要使用的仪器设备和数据处理、误差理论等方面的信息。

设计课前要弄清是方案性设计、技术性设计还是加工工艺设计，还要弄清设计的目标、社会的需求，并据此收集设计项目所处的自然环境条件、设计可供选择的材料条件、可供利用的技术条件以及资金条件、市场供需条件等。

实习前要弄清是认识性、操作性还是生产岗位性实习，并据此收集以往学生的实习报告，看一些操作规程，了解生产岗位的职责等。

2. 实践课初期的学习

实践课初期，学生宜根据课程的教学目的，在教师或工程技术人员的指导下编制出自己的实践训练方案和具体的实施计划。例如：

1）实验前，如有可能宜制订自己的实验方案和实施计划（包括选用仪器设备），而不宜完全按照教师提出的实验做法，学生仅不动脑筋地做一些在实验结果表格中填数据的工作。

2）设计前，如有可能宜做自己经过思索和比较后确定的设计方案，而不宜完全按照教师提出的设计方案，学生仅做一次计算和构造练习。

3. 实践课过程中的学习

1）在实践课过程中，学生要独立地完成各项技能训练工作。例如：

① 在实验过程中，要独立地掌握仪器设备的性能和使用方法，独立地观察和描述实验现象。

② 在设计过程中，要独立地完成运算、计算机操作、校核和绘图等设计全过程，学会独立地使用技术资料。

③ 在实习过程中，要独立地操作、做技术记录、处理技术问题和参与技术管理等。

2）在实践课过程中，学生要善于利用实践这个课堂勤观察、多思考，学到实际的知识和能力。例如：

① 在实验过程中，要善于从各种现象和事物的观察中，了解它们的实质。

② 在设计过程中，要善于从各种设计方案的比较分析中，做出最佳的选择。

③ 在实习过程中，要善于通过错综复杂的实际生产过程，抓住时机，掌握生产的脉络，从中学会解决技术问题和组织管理问题的方法。

3）在实践课过程中，一旦遇到新的情况和新的问题，学生既要勇于提出自己的见解，敢于"标新立异"不墨守成规，又要不固执己见，吸收经过实践证明是正确的观点。这种创新能力是通过下列锻炼形成的：

① 在思想意识上，有渴求创新的愿望、坚定的信念和发散型的多向思维。

② 在认知风格上，提倡打破感觉和思维定式（如随时放弃不成功的方法转向新的措

施)、保持思路灵活(如不受已有认识的束缚)以及运用"广泛"范畴思考问题(如在看来无关系的事物之间发现新的联系)。

③ 在运用创造方法上,学会在失败时尝试反直觉措施、变熟悉的东西为陌生的东西、通过分析类比提出假说进行检验以及对知识和问题进行重新组合等。

④ 在工作风格上,要长时间地集中注意力,善于对失败或棘手问题"暂时遗忘",在困难面前能坚持到底、保持旺盛精力等。

4) 在实践课过程中,除了勤观察、会创新思维以外,还要把这种观察和思维落到实处。例如:

① 在实验过程中,要学会对实验数据进行科学的处理和分析,发现规律,做出合乎逻辑推理的结论。

② 在设计过程中,要认真对待每一种设计方案、每一个计算参数、每一项运算结果、每一处构造做法;对方案要进行综合的比较,对数据要进行严格的校核,对构造做法要处理好各种细节。

③ 在实习过程中,要注意生产中出现的各种问题,随时记录,经常加以研究分析;有时还要就某个专门问题搜索实际资料,确定处理措施。

4. 实践课后的学习

实践课后期,学生要重视各种文字报告或文字总结。例如:实验报告、设计说明书、计算书、实习报告、科技论文和调查报告等。写好这些文字报告或文字总结的意义在于:

1) 它是学生参加教学实践活动的记录或总结,它能全面地反映学生的实际学业水平。

2) 它也是记录实践教学过程的文件,同时记录了有关实际的科学、技术和生产问题,具有保存和传播的价值。

3) 它能够帮助学生整理思路、强化学习收获、加强立意和思维训练、提高写作技巧。

4) 具有一定学术水平的报告或论文,还可能刊载在报纸杂志上,成为社会所有的财富。

在写文字报告或总结时,宜个人写而不宜集体写;宜在对实践课的学习进行全面总结以后成文,而不宜不进行全面总结就匆忙成文;宜有自己的独立见解而不宜只是记录的堆积;宜写成有学术价值的科技资料或文献,而不宜只是学习过程的叙述。

在各种文字总结中还应包括思想总结。例如:对科学实践或工程实践的理解;对实践中遇到的信息问题、协作问题、社会需求问题、市场经济问题、人际关系问题、科学技术的地位问题等的认识;对专业事业的认识和情感等。

第五节 汽车服务工程专业的课外科技活动

汽车服务工程专业的学生除了完成本专业培养计划所规定的课程与学分之外,还可以参加各种课外科技活动。与汽车服务工程专业相关的主要科技活动有:中国大学生方程式汽车大赛、Honda 中国节能竞技大赛、全国大学生"飞思卡尔"杯智能汽车竞赛、全国大学生节能减排社会实践与科技比赛等。

一、中国大学生方程式汽车大赛

1. 赛事简介

中国大学生方程式汽车大赛（Formula Student China，FSC）由中国汽车工程学会主办，是一项由高等院校汽车工程或汽车相关专业在校学生组队参加的汽车设计与制造比赛。各参赛车队按照赛事规则和赛车制造标准，在一年的时间内自行设计和制造出一辆在加速、制动、操控性等方面具有优异表现的小型单人座休闲赛车，能够成功地完成全部或部分赛事环节的比赛。

为了给予参赛车队最大的设计灵活性和自由度来表达他们的创造力和想象力，对赛车的整体设计只有很少的限制。参赛队所面临的挑战在于要制作出一辆能够顺利完成规则中所提及的所有项目的赛车（图6-4）。比赛本身给了参赛车队一个同来自各地不同大学的车队同场竞技的机会，以展示和证明他们的创造力和工程技术水平。

图 6-4　大学生方程式汽车大赛的赛车

首届中国 FSC 比赛于 2010 年 11 月 16~19 日，在上海国际赛车场举行。共有来自全国 16 个省市地区的 20 支高校车队参赛，前三名车队分别是：北京理工大学、华南理工大学和西华大学。

第二届中国 FSC 比赛于 2011 年 10 月 18~21 日，在上海国际赛车场举行。共有 33 支高校车队参赛，前三名车队分别是：北京理工大学、德国慕尼黑工业大学和厦门理工学院。

第三届中国 FSC 比赛于 2012 年 10 月 16~19 日，在上海国际赛车场举行。共有 41 支高校车队参赛（油车 39 台，电动赛车 2 台）。前三名车队分别是：湖北汽车工业学院、同济大学和广西工学院鹿山学院。

第四届中国 FSC 比赛于 2013 年 10 月 15~19 日，在湖北省襄阳市 FSC 赛车场举行，并增加电动赛车项目。来自国内外的 63 所大学的 60 支车队参赛。其中，油车 50 台，电动赛车 10 台。油车组前三名分别是：厦门理工学院、哈尔滨工业大学（威海）和湖南大学。电车组前三名分别是：斯图加特大学、合肥工业大学和广西科技大学鹿山学院。

第五届中国 FSC 比赛于 2014 年 10 月 14~18 日，在襄阳梦想赛场举行，来自国内外的 65 所大学的 79 支车队参赛。其中，油车 60 台，电动赛车 19 台。油车组前三名分别是：湖南大学、北京理工大学和厦门理工学院。电车组前三名分别是：斯图加特大学、北京理工大学和广西科技大学鹿山学院。

第六届中国 FSC 油车组比赛于 2015 年 10 月 13~17 日，在襄阳梦想赛场举行，来自国内外的 67 支车队参赛，前三名车队分别是：湖北汽车工业学院、厦门理工学院和湖南大学。电车组比赛于 2015 年 11 月 7 日，在上海 F1 奥迪国际赛车场举行，来自国内的 28 支车队参赛，前三名车队分别是：广西科技大学鹿山学院、哈尔滨工业大学（威海）和北京理工大学。

第七届中国 FSC 油车组比赛于 2016 年 10 月 11~15 日，在襄阳梦想赛场举行，来自国内外的 71 支车队参赛，前三名车队分别是：同济大学、湖南大学和湖北汽车工业学院。

2. 赛车设计要求

为了达到赛事宗旨，假定参赛车队是为一家设计公司设计、制造、测试并展示一辆目标市场为业余周末休闲赛车的原型车。

赛车必须在加速、制动和操控性方面具有非常优异的表现，同时又必须具有足够的耐久性以能够顺利完成规则中提及的比赛现场要进行的所有项目。

赛车必须适合第 5 百分位的女性和第 95 百分位的男性车手驾驶，同时要满足中国大学生方程式汽车大赛规则中的要求。

其他附加的设计因素也需要予以考虑：美学、成本、人体工程学、可维护性、工艺性和可靠性。

对于车队来说，其挑战在于开发一辆能最大限度地满足中国 FSC 赛车的设计目标且具有市场前景的样品车。

每辆赛车的设计都将与其他的赛车进行对比评价，以评定出最优秀的设计。

3. 比赛主要项目

参赛车辆需在八个静态项目和动态项目中进行测评，总分 1000 分，见表 6-4。

（1）**静态项目**　静态项目包括营销报告、赛车设计和制造成本分析三个项目，共 325 分。

营销报告项目的目的是评估车队建立和展示综合商业项目的能力。赛车设计项目的目的在于评估各队在设计赛车时在工程层面做出的努力，以及其工程设计是否符合市场需求。制造成本分析项目的目的是让参赛者们了解成本和预算，获得制作和更新物料清单的经验，学习和了解制造和装配设计、精益生产和最小约束设计的原理。

表 6-4　中国大学生方程式汽车大赛的项目与分值

	测试项目	分　值
静态项目	营销报告	75
	赛车设计	150
	制造成本分析	100
动态项目	直线加速测试	75
	8 字绕环测试	50
	高速避障测试	150
	耐久测试	300
	燃油经济性测试	100
总　分		1000

（2）动态项目　动态项目包括直线加速测试、8字绕环测试、高速避障测试、耐久测试和燃油经济性测试五个项目，共675分。

1）直线加速测试。直线加速测试的目的是评价赛车的平地直线（75m）加速能力。

2）8字绕环测试。8字绕环测试的目的是衡量赛车在平地上做定半径转向时的转向能力。

3）高速避障测试。高速避障测试的目的是评价赛车在没有其他赛车的紧凑赛道上的机动性和操纵性。高速避障测试赛道综合了加速、制动和转向等多种测试性能的特点。平均速度应在40~48km/h。

4）耐久测试。耐久测试的目的是评价赛车的总体表现，并且测试赛车的耐久性和可靠性。平均速度应当在48~57 km/h之间，最高速度约为105km/h。赛道总长约22km。

5）燃油经济性测试。燃油经济性测试的目的是测量赛车的燃油量，与耐久测试相结合在同一场比赛中计算得到。

二、Honda中国节能竞技大赛

1. 比赛简介

Honda节能竞技大赛是由本田技研工业（中国）投资有限公司举办的一项全国性大学生节能汽车竞技比赛活动。

节能竞技大赛是搭载Honda低油耗摩托车的四冲程发动机，通过动手制作挑战节能极限的竞技赛事。通过自我创意，设计出世界上独一无二的节能竞技赛车（图6-5）参与角逐，不仅可以感受到"创造"与"交流"的乐趣，同时还可以体会到"低油耗就是环保"。

图6-5　节能竞技赛车

Honda节能竞技大赛每年举办一届。至2016年已举办了10届。

第一届中国节能竞技大赛于2007年11月11日在上海国际赛车场举办，来自全国各地30所高校的大学代表队、Honda相关企业代表队、媒体代表队，以及来自泰国和日本的特邀代表队等共77支车队参加了本届大赛。来自东风本田发动机有限公司的车队以868.68km/L的成绩获得冠军。

第二届于2008年11月16日在上海举行，来自全国各地40所高校的大学代表队、本田相关企业代表队、专业媒体和普通民众代表队，以及来自泰国和日本的特邀代表队等共108支车队参加了比赛。同济大学的荣安志远车队2队以966.271km/L的成绩获得冠军。

第三届于2009年9月27日在上海开赛，120辆赛车参赛。北京理工大学"翼升"车队以1279.565km/L的成绩获得冠军。

第四届于2010年9月19日在上海国际赛车场举行。来自中、日、泰三国的131支参赛队同台竞技，新大洲本田摩托有限公司江河车队以 2147.369 km/L 的成绩获得冠军。

第五届于 2011 年 11 月 12 日在广东国际赛车场举行。来自五个组别：Honda 关联企业组、普通组、市售组、大学院校组建的学生组、EV 组，共有 111 台赛车参赛。同济大学以 1762.932km/L 油耗获得燃油组冠军（大学、专科学校组别）。

第六届于 2012 年 11 月 10~11 日在广东国际赛车场举行。由来自全国各大高校、Honda 在华联合企业及媒体组成的 128 支车队分为五个组别参加了比赛。东风本田汽车有限公司的驿马车队以 1917.171km/L 的成绩斩获燃油节能车级别的综合优胜冠军。

第七届于 2013 年 10 月 27~28 日在广东国际赛车场举行。共有 150 支车队参赛，同济大学志远车队以 2689.621km/L 油耗获得燃油组冠军（大学、专科学校组别）。

第八届于 2014 年 10 月 18~19 日在广东国际赛车场举行。共有 151 支车队参赛，同济大学志远车队以 1807.653km/L 油耗获得燃油组冠军（大学、专科学校组别）。

第九届于 2015 年 10 月 24~25 日在广东国际赛车场举行。共有 149 支车队参赛，湖南大学潇湘之鹰车队以 1208.47km/L 油耗获得燃油组冠军（大学、专科学校组别）。

第十届于 2016 年 10 月 29~30 日在广东国际赛车场举行。共有 150 支车队参赛，在燃油车和电动车的两个级别四个组别中进行了激烈角逐。最终来自西华大学的西华大学节能车队和来自东风本田汽车有限公司的雷豹车队分别摘得大学、专科学校和 Honda 关联企业组别的燃油级别冠军；电动车级别的桂冠则分别由来自清华大学的紫荆花二队和来自广汽本田汽车有限公司的梦想 EV1 车队斩获。

2. 比赛级别设置

Honda 节能竞技大赛设置了三个级别，即市售车级别、燃油节能车级别和 EV 车级别，见表 6-5。

表 6-5 Honda 节能竞技大赛级别设置

分组		参赛者	竞技车辆
市售车级别		适合入门级别选手参赛	采用搭载 Honda 四冲程 100~110mL、125mL、150mL 发动机的市场销售摩托车 允许前、后挡泥板，载物架，挡风板，车速里程表软轴可以拆装
燃油节能车级别	学生组别	为大学、职专、初高等在校学生设置的组别,车队领队可由教师兼任,车队其他成员必须由在籍学生组成	以 Honda 四冲程弯梁车的 125mL 化油器发动机为基础,可以自由改造 三轮以上,符合安全方面的规定
	本田关联企业组别	本田在华关联企业的参赛组别	
	普通组别	为普通参赛者设置的级别。可以和家人、朋友、同事一起参加	
EV 车级别（公开组别）		任何个人或者组织，以及各大专院校、本田在华企业均可报名参加	使用大赛指定电池并且将该电池作为车辆行驶的唯一动力源的原创车辆

三、全国大学生"飞思卡尔"杯智能汽车竞赛

1. 比赛简介

全国大学生"飞思卡尔"杯智能汽车竞赛是由教育部高等学校自动化类专业教学指导委员会主办、飞思卡尔半导体公司协办的全国大学生智能汽车竞赛。采用邀请赛方式。

比赛是以迅猛发展的汽车电子为背景,涵盖了控制、模式识别、传感技术、电子、电气、计算机、机械等多个学科交叉的科技创意性比赛,是面向全国大学生的一种探索性工程实践活动,是教育部倡导的大学生科技竞赛之一。该竞赛以"立足培养,重在参与,鼓励探索,追求卓越"为指导思想,旨在促进高等学校素质教育,培养大学生的综合知识运用能力、基本工程实践能力和创新意识,激发大学生从事科学研究与探索的兴趣和潜能,倡导理论联系实际、求真务实的学风和团队协作的人文精神,为优秀人才的脱颖而出创造条件。

第一届于2006年8月19~20日在清华大学举办,至2017年已进行了12届比赛。目前已发展成全国30个省市自治区近300所高校广泛参与的全国大学生智能汽车竞赛。

全国大学生智能汽车竞赛一般在每年的10月份公布次年竞赛的题目和组织方式,并开始接受报名,次年的3月份进行相关技术培训,7月份进行分赛区竞赛,8月份进行全国总决赛。

2. 比赛内容

竞赛分竞速赛、创意赛和技术方案赛三类比赛。

(1)竞速赛

1)竞速赛是在规定的模型汽车平台上,使用飞思卡尔半导体公司的8位、16位、32位微控制器作为核心控制模块,通过增加道路传感器、电动机驱动电路以及编写相应软件,制作一部能够自主识别道路或者目标的模型汽车,按照规定路线或者任务行进,以完成时间最短者为优胜(图6-6)。

图6-6 智能汽车竞赛的赛车

2)竞速赛设基础类、提高类两个类别共六个赛题组,基础类设光电组、摄像头组、电

磁直立组、电轨组四个组别,提高组设双车追逐组和信标越野组。

3)参加分赛区比赛的每个学校最多可以有六支队伍报名参赛,同一学校在每组比赛中不超过两支参赛队。

4)参加安徽省、山东省、浙江省三个省赛区比赛的学校按照省赛比赛规则报名参赛。

5)经过分(省)赛区的比赛选拔,每个学校每个组别只能有一支队伍参加全国总决赛。

(2)**创意赛**

1)创意赛在统一比赛平台上,参赛队伍充分发挥想象力,以特定任务为创意目标,完成研制作品,入围全国总决赛的作品进行现场比赛,根据评判标准衡量作品性能,提高评判的客观性。

2)创意赛的主题是电轨节能,参赛队直接向全国总决赛组委会报名,经过组委会遴选之后参加全国总决赛区的比赛。

3)创意组的队伍除了可以选择竞速赛中的A、B、C、D、E车模之外,还可以自行设计制作参赛车模机械结构,以更好地实现比赛的目标。

(3)**技术方案赛** 技术方案赛是为提高参赛队员创新能力、鼓励相互学习交流而由第八届竞赛引入,入围全国总决赛竞速赛的队伍可以提交技术方案,经专家评选后参加总决赛并以现场方案交流展示、专家答辩以及现场参赛队员的投票综合评出技术方案获奖队伍。

四、全国大学生节能减排社会实践与科技比赛

1. 比赛简介

全国大学生节能减排社会实践与科技竞赛是由教育部高等教育司主办、唯一由高等教育司办公室主抓的全国大学生学科竞赛。该竞赛充分体现了"节能减排、绿色能源"的主题,紧密围绕国家能源与环境政策,紧密结合国家重大需求,在教育部的直接领导和广大高校的积极协作下,起点高、规模大、精品多、覆盖面广,是一项具有导向性、示范性和群众性的全国大学生竞赛,得到了各省教育厅、各高校的高度重视。

比赛的目的是:通过竞赛进一步加强节能减排重要意义的宣传,增强大学生节能环保意识、科技创新意识和团队协作精神,扩大大学生科学视野,提高大学生创新设计能力、工程实践能力和社会调查能力。

节能减排竞赛每年举办一届,原则上申报时间为1月份,竞赛时间为8月份。至2016年,已连续了举办了9届。第一届全国大学生节能减排竞赛于2008年在浙江大学成功举办,第九届竞赛于2016年在江苏大学举办。

2. 比赛内容

比赛内容以"节能减排"为主题,体现新思维、新思想的实物制作(含模型)、软件、设计和社会实践调研报告等作品。

3. 比赛规则

(1)**参赛对象** 全日制非成人教育的本科生、研究生(不含在职研究生)。参赛者必须以小组形式参赛,每组不得超过7人,需聘请指导老师1名。

(2)**参赛单位** 以学生自由组合的小组为单位。

(3)**作品申报** 参赛作品必须是比赛当年完成的作品。参赛学生必须在规定时间内完

成设计，准时上交作品，未按时上交者按自动放弃处理。

（4）**作品评审** 专家委员会根据作品的科学性、可行性、创新性和经济性等指标对作品进行初审和终审，并提出获奖名单。

五、全国大学生交通科技大赛

1. 比赛简介

全国大学生交通科技大赛（NACTranS）由教育部高等学校交通运输与工程学科教学指导委员会主办。其目的是培养大学生的科技创新精神和实践能力，提高大学生的科学素养，促进高校大学生学术活动开展，加强高校间大学生文化交流，提高本科教学质量。

全国大学生交通科技大赛（NACTranS）是国内第一个由诸多在交通运输工程领域拥有优势地位的高校通力合作促成的大学生学科竞赛，是一个以大学生为主体参与者的全国性、学术型的交通科技创新竞赛项目。

大赛每年举办一届，当年9月开始，次年5月结束。首届于2005年在同济大学举行，第二届在同济大学举行，第三届在西南交通大学举行，第四届在北京交通大学举行，第五届在武汉理工大学举行，第六届在长安大学举行，第七届在东南大学举行，第八届在北京工业大学举行，第九届在哈尔滨工业大学举行，第十届在华南理工大学举行，第十一届在中南大学举行，第十二届于2017年5月在同济大学举行。

2. 比赛方案

（1）**参赛对象** 高校交通运输类在读本科生，包括交通运输、交通工程、载运工具运用工程、交通信息工程与控制、物流工程等专业，同时涵盖了土木工程（道路与铁建方向）、管理学（交通运输相关）等多个学科领域。

（2）**课题范围** 作品可以是相关学科规划设计类作品或论文类作品。每届大赛组委会可根据需要，提出参赛作品专题，供参赛学生选取。

（3）**参赛方式** 向各校大赛工作小组报名参赛，报名以小组为单位，小组成员限定为2~5人，为提高团队合作意识和便于管理，大赛不接受个人报名。经本校专家评审小组对规定时间内提交的书面作品（论文）进行评审和排序，推荐前三名作品进入决赛。

（4）**大赛流程** 大赛流程主要由六个阶段组成，具体见表6-6。

表6-6 全国大学生交通科技大赛的流程

阶段	赛程内容	时间	地点
1	报名（各校自行组织）	当年11月10~30日	各参赛高校
2	完成作品并提交（各校自行组织）	次年4月1日之前	各参赛高校
3	各校组织初审并向大赛承办秘书处推荐作品。拟承办下届大赛单位向大赛网站秘书处提出书面申请报告	4月30日之前	各参赛高校
4	作品通信评审，确定决赛入围作品和三等奖及以下奖项获奖作品	5月10日之前	承办学校
5	决赛答辩，确定一、二等奖及部分三等奖获奖作品	5月25日之前	承办学校
6	颁奖，同时决定下一届承办单位	5月10~30日	承办学校

（5）**大赛作品评审程序** 大赛作品的评审程序主要分为通信评审和决赛评审。

1）通信评审。通信评审由大赛承办秘书处根据当年参赛作品情况，从专家库中选取通信评审专家进行评审，每件作品至少有 3 名专家评审。

2）决赛评审。决赛评审采取公开答辩方式进行，答辩评委原则上由 15 位专家组成，从专家库中选取评审专家，原则上要保留上届大赛决赛答辩评委的一半，承办单位最多可有 2 位决赛答辩专家。

（6）**奖项设置** 大赛设一等奖、二等奖、三等奖和优秀作品奖。各等奖项数量占决赛作品总数的比例分别为：一等奖 10% 左右，二等奖 30% 左右，三等奖 40% 左右，其余为优秀作品奖。大赛设特等奖一项。

特等奖通过复赛的形式从一等奖中产生，获得特等奖的作品自动失去一等奖资格，其他获奖作品的获奖等级不受其影响。特等奖可以空缺。

六、中国汽车工程学会巴哈大赛

中国汽车工程学会巴哈大赛（Baja SAEChina，BSC）是由中国汽车工程学会主办，在各院校间开展的汽车设计和制作竞赛。各参赛车队按照赛事规则和赛车制造标准，在规定时间内，使用同一型号发动机，设计制造一辆单座、发动机中置、后驱的小型越野车。此项赛事起源于美国，是大学生方程式汽车大赛的前身。

1. 赛事目标

激发参赛学生的学习兴趣，促进其主动学习并深入掌握汽车结构设计、制造、装配、调校维修、市场营销等多方面的专业知识和技能，并提高其团队合作能力。通过同场竞技，促进两类院校汽车专业改革发展，提升专业内涵，为汽车产业输送更多复合型人才。

2. 赛车设计主旨

为了达到赛事目标，假定参赛车队是一家设计公司，设计、制造、测试并展示一辆目标市场为业余休闲赛车的原型车（图 6-7）。

图 6-7 巴哈大赛的赛车

每个参赛车队均要设计并制造一辆单座、全地形、运动汽车。该车辆需达到可靠、可维修，符合人机工程学要求，将主要面向娱乐用户市场，生产规模大约为每年 4000 台。该车辆应当在速度、操控、驾驶体验以及在崎岖地形和越野条件下的耐用性方面追求市场领先地位，并且能够经受住天气考验。参赛车辆的设计和制造应符合汽车工程实践要求。

3. 竞赛内容

竞赛内容包括：静态项目测试和动态项目测试。静态项目包括：技术检查、赛车设计、成本与制造分析和商业营销演讲等。动态项目包括：直线加速测试、爬坡或牵引测试、操控性测试、专项赛事和耐力测试等。各项目的分值见表6-7。

表6-7 中国汽车工程学会巴哈大赛的竞赛项目及分值

比赛项目		分值		
		BSC	第一站	第二站
静态项目测试	赛车设计	150	150	150
	成本与制造分析	100	—	—
	商业营销演讲	50	—	—
动态项目测试	直线加速测试	75	75	75
	爬坡或牵引测试	75	75	75
	操控性测试	75	75	75
	专项赛事	75	—	—
	耐力测试	400	400	400
合计		1000	775	775

注：BSC年终积分为该年度所有分站赛积分之和，并用来确认各参赛车队的年终排名。

BSC大赛是一种全新的技术教育和工程实践过程，给参赛学生带来新的挑战。

首届中国汽车工程学会巴哈大赛于2015年8月29日在山东省潍坊市成功举办，中国成为世界上第六个举办巴哈比赛的国家。

第二届巴哈大赛于2016年10月在湖北襄阳举办，冠军、亚军和季军分别是哈尔滨工业大学（威海）、广西科技大学鹿山学院和苏州建设交通高等职业技术学校。

第三届巴哈大赛于2017年分别在乌兰察布市、襄阳市举行，共有91支车队参加。冠军、亚军和季军分别是厦门理工学院、广西科技大学鹿山学院和苏州建设交通高等职业技术学校。

本章相关的主要网站

1. 中国大学生方程式汽车大赛 http：//www.formulastudent.com.cn/
2. 全国大学生"飞思卡尔"杯智能汽车竞赛 http：//www.smartcar.au.tsinghua.edu.cn/
3. 全国大学生节能减排社会实践与科技比赛 http：//www.jienengjianpai.org/
4. Honda 中国节能竞技大赛 http：//www.honda.com.cn/corporate/emc/
5. 全国大学生交通科技大赛 http：//www.nactrans.com.cn/
6. 中国汽车工程学会巴哈大赛 http：//www.bajasaechina.com/

思 考 题

1. 我国普通高等学校教育与中等学校教育有何主要区别？
2. 我国大学的主要教学方式有哪些？
3. 如何配合汽车服务工程专业教学过程，创造性地学好汽车服务工程专业理论课？

4. 作为 21 世纪的大学生，如何树立正确的学习观？
5. 怎样"听好课"？
6. 如何查阅科技文献？
7. 汽车服务工程专业有哪些实践课？如何学习？
8. 适于汽车服务工程专业的全国性大学生科技比赛有哪些？
9. 为何大学生要参加课外科技活动？

第七章

汽车服务工程专业的就业与升学

在大学毕业之际,站在人生的又一个十字路口,选择考研、留学还是就业,是摆在每位大学生面前的难题,一直困扰着当代大学生。一方面想早一步进入社会,为家里分担解忧,离开象牙塔;另一方面又对招聘单位的高学历、高技能要求望而却步,不甘心目前的定位。为此,本章主要分析汽车服务工程专业的考研与就业情况。

第一节 汽车服务工程专业的就业

一、汽车服务工程专业的就业形式

每年有 2/3 的应届大学生选择就业,各专业的就业情况是不一样的,且相差很大。

由麦可思研究院独家撰写、社会科学文献出版社正式出版的《2013 年中国大学生就业报告》(就业蓝皮书)在中国社会科学院发布,2013 年就业蓝皮书是基于麦可思公司对 2012 届大学生毕业半年后的调查研究(表 7-1)。

毕业半年后的本科毕业生就业率的计算公式如下:

$$本科毕业生的就业率 = \frac{已就业本科毕业生数}{需就业的总本科毕业生数} \times 100\%$$

需要注意的是,按劳动经济学的就业率定义,已就业人数不包括国内外读研人数,需就业的总毕业生数也不包括国内外读研的人数。

2011~2016 届汽车服务工程专业毕业半年后的就业率情况见表 7-2。

从表 7-2 可以看出,2012 年汽车服务工程专业的就业率很高,达 96.9%,在所有专业中排名第 2。2011~2016 届汽车服务工程专业毕业半年后就业率均很高,这表明,汽车服务工程专业是目前热门专业,是急需人才的一个专业。

二、汽车服务工程专业的就业方向

汽车服务工程专业的就业方向主要有:大中型汽车生产企业、汽车维修企业、汽车后市场相关行业、考取公务员、去学校从事教育工作以及去汽车和交通相关的报纸杂志和出版社工作等。

1. 大中型汽车生产企业就业

完成汽车服务工程本科学业后,可以去整车公司,如上汽 SAIC(上海汽车集团股份有限公司)、东风汽车 DFM(东风汽车公司)、中国一汽(中国第一汽车集团公司)、长安汽车(中国长安汽车集团股份有限公司)、北汽 BAIC(北京汽车集团有限公司)、广汽 GAC

表 7-1 2012 届大学生毕业半年后就业率较高的主要本科专业（前 50 位）

主要本科专业名称	毕业半年后就业率(%)	主要本科专业名称	毕业半年后就业率(%)
1. 给水排水工程	97.5	26. 护理学	94.2
2. 汽车服务工程	96.9	27. 物流管理	94.1
3. 矿物资源工程	96.7	28. 矿物加工工程	94.0
4. 城市规划	96.5	29. 土木工程	93.8
5. 轮机工程	96.4	30. 新闻学	93.8
6. 工业工程	96.2	31. 园林	93.8
7. 建筑环境与设备工程	95.9	32. 机械设计制造及其自动化	93.7
8. 机械电子工程	95.7	33. 临床医学	93.7
9. 航海技术	95.6	34. 无机非金属材料工程	93.7
10. 地理信息系统	95.5	35. 船舶与海洋工程	93.4
11. 审计学	95.5	36. 工程管理	93.4
12. 道路桥梁与渡河工程	95.4	37. 化学工程与工艺	93.2
13. 电气工程及其自动化	95.2	38. 物流工程	93.2
14. 过程装备与控制工程	95.2	39. 广告学	93.1
15. 热能与动力工程	95.1	40. 小学教育	93.1
16. 软件工程	95.1	41. 市场营销	93.0
17. 安全工程	94.8	42. 会计学	92.9
18. 电子商务	94.8	43. 药学	92.9
19. 建筑学	94.7	44. 测绘工程	92.8
20. 车辆工程	94.6	45. 交通运输	92.7
21. 财务管理	94.5	46. 电子科学与技术	92.6
22. 采矿工程	94.5	47. 国际经济与贸易	92.5
23. 机械工程及自动化	94.5	48. 劳动与社会保障	92.5
24. 学前教育	94.4	49. 计算机科学与技术	92.4
25. 材料成型及控制工程	94.3	50. 日语	92.4
全国本科平均就业率	91.5	全国本科平均就业率	91.5

注：毕业生规模过小的专业不包括在此排序中。

表 7-2 2011~2016 届汽车服务工程专业毕业半年后的就业率情况

届数	汽车服务工程专业就业率(%)	专业就业率排名	全国本科平均就业率(%)
2011 届	97.3	8	90.8
2012 届	96.9	2	91.5
2013 届	93.6	32	91.8
2014 届	—	—	92.6
2015 届	94.0	18	92.2
2016 届	93.8	26	91.8

(广州汽车集团股份有限公司)、长城汽车 GreatWall（长城汽车股份有限公司）、华晨汽车（华晨汽车集团控股有限公司）、吉利汽车 GEELY（浙江吉利控股集团有限公司）、江淮汽车 JAC（安徽江淮汽车股份有限公司）等整车公司，从事汽车后市场服务工作或其生产车间和科室从事生产管理、质量管理、整车试验、汽车物流等工作，最后向工程师、高级工程师、车间主任、公司经理等方向发展；也可以从事汽车设计领域工作。还可以去汽车零部件企业从事零部件设计。

2. 汽车维修企业就业

完成汽车服务工程本科学业后，如果选择在汽车维修业就业，可以到各地的一类汽车维修企业、二类汽车维修企业、三类汽车维修业户、专修店、连锁店等汽车维修企业从事汽车维修前台接待、服务顾问、机电维修、钣金、油漆、配件管理、汽车维修质量检验员、销售顾问、保险专员等，最后向汽车维修技师、工程师、技术总监、4S店经理等方向发展。

3. 汽车后市场相关行业就业

在汽车后市场相关行业就业主要有以下几个方面：

1）去保险公司从事保险车辆交通事故查勘定损、保险理赔等工作；保险公司主要有：中国人民财产保险股份有限公司、中国平安财产保险股份有限公司、中国太平洋财产保险股份有限公司、中国人寿财产保险股份有限公司、中华联合财产保险股份有限公司、中国大地财产保险股份有限公司、阳光财产保险股份有限公司、太平财产保险有限公司、中国出口信用保险公司、天安财产保险股份有限公司等。

2）去全国各地二手车评估鉴定机构、二手车交易市场、汽车置换公司等从事二手车评估鉴定、交易、销售等工作。

3）去全国各地的汽车性能检测站、汽车安全检测站等单位从事汽车检测工作。

4）去全国各地的汽车租赁公司从事汽车租赁、租赁汽车车辆管理、租赁汽车安全管理等工作。

5）去全国各地的汽车改装和专用汽车生产企业，从事汽车改装、专用车设计等工作。这些工作岗位对学生的专业知识和实践动手能力要求很高，工作比较辛苦，不过对毕业生的培养和成长很有好处。

4. 考取公务员

通过公务员考试：一是进入全国各地的交通运输管理部门从事汽车运营、汽车维修等技术管理工作；二是进入全国各地的公安交通管理部门从事车辆技术管理工作。当然也可考入其他部门就业。在机关事业单位工作，工作有规律且稳定，有一定发展潜力，但工作较单调、按部就班、没有刺激性，要有耐得住寂寞的思想准备。

5. 去学校从事教育工作

从事学校教育工作，必须要持有教师资格证，报考教师资格证其普通话水平应达到相应水平，所以在校时应通过普通话达标考试，并持证，以便在报考教师资格证时提供支撑材料。在学校工作，工作稳定而有规律，发展潜力大，但工作压力大，生活较清淡，要有打硬仗的思想准备。

(1) 在职业中学任教 完成学业后，可以在全国各地的职业中学任汽车构造、汽车维修、汽车营销、汽车车身钣金修复技术、汽车车身涂装技术等课程的教学工作。

（2）**在中等职业技术学校任教** 在中等职业技术学校任教，可以讲授汽车构造、汽车维修技术、汽车车身修复技术、汽车车身涂装技术、汽车销售、汽车保险与理赔等汽车专业课程，同时还能胜任汽车专业各课程实践教学工作。

（3）**在高等职业技术院校任教** 在高等职业技术院校任教，可以讲授汽车制造与装配技术、汽车检测与维修技术、汽车电子技术、汽车造型技术、汽车试验技术、汽车改装技术、新能源汽车技术、汽车运用与维修技术、汽车车身修复技术、汽车运用安全与管理、新能源汽车运用与维修、城市轨道交通车辆技术、城市轨道交通机电技术、汽车营销与服务等专业课程的理论课和实践课。

6. 去汽车和交通相关的报纸杂志和出版社工作

去汽车和交通相关的报纸杂志社和出版社，主要从事与本专业知识相关的编辑类工作。

汽车和交通相关的出版社主要有：机械工业出版社、人民交通出版社、高等教育出版社、国防工业出版社、中国劳动社会保障出版社、科学出版社以及各地方出版社等。

汽车和交通相关的报纸杂志主要有：《中国汽车画报》《中国汽车报》《汽车》《汽车与配件》《汽车工业研究》《汽车维修》《汽车工程师》《时代汽车》《北京汽车》《汽车维修技师》《汽车博览》《大众汽车》《汽车与驾驶维修：汽车版》《汽车知识》《汽车工程》《汽车画刊》《汽车运用》《汽车维护与修理》《重型汽车》《汽车工艺与材料》《汽车导报》《汽车纵横》《汽车技术》《专用汽车》《汽车周刊》《客车技术与研究》《上海汽车》《汽车电器》《汽车与你》《汽车科技》《汽车测试报告》《家用汽车》《汽车导购》《汽车工程学报》《汽车公社》《汽车与运动》《汽车与驾驶维修》《汽车与安全》《人民公交》《轻型汽车技术》《商用汽车》《汽车之友》《车主之友》等。

汽车服务工程专业就业方向分布见表7-3。

表7-3 汽车服务工程专业就业方向分布

排名	就业方向	占比
1	汽车及零配件	35%
2	机械/设备/重工	11%
3	电子技术/半导体/集成电路	8%
4	仪器仪表/工业自动化	7%
5	计算机软件	7%
6	新能源	7%
7	互联网/电子商务	6%
8	贸易/进出口	6%
9	专业服务（咨询、人力资源、财会）	5%
10	外包服务	3%
11	其他	5%

第二节　汽车服务工程专业的考研

一、国内考研概况

1. 历年考研情况

根据中国教育在线考研频道（http://kaoyan.eol.cn/）的数据，我国近年来硕士研究生考研报考人数与录取比例统计见表7-4。

表7-4　我国近年来硕士研究生考研报考人数与录取比例统计

年份	高校毕业人数/万人	报名数/万人	报名增长率（%）	录取数/万人	报录比例
2018年	820	238.0	18.4		
2017年	795	201.0	13.6	52.0	3.9:1
2016年	770	177.0	7.3	51.7	3.4:1
2015年	749	164.9	-4.1	49.0	3.4:1
2014年	727	172.0	-2.3	57.0	3.0:1
2013年	699	176.0	6.3	53.9	3.3:1
2012年	680	165.6	9.6	51.7	3.2:1
2011年	660	151.1	7.5	49.5	3.1:1
2010年	631	140.6	12.8	47.2	3.0:1
2009年	611	124.6	3.8	41.5	3.0:1
2008年	559	120.0	-6.4	38.6	3.1:1
2007年	495	128.2	0.9	36.4	3.5:1
2006年	413	127.1	8.4	40.3	3.2:1
2005年	338	117.2	24.0	32.5	3.6:1
2004年	280	94.5	18.6	33	2.9:1
2003年	212	79.7	27.7	27	3.0:1
2002年	145	62.4	35.7	19.5	3.2:1
2001年	114	46.0	17.3	11.05	4.2:1
2000年	96	39.2	22.9	8.5	4.6:1
1999年	93	31.9	16.4	6.5	4.9:1
1998年	90	27.4	13.2	5.8	4.7:1
1997年	92	24.2	18.6	5.1	4.7:1

从表7-4中可以看出：

1）我国自1997年研究生招生扩招以来。硕士研究生报考人数连续11年不断攀升，即由1997年的24.2万人攀升到2007年的128.2万人，平均每年增加10.4万人。

2）2008年，受世界金融危机的影响，我国硕士研究生报考人数为1997年研究生扩招以来首次下降。根据教育部公布的数据，2008年全国硕士研究生报名人数由2007年的128.2万人降为2008年的120万人，比上一年减少8.2万人，同比下降6.4%。

3）2008年后，硕士研究生报考人数又呈连续增长趋势，2009年为124.6万人，比2008年增加4.6万人，同比增长3.8%。2010年，全国硕士研究生报考人数达到140.6万人，比2009年的124.6万人多出16万人，同比增长达到12.8%。2013年，报考人数达176

万人，创出历年硕士研究生报考人数新高，出现"考研热"。

4）2014年全国硕士研究生报考热度趋缓，出现了第2次下降，报名人数为172万人。

5）2017年我国硕士研究生报名人数约为238万人，比2017年201万人，增长约37万人，同比增长18.4%，打破了自2014年以来的考研人数两连降趋势。

2. "考研热"的主要原因

造成近年来大学生"考研热"的原因，主要有以下几个方面：

（1）**就业形势的严峻**　近10年来大学的招生人数在逐年增加，毕业生的人数自然也就水涨船高，从2001年的100万余人增加到2017年的795万人。毕业人数的不断攀高，每年应届毕业未就业人数也在增加，自然导致就业岗位的相对减少，就业竞争激烈，形势严峻，从而造成了就业难，于是，许多大学生把考研当作就业难的"缓冲带"。另外，越来越多的往届生加入考研大军，选择回炉深造。

（2）**社会对高学历人才的需求**　随着我国的经济体系从"劳动密集型"向"知识密集型"的转变，社会对高、精、尖人才的需求逐渐增多。然而，我国在储备高级人才方面相对落后于其他国家，从而造成了这类人才的匮乏。社会需求量的增多导致了大学生选择考研来使自己成为社会需要的高级人才。

但另一方面，用人单位出现"人才高消费"现象，很多本科生就能胜任的工作却要求招研究生，做的仍然是本科生做的事，拿的也是本科生的薪酬。随着企业"招研"的逐渐"惯性化"，考研也成"必选项"。

（3）**"海归"的"挤压效应"**　近些年中国留学生人数增长很快，由于金融危机重创欧美经济，国外企业裁员加剧。失业率大幅提高，而中国经济相对世界各国来说"风景这边独好"，不少留学生因国外就业机会减少，选择回国就业。

据教育部资料，2016年度我国出国留学人员总数为54.45万人（其中，国家公派3万人，单位公派1.63万人，自费留学49.82万人）。同时，2016年度各类留学回国人员总数为43.25万人（其中，国家公派2.25万人，单位公派2万人，自费留学39万人）。

从1978年到2016年底，各类出国留学人员累计达458.66万人。其中136.25万人正在国外进行相关阶段的学习和研究；322.41万人已完成学业；265.11万人在完成学业后选择回国发展，占已完成学业群体的82.23%。随着年度回国人数与出国人数的增长，两者之间的差距呈逐渐缩小趋势，年度出国/回国人数比例从2015年的1.28∶1下降至2016年的1.26∶1。

"海归"人员挤占了部分就业岗位，尽管部分没有工作经验的"海归"在归国就业时与国内学生的就业境况相似，但因其具备语言、国际性视野、包容能力和独立思考能力及跨文化沟通能力等优势，其就业比国内高校应届大学毕业生更容易找到工作。因此，越来越多中国留学生的回归，对于国内本来就严峻的就业市场来说无疑是雪上加霜。

（4）**为个人发展，提高自身的专业素质**　社会的发展需要越来越多的专业的、高级的人才，不提高专业水平，没有真正的本事，就会落在别人后面，甚至可能被别人替代而淘汰，面临各种各样的挑战，大多数的大学生深感没有扎实的理论知识和实用精湛的专业技能以及较高的学历，难以成为社会有用的高级人才，故而不能适应飞速发展的现代化建设的需要，正是出于这样的考虑和认识，大学生深造的愿望越来越强烈，新一轮"深造成才热"逐渐兴起。

许多机构对硕士研究生报考动机进行了调查，其中一项结果如图7-1所示。

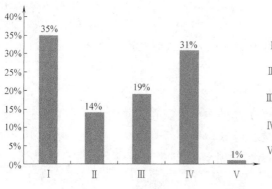

图7-1 硕士研究生报考动机

Ⅰ 本科就业压力大,提升就业竞争力
Ⅱ 想通过考研选择真正感兴趣的专业
Ⅲ 为了获得学历、学位证书
Ⅳ 继续深造,提高学术研究能力
Ⅴ 看见别人考研,我也想考

二、研究生的类型

研究生教育是学生本科毕业之后继续进行深造和学习的一种教育形式，研究生教育属于国民教育序列中的高等教育。目前，中国研究生教育种类很多，已经形成了一个比较完整的体系。按照不同的方式，研究生有不同的分法。

1. 按攻读学位的等级划分

按照攻读学位等级的不同，研究生可分为攻读硕士学位研究生和攻读博士学位研究生两级。前者简称"硕士生"，后者简称"博士生"。

2. 按学习方式的不同划分

按照学习方式的不同，中国的研究生可分为脱产研究生和不脱产研究生，其中，不脱产研究生又称为在职研究生。

（1）**脱产研究生** 脱产研究生是指在高等学校和科研机构进行全日制学习的研究生。

（2）**在职研究生** 在职研究生是指在学习期间仍在原工作岗位承担一定工作任务的研究生。专业课要完成学校规定的学习计划，并参加考试取得相应的学分。还必须通过国家专门设计的英语、政治及专业全国统考，合格后可以申请学位。学习、考试、答辩均需交纳一定费用，一般全部下来在数万元左右。目前只有经过国家教育部批准的少数重点大学招收在职研究生。随着学位管理的加强，通过这条途径来获取学位的难度越来越大了。一般最终能够通过答辩、取得学位的比例并不高。

3. 按照专业和用途划分

按照专业和用途的不同，研究生可分为学术型研究生和专业学位型研究生。

（1）**学术型研究生**

1）培养目标。以培养教学和科研人才为主的研究生教育，侧重于理论教育。采用全日制培养方式，授予学位的类型是学术型硕士学位，社会上对学术型研究生的认可度比较高。

2）层次。学术型研究生分为两大层次，即学术型硕士研究生和学术型博士研究生。

3）学位类型。根据国务院学位委员会和教育部颁布的《学位授予和人才培养学科目录（2011年）》规定，我国可授予学术型研究生硕士和博士学位的学科门类有13种，分别是哲学（01）、经济学（02）、法学（03）、教育学（04）、文学（05）、历史学（06）、理学（07）、工学（08）、农学（09）、医学（10）、军事学（11）、管理学（12）、艺术学（13）。不同的学科门类授予不同的学位名称，如机械工程、车辆工程专业属于工学门类，即授予工学硕士、工学博士。

我国研究生专业中没有汽车服务工程专业，只能报考机械工程、车辆工程、载运工具等专业，学术型硕士生毕业后，将授予工学硕士学位，学位证书试样如图7-2所示。

图7-2　学术型的工学硕士学位证书

学术型学位是按学科门类下的一级学科或二级学科进行招生的。一级学科是指根据科学研究对象在各学科门类下划分的学科分类体系。根据国务院学位委员会和教育部颁布的《学位授予和人才培养学科目录（2018年）》规定：设置机械工程等110个一级学科（表7-5）。

表7-5　学位授予和人才培养学科目录（2018年）

学科门类	一级学科
01 哲学	0101 哲学
02 经济学	0201 理论经济学、0202 应用经济学
03 法学	0301 法学、0302 政治学、0303 社会学、0304 民族学、0305 马克思主义理论、0306 公安学
04 教育学	0401 教育学、0402 心理学(可授教育学、理学学位)、0403 体育学
05 文学	0501 中国语言文学、0502 外国语言文学、0503 新闻传播学
06 历史学	0601 考古学、0602 中国史、0603 世界史
07 理学	0701 数学、0702 物理学、0703 化学、0704 天文学、0705 地理学、0706 大气科学、0707 海洋科学、0708 地球物理学、0709 地质学、0710 生物学、0711 系统科学、0712 科学技术史(分学科,可授理学、工学、农学、医学学位)、0713 生态学、0714 统计学(可授理学、经济学学位)

(续)

学科门类	一级学科
08 工学	0801 力学(可授工学、理学学位)、0802 机械工程、0803 光学工程、0804 仪器科学与技术、0805 材料科学与工程(可授工学、理学学位)、0806 冶金工程、0807 动力工程及工程热物理、0808 电气工程、0809 电子科学与技术(可授工学、理学学位)、0810 信息与通信工程、0811 控制科学与工程、0812 计算机科学与技术(可授工学、理学学位)、0813 建筑学、0814 土木工程、0815 水利工程、0816 测绘科学与技术、0817 化学工程与技术、0818 地质资源与地质工程、0819 矿业工程、0820 石油与天然气工程、0821 纺织科学与工程、0822 轻工技术与工程、0823 交通运输工程、0824 船舶与海洋工程、0825 航空宇航科学与技术、0826 兵器科学与技术、0827 核科学与技术、0828 农业工程、0829 林业工程、0830 环境科学与工程(可授工学、理学、农学学位)、0831 生物医学工程(可授工学、理学、医学学位)、0832 食品科学与工程(可授工学、农学学位)、0833 城乡规划学、0834 风景园林学(可授工学、农学学位)、0835 软件工程、0836 生物工程、0837 安全科学与工程、0838 公安技术、0839 网络空间安全
09 农学	0901 作物学、0902 园艺学、0903 农业资源与环境、0904 植物保护、0905 畜牧学、0906 兽医学、0907 林学、0908 水产、0909 草学
10 医学	1001 基础医学(可授医学、理学学位)、1002 临床医学、1003 口腔医学、1004 公共卫生与预防医学(可授医学、理学学位)、1005 中医学、1006 中西医结合、1007 药学(可授医学、理学学位)、1008 中药学(可授医学、理学学位)、1009 特种医学、1010 医学技术(可授医学、理学学位)、1011 护理学(可授医学、理学学位)
11 军事学	1101 军事思想及军事历史、1102 战略学、1103 战役学、1104 战术学、1105 军队指挥学、1106 军制学、1107 军队政治工作学、1108 军事后勤学、1109 军事装备学、1110 军事训练学
12 管理学	1201 管理科学与工程(可授管理学、工学学位)、1202 工商管理、1203 农林经济管理、1204 公共管理、1205 图书情报与档案管理
13 艺术学	1301 艺术学理论、1302 音乐与舞蹈学、1303 戏剧与影视学、1304 美术学、1305 设计学(可授艺术学、工学学位)

在一些一级学科设置了若干个二级学科,二级学科是指一级学科内所包含的若干种既相关又相对独立的学科、专业。在机械工程(0802)一级学科下设了4个二级学科,分别是:机械制造及其自动化(080201)、机械电子工程(080202)、机械设计及理论(080203)和车辆工程(080204)。

4)培养方式。学术型研究生采用全日制学习方式,一般为3年。从2014年开始全部实行自费+奖学金制度。全日制学术型研究生的学费标准,现阶段按照每生每学年不超过8000元。

(2) **专业学位型研究生** 我国从1991年开始推行专业学位型硕士,读者耳熟能详的包括 MBA、MPA 等。但是这么多年来,部分专业学位型硕士都是针对有一定工作经验的人开展,只发放"学位证"。

教育部决定从2009年起,大部分专业学位型硕士开始全日制培养,发放"双证"(即学位、学历证),并逐步推行将硕士研究生教育从以培养学术型人才为主向以培养应用型人才为主转变的政策,实现研究生教育结构的历史性转型和战略性调整。在2015年,国家已将专业学位型硕士和学术型硕士的数量,控制在1:1,并逐步加大专业学位型硕士的比例。

1)培养目标。专业学位型研究生是针对社会特定职业领域的需要,培养具有较强的专业能力和职业素养、能够创造性地从事实际工作的高层次应用型专门人才而设置的一种学位类型。

第七章 汽车服务工程专业的就业与升学

2）层次。专业学位型研究生也分为两大层次，即专业学位型硕士研究生和专业学位型博士研究生。

3）学位类型。专业学位是按专业领域进行招生的。根据国务院学位委员会和教育部颁布的《学位授予和人才培养学科目录（2011年）》规定，我国可授予专业硕士学位的专业领域有39个，见表7-6。可授予专业博士学位的专业领域有：教育博士、工程博士、兽医博士、临床医学博士、口腔医学博士5个。

不同专业领域授予的专业学位名称也不同，如车辆工程专业领域属于工程领域，即可授予工程硕士（不同于学术型硕士的工学硕士）。

表7-6 专业硕士学位授予和人才培养目录

序号	领域名称代码	类别	序号	领域名称代码	类别
1	0251	金融硕士	21	0853	城市规划硕士
2	0252	应用统计硕士	22	0951	农业推广硕士
3	0253	税务硕士	23	0952	兽医硕士
4	0254	国际商务硕士	24	0953	风景园林硕士
5	0255	保险硕士	25	0954	林业硕士
6	0256	资产评估硕士	26	1051	临床医学硕士
7	0257	审计硕士	27	1052	口腔医学硕士
8	0351	法律硕士	28	1053	公共卫生硕士
9	0352	社会工作硕士	29	1054	护理硕士
10	0353	警务硕士	30	1055	药学硕士
11	0451	教育硕士	31	1056	中药学硕士
12	0452	体育硕士	32	1151	军事硕士
13	0453	汉语国际教育硕士	33	1251	工商管理硕士
14	0454	应用心理硕士	34	1252	公共管理硕士
15	0551	翻译硕士	35	1253	会计硕士
16	0552	新闻与传播硕士	36	1254	旅游管理硕士
17	0553	出版硕士	37	1255	图书情报硕士
18	0651	文物与博物馆硕士	38	1256	工程管理硕士
19	0851	建筑学硕士	39	1351	艺术硕士
20	0852	工程硕士			

工程硕士专业学位是与工程领域任职资格相联系的专业性学位，它与工学硕士学位处于同一层次，但类型不同，各有侧重。工程硕士专业学位侧重于工程应用，主要是为工矿企业和工程建设部门，特别是国有大中型企业培养应用型、复合型高层次工程技术和工程管理人才。可授予工程硕士领域有40种，见表7-7。

汽车服务工程专业的学生，若选择报考全日制专业学位型研究生，一般可选择机械工程（085201）、车辆工程（085234）等工程硕士专业进行报考。

机械工程（085201）、车辆工程（085234）等专业学位型硕士生毕业后，将授予工程硕士学位，学位证书试样如图7-3所示。

《学位授予和人才培养学科目标（2018年）》对专业学位领域进行了较大变化，可授予专业学位的领域有47种，见表7-8。

4）培养方式。专业学位教育的学习方式按照非全日制和全日制攻读种类的不同而不同。非全日制攻读专业学位以业余时间学习为主，利用周末、节假日上课或集中授课的方式，进行不脱产或半脱产学习，学习时间一般为2~4年；全日制攻读专业学位的人员全脱产学习,学习时间一般为 2 年,同时必须保证不少于半年的实践教学,应届本科毕业生的实践教学时间原则上不少于 1 年。

表 7-7 工程硕士的类别与代码

序号	领域名称代码	类别	序号	领域名称代码	类别
1	085201	机械工程	21	085221	轻工技术与工程
2	085202	光学工程	22	085222	交通运输工程
3	085203	仪器仪表工程	23	085223	船舶与海洋工程
4	085204	材料工程	24	085224	安全工程
5	085205	冶金工程	25	085225	兵器工程
6	085206	动力工程	26	085226	核能与核技术工程
7	085207	电气工程	27	085227	农业工程
8	085208	电子与通信工程	28	085228	林业工程
9	085209	集成电路工程	29	085229	环境工程
10	085210	控制工程	30	085230	生物医学工程
11	085211	计算机技术	31	085231	食品工程
12	085212	软件工程	32	085232	航空工程
13	085213	建筑与土木工程	33	085233	航天工程
14	085214	水利工程	34	085234	车辆工程
15	085215	测绘工程	35	085235	制药工程
16	085216	化学工程	36	085236	工业工程
17	085217	地质工程	37	085237	工业设计工程
18	085218	矿业工程	38	085238	生物工程
19	085219	石油与天然气工程	39	085239	项目管理
20	085220	纺织工程	40	085240	物流工程

图 7-3 专业学位型的工程硕士学位证书

第七章 汽车服务工程专业的就业与升学

表 7-8 专业学位授予和人才培养目录（2018 版）

序号	代码	类别	序号	代码	类别
1	0251	金融	25	0858	*能源动力
2	0252	应用统计	26	0859	*土木水利
3	0253	税务	27	0860	*生物与医药
4	0254	国际商务	28	0861	*交通运输
5	0255	保险	29	0951	农业
6	0256	资产评估	30	0952	*兽医
7	0257	审计	31	0953	风景园林
8	0351	法律	32	0954	林业
9	0352	社会工作	33	1051	*临床医学
10	0353	警务	34	1052	*口腔医学
11	0451	*教育	35	1053	公共卫生
12	0452	体育	36	1054	护理
13	0453	汉语国际教育	37	1055	药学
14	0454	应用心理	38	1056	中药学
15	0551	翻译	39	1057	*中医
16	0552	新闻与传播	40	1151	军事
17	0553	出版	41	1251	工商管理
18	0651	文物与博物馆	42	1252	公共管理
19	0851	建筑学	43	1253	会计
20	0853	城市规划	44	1254	旅游管理
21	0854	*电子信息	45	1255	图书情报
22	0855	*机械	46	1256	工程管理
23	0856	*材料与化工	47	1351	艺术
24	0857	*资源与环境			

注：名称前加"*"的可授予硕士、博士专业学位；"建筑学"可授予学士、硕士专业学位；其他授予硕士专业学位。

专业学位教育有双重任务，一个是吸引优秀应届毕业生，实施全日制学习方式，培养实践部门需要的应用型人才；另外，就是面向在职人员，开展非全日制学习方式。两种模式，两种学习方式，两种招收对象，但培养目标相同，都同等重要。

5）招生考试。从 2017 年起，专业学位的招生考试均于每年 12 月份或有 1 月份举行的"全国硕士研究生统一入学考试"（简称"全国统考"）进行，在职研究生首次纳入全国统考。根据国家教育部划定统一的复试分数线（按地区和专业），达到复试分数线，才有资格参加招生单位组织的复试，择优录取。

6）专业学位的发展趋势。自 1995 年以来，我国专业学位研究生教育稳步发展，规模不断扩大，质量不断提高，专业学位研究生培养模式改革取得重大进展，授权体系逐渐完善，社会认可度大幅提高，已成为研究生教育综合改革的重要突破口。

专业硕士招生规模不断扩大，截至 2015 年统计数据，专业硕士研究生招生规模已经达到 252272 人，占比 44%，与学术型硕士招生规模基本持平。

专业硕士以专业实践为导向，重视实践和应用，培养在专业和专门技术上受到正规的、高水平训练的高层次人才，反映该专业领域的特点和对高层次人才在专门技术工作能力和学术能力上的要求，认可度逐渐提高，被大多数考生所重视。2012~2016 年专业学位型硕士与学术型硕士报名人数对比如图 7-4 所示。

（3）专业学位与学术型学位的区别

1）培养目标不同。专业学位是培养在某一专业（或职业）领域具有坚实的基础理论和

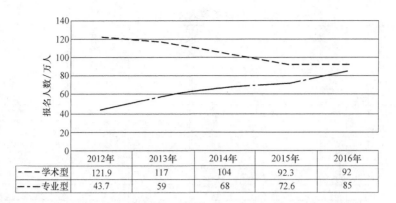

图 7-4 2012~2016 年专业学位型硕士与学术型硕士报名人数对比

宽广的专业知识，具有较强的解决实际问题的能力，能够承担专业技术或管理工作，具有良好职业素养的高层次应用型专门人才。学术型学位硕士研究生则主要是培养学术研究人才。

2）培养方式不同。专业学位课程设置以实际应用为导向，以职业需求为目标，以综合素养和应用知识与能力的提高为核心。教学内容强调理论性与应用性课程的有机结合，突出案例分析和实践研究；教学过程重视运用团队学习、案例分析、现场研究、模拟训练等方法；注重培养学生研究实践问题的意识和能力。在具体的学习过程中，要求有为期至少半年（应届本科毕业生实践教学时间原则上不少于 1 年）的实践环节。而学术型学位研究生的课程设置侧重于加强基础理论的学习，重点培养学生从事科学研究创新工作的能力和素质。

（4）**专业学位与学术型学位的关系** 专业学位和学术型学位都是建立在共同的学科基础之上的，攻读两类学位者都需要接受共同的学科基础教育，都需要掌握学科基本理论和基础知识与技术。在不同的教育阶段，两类学位获得者进一步深造可以交叉发展。比如：学术型硕士学位获得者可以攻读专业博士学位，专业硕士学位获得者也可以攻读学术博士学位，如图 7-5 所示。

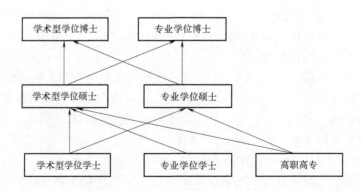

图 7-5 专业学位与学术型学位的关系

4. 硕博连读生与直博生

（1）**硕博连读生** 硕博连读是指从新入学的硕士研究生遴选出具备条件的学生，在完成规定的硕士生课程学习，并通过博士生资格考核后，确定为博士生的方式。

硕博连读研究生学制一般为 5 年。因客观原因不能按期完成学业的，可申请延长学习年限，但在校最长学习年限为 7 年，且延长学习年限只能提出一次。

硕士研究生在完成规定的课程学习后，一般在第四学期可参加博士生资格考核，主要考核专业基础、科研能力和外语水平。资格考核合格者，从第三学年起，转为博士研究生，享受博士研究生的待遇；考核不合格者，按照硕士培养方案继续培养。

（2）**直博生** 直博生是指在应届本科毕业前（本科毕业时要求同时取得毕业证和学位证，毕业档案完整地移送），不必参加博士研究生统一入学考试，而通过本科生申请和申请攻读学校直接对申请学生进行选拔而获得直接攻读博士学位资格的学生。

通常来讲，开设直博生院校的学校实力都非常强，当然这对学生的选拔要求就非常高，基本集中在 211 工程院校，甚至有的学校直接在招考简章中指明是双一流、985 工程院校的应届本科生推免生。读直博的学生一般来讲不需要通过全国统一考试，实质上，直博生并没有跳过硕士阶段，在博士课程开设前都会开设相应的硕士课程，只是进入博士课程时间进度上比较快。一般直博的时间会比硕士加博士的时间要短，直博一般是 5 年。

直博与硕博连读的区别：直博是从本科进行选拔，选拔优秀的本科生直接读博士。硕博连读是在研究生二年级时选拔优秀的硕士生攻读博士学位，在此期间不需要做硕士论文，但是如果博士无法顺利毕业的话，可继续进行硕士论文，如果论文没有通过的话，就连硕士学位也没有了。

5. 汽车服务工程专业应届毕业生可申报的研究生类型

对于汽车服务工程专业的应届毕业生，可报考学术型硕士研究生、专业学位硕士研究生、硕博连读生和直博生四种。

报考学术型硕士研究生和专业学位硕士研究生是主体。招收硕博连读生和直博生的学校很少，主要是少数双一流、"985"学校、"211"学校，其竞争非常激烈。

汽车服务工程专业本科生的考研主要学科（专业）见表 7-9。

表 7-9 汽车服务工程专业本科生的考研主要学科（专业）

硕士生类型	一级学科	二级学科(专业)	学科(专业)代码
学术型硕士研究生	机械工程	机械工程	0802
		机械制造及其自动化	080201
		机械电子工程	080202
		机械设计及理论	080203
		车辆工程	080204
	交通运输工程	道路与铁道工程	082301
		交通信息工程与控制	082302
		交通运输规划与管理	082303
		载运工具运用工程	082304
专业学位硕士研究生	工程类	机械工程	085201
		车辆工程	085234
		交通运输工程	085222
		农业工程	085227

对于每个汽车服务工程专业的本科生，考研专业的选择，除了要考虑专业背景之外，还需要考虑兴趣理想、个人能力、职业规划和考研地域等因素（图7-6）。

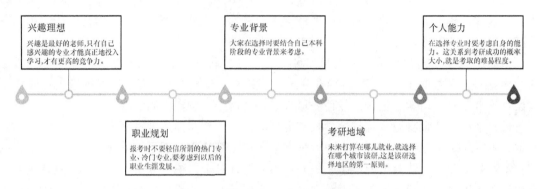

图7-6　选择考研专业需考虑的因素

三、报考硕士研究生的基本条件

报名参加全国硕士研究生招生考试的人员，必须符合下列条件：

1）中华人民共和国公民。

2）拥护中国共产党的领导，品德良好，遵纪守法。

3）身体健康状况符合国家和招生单位规定的体检要求。

4）考生必须符合下列学历等条件之一：

① 国家承认学历的应届本科毕业生（录取当年9月1日前须取得国家承认的本科毕业证书。含普通高校、成人高校、普通高校举办的成人高等学历教育应届本科毕业生，及自学考试和网络教育届时可毕业本科生）。

② 具有国家承认的大学本科毕业学历的人员。

③ 获得国家承认的高职高专学历后满2年（从毕业后到录取当年9月1日，下同）或2年以上，达到与大学本科毕业生同等学力，且符合招生单位根据培养目标对考生提出的具体业务要求的人员，只能以同等学力身份报考。

④ 国家承认学历的本科结业生，按本科毕业生同等学力身份报考。

⑤ 已获硕士、博士学位的人员。

5）凡在境外获得的本科毕业证书或学士学位证书，必须通过国家教育部留学服务中心的认证方可报考。

四、报考硕士研究生的主要流程

报考硕士研究生的主要流程是阅读考研大纲，阅读各单位的招生简章，考研报名，考研初试，复试、调剂、体检、录取等过程，如图7-7所示。

图7-7　报考硕士研究生的主要流程

1．阅读考研大纲

每年 7~8 月份，教育部考试中心发布考研大纲，包括思想政治理论、数学、英语等统考课程的考试大纲，各招生单位发布专业课的考试大纲。通常，各门课程的考点有少量增减或修改，需要考生密切关注。

2．阅读各招生单位的招生简章

每年 9~10 月份，各研究生招生单位发布硕士生招生简章，介绍各专业的招生名额、初试科目、复试科目、报考研究方向、报考流程等内容。考生应认真阅读各招生简章，比较考试科目、研究方向等差别，找到想报考的大学。

3．考研报名

报名采取网上报名与现场确认相结合的方式。

（1）**网上报名** 报名和查询网址为中国研究生招生信息网（http：//yz.chsi.com.cn 或 http：//yz.chsi.cn），受理日期一般是每年 10 月 10~31 日（每天 9：00~22：00）。逾期不再补报，也不得再修改报名信息。

应届本科毕业生预报名时间：每年 9 月 28~29 日（每天 9：00~22：00）。

（2）**现场确认** 考生本人需带以下材料到各省（市、自治区）高校招生办公室指定的报名点办理确认报考资格、缴费和采集数码照片等手续。

1）所有考生必须持本人第二代居民身份证原件。

2）应届生需持所在学校注册有效的学生证。历届生需持毕业证书。以同等学力资格报名者除上述证件外，还必须验交 CET 四级证书原件和复印件，并提供以第一作者在核心期刊上发表的专业学术论文原件和复印件。

3）参加单独考试的考生另需持所在单位同意并加盖公章的《委托培养硕士研究生推荐信》和由两名具有高级专业技术职务的专家填写并签名、盖章的《专家推荐书》。

注意：

1）报名时必须本人亲自到场，现场采集数码照片。

2）考生在网上报名时务必按要求在相应的栏目内正确填写院系（所）、所报考的专业（专业有说明时必须填写研究方向）、选考科目及其对应的代码。

3）考生所提供的本人（及所属单位人事档案主管部门）的通信地址、邮政编码及电话必须准确无误。

4．初试

（1）**初试时间** 按教育部统一规定的时间，一般在 12 月或 1 月份。2018 年考研初试时间：2017 年 12 月 23~24 日。

（2）**初试科目** 初试科目一般为思想政治理论、外国语、数学（一）和专业基础课，共 4 门。各科的考试时间均为 3 小时，思想政治理论、外国语满分各为 100 分，数学（一）和专业基础课满分各为 150 分，总分为 500 分。

思想政治理论、英语、数学（一）均为全国统考科目，由教育部考试中心统一命题，考试大纲由教育部制定，具体考试范围参考国家统一制定的考试大纲。

专业基础课由各招生单位自行命题。

（3）**考试方式** 均为笔试。

（4）初试地点　考生在报名点指定的考试地点参加考试。

5. 复试

各招生单位根据国家录取政策、招生规模以及考生初试成绩、学习经历、身体状况等进行综合分析后确定参加复试名单。一般实行差额复试方式。

考生届时自行在各学校研究生处网站查询是否获得复试资格。获得复试资格的考生在复试前向各招生单位的网站提交复试科目等信息，并自行打印《复试通知书》。复试的具体要求如下：

1）复试时间一般为每年3月下旬（具体时间各学校自定）。

2）复试形式一般采取笔试、口试、实验技能测试等方式或综合形式进行差额复试。

3）复试内容一般包括外语口语与听力、专业外语、专业课和专业综合等，详见各招生单位的招生简章专业目录的复试部分。

4）复试笔试科目详见各招生单位的硕士生招生学科、专业目录。

5）专业课的考试形式和内容由各招生单位的各学科专业委员会根据各专业实际情况自行确定，考试内容为结合专业培养要求及其他知识和能力的考核统筹考虑后确定。

6）复试前将对考生的第二代居民身份证、学历证书、学生证等报名材料原件及考生资格进行审查。

7）同等学力考生，还需另外加试所报考专业的大学本科主干课程，其中笔试科目不少于2门。加试科目为指定科目，一般在复试通知书中说明。

6. 调剂

对合格生源不足的学科专业，可以在校、内外相同或相近专业合格生源中进行调剂录取，但不允许跨学科门类调剂。

1）第一志愿没有被招生单位录取的上线考生，均可参加网上调剂。

2）所有需要调剂的考生均必须通过网上填报调剂志愿。考生凭网报时注册的用户名和密码登录"中国研究生招生信息网"的网上调剂系统，进行网上填报调剂志愿。

3）参加调剂的考生每人可以在网上填报两个平行调剂志愿，确定后的调剂志愿在48小时内不允许修改（两个志愿单独计时），以供招生单位下载志愿信息和决定是否通知考生参加复试。48小时后，考生可以重新填报调剂志愿。

4）考生在网上填报调剂志愿时，选择调剂的招生单位、专业科类与自己的考试成绩必须符合国家的调剂政策，否则将无法提交。

5）请调剂考生注意浏览各招生单位公布的调剂方法和复试通知。

6）确认提交调剂志愿后，招生单位将尽快反馈是否参加复试的通知。考生应及时登录调剂系统，查看志愿状态和招生单位的反馈通知。如果收到复试通知，考生按照招生单位的调剂要求办理相关手续。

7）复试没有通过的考生可以继续参加调剂志愿的填报。

8）知道成绩后（不管是否上线）马上到有关网站发布调剂意向，并且经常刷新。

调剂复试的具体要求和程序均以初试结束后教育部发出的当年录取工作通知的规定为准，届时，考生通过"中国研究生招生信息网"调剂服务系统填写报考调剂志愿。

全国硕士生招生调剂服务系统流程图如图7-8所示。

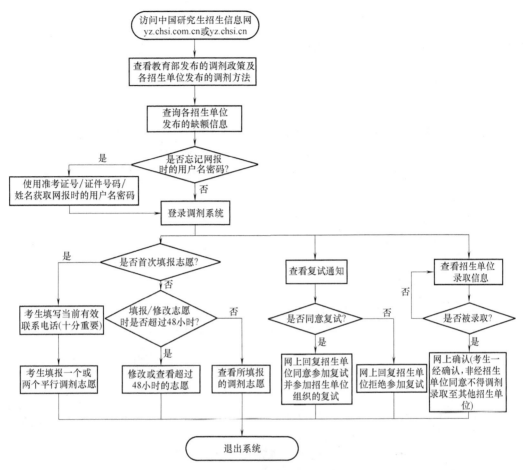

图 7-8 全国硕士生招生调剂服务系统流程图

7. 体检

所有参加复试的考生均需在复试阶段在各招生单位指定的医院进行体检。体检标准参照教育部、卫计委、中国残疾人联合会修订的《普通高等学校招生体检工作指导意见》。

不参加体检或体检不合格者不予录取。

8. 录取

各招生单位根据国家下达的招生计划和考生入学考试（包括初试、复试）成绩，结合考生已有学习或工作业绩、身体状况等整体素质和政审结论，在招生计划内择优录取。对未通过复试，但达到教育部的初试科目复试分数线者，可自愿调剂到其他学校录取。

录取通知书一般通过邮局寄送，不接受直接领取。

五、推荐免试硕士研究生招生流程

1. 推荐免试研究生的定义

推荐免试研究生简称推研或保研，是指可以不用参加研究生考试而直接读研的一种情形。免试是指普通高校应届本科毕业生不必经过全国硕士研究生入学统一考试的初试，直接进入复试；推荐是指普通高等学校按规定对本校优秀应届本科毕业生进行遴选，确认其免初试资格并向招生单位推荐；接收是指招生单位对报考本单位的具有免初试资格的考生进行的复试和录取。

2. 保送名额限制

教育部规定：有研究生院的高等学校，保送研究生名额一般按该校应届本科毕业生数的15%左右确定。在教育部下发的《全国普通高等学校推荐优秀应届本科毕业生免试攻读硕士学位研究生工作管理办法（试行）》中，对未设立研究生院的"211工程"高校，要求一般要按应届本科毕业生数的5%左右确定。经教育部确定的人文、理科等人才培养基地的高等学校，按教育部批准的基地班招生人数的50%左右，单独增加推免生名额，由学校统筹安排；对国家发展急需的专业适当增加推免生名额。另外，设有研究生院的高等学校接收本校推免生的人数，不得超过本校推免生总数的65%，其中地处西部省份或军工、矿业、石油、地质、农林等特殊类型的高等学校，上述比例可适当放宽，但不得超过75%。

3. 申请保研的条件

高等学校从具备下列条件的学生中择优遴选推免生：

1）纳入国家普通本科招生计划录取的应届毕业生（不含专升本、第二学士学位、独立学院学生）。

2）具有高尚的爱国主义情操和集体主义精神，社会主义信念坚定，社会责任感强，遵纪守法，积极向上，身心健康。

3）勤奋学习，刻苦钻研，成绩优秀；学术研究兴趣浓厚，有较强的创新意识、创新能力和专业能力倾向。

4）诚实守信，学风端正，无任何考试作弊和剽窃他人学术成果记录。

5）品行表现优良，无任何违法违纪受处分记录。

6）对有特殊学术专长或具有突出培养潜质者，经三名以上本校本专业教授联名推荐，经学校推免生遴选工作领导小组严格审查，可不受综合排名限制，但学生有关说明材料和教授推荐信要进行公示。

7）在制定综合评价体系时，可对文艺、体育及社会工作特长等因素予以适当考虑。但具备这些特长者必须参加综合排名，不得单列。

高等学校可按上述要求制订推免生的具体条件，但应符合法律、行政法规、规章和国家政策。

4. 接受外校推荐免试攻读硕士学位的流程

（1）**收集保研简章** 每年6～8月，具备招收推荐免试研究生资格的高校陆续发布保研办法或者保研简章，符合保研条件的学生应密切关注相关信息。

（2）**报名并提交申请材料** 每年6～9月，符合保研条件的学生应按各接受高校要求寄送报名申请材料，部分高校还需要考生通过网上系统报名。

符合保研条件的学生需向接受学校提交以下申请材料：

1）有效期内的学生证、身份证原件及复印件（提交复印件，复试时出示原件）。

2）《×××接收推荐免试攻读硕士学位研究生申请表》。

3）思想政治考核表。

4）大学本科阶段成绩单原件（须加盖所在学校教务部门公章）。

5）国家英语四级考试的成绩单（提交复印件，复试时出示原件）。

6）各类获奖证书复印件各1份。

7）体检合格的证明（需提供三级甲等医院体检证明）。

8）可提交体现学术水平的代表性学术论文、出版物或具有学术水平工作成果的复印件或证明。申请人提交的全部申请材料必须保证真实准确，若弄虚作假，一经发现，将取消其免试读研资格，并通报所在的推荐学校。

（3）**初审** 接受学校将及时对申请者提交的网报信息进行初审，将初审合格者信息转招生院系进行复审，各学校的招生院系一般在9月中下旬在网上申请系统中对复审合格者发布复试通知。

（4）**复试** 院校对考生的申请材料进行初审之后，通知通过初审的申请人来参加差额复试，包括体检、复试的时间及复试内容和要求。复试一般包括笔试和面试两个部分。

申请人复试时须提交以下材料：

1）有效期内的身份证原件、每学期均注册的学生证。

2）《申请免试攻读×××大学20××年硕士学位研究生登记表》，须加盖所在学院及学校教务处公章（注意：请完整提交学分绩、专业学分绩排名、专业综合排名、班级学分绩排名、班级综合排名等信息）。

3）本科前三学年成绩单，须加盖校教务处公章。

4）提交国家英语六级考试成绩单原件及复印件。

5）公开发表的学术论文复印件。

（5）**初取公示** 每年10月，接受学校根据复试成绩择优确定申请人的录取资格。对通过复试并同意接收推免生发给接收函，并上网公示。

（6）**网上报名** 取得推荐免试攻读硕士学位资格的同学，须到所在学校推免工作主管部门领取当地省级高校招生办公室签发（加盖公章）的《全国推荐免试攻读硕士学位研究生（直博生）登记表》和网上报名校验码，在教育部规定的时间10月10～31日内登录"中国研究生招生信息网"，参加网上报名（考试方式选择推荐免试），11月10～14日到相应报名点办理现场确认手续，未经网上报名及现场确认者不予录取。并到推荐学校所在地的省、市招办报名点确认并缴费、照相。

（7）**录取通知书** 一般在第二年的5月，各院校会寄送正式录取通知书。

（8）**其他说明** 有以下情况之一者，经查实即取消免试攻读硕士学位研究生的资格：

1）提供的材料不真实。

2）受刑事、行政或纪律处分。

3）具备推免资格后，后续课程出现补考、重修或毕业设计成绩达不到优良者。

4）应届毕业时无法获得学士学位者。

六、录取分数线

录取分数线有三种：国家复试分数线、学校复试分数线、院系专业复试分数线。

1. 国家复试分数线

教育部根据研究生初试成绩,每年确定了参加统一入学考试考生进入复试的初试成绩基本要求(简称国家复试分数线),原则上,达到国家复试分数线的考生有资格参加复试。

对学术型研究生和专业学位型研究生,其国家复试分数线是各不相同的。2015～2017年工学考研国家复试分数线(学术型)见表7-10。2015～2017年工学考研国家复试分数线(专业学位型)见表7-11。

国家复试分数线按考生所报考地点不同,其分数也有高低之分。

表7-10 2015～2017年工学考研国家复试分数线(学术型)

		A类考生①			B类考生②		
学科门类(专业)名称		总分	单科(满分=100分)	单科(满分>100分)	总分	单科(满分=100分)	单科(满分>100分)
2017年	工学(不含工学照顾专业)	265	35	53	255	32	48
	工学照顾专业③	260	34	51	250	31	47
	享受少数民族照顾政策的考生④	245	30	45	245	30	45
2016年	工学(不含工学照顾专业)	256	36	54	255	33	50
	工学照顾专业	265	34	51	255	31	47
	享受少数民族照顾政策的考生	245	30	45	245	30	45
2015年	工学(不含工学照顾专业)	280	38	57	270	35	53
	工学照顾专业	275	36	54	265	33	50
	享受少数民族政策的考生	245	30	45	245	30	45

① A类考生:报考地处一区招生单位的考生。一区系北京、天津、河北、山西、辽宁、吉林、黑龙江、上海、江苏、浙江、安徽、福建、江西、山东、河南、湖北、湖南、广东、重庆、四川、陕西21省(市)。
② B类考生:报考地处二区招生单位的考生。二区系内蒙古、广西、海南、贵州、云南、西藏、甘肃、青海、宁夏、新疆10省(区)。
③ 工学照顾专业:力学[0801]、冶金工程[0806]、动力工程及工程热物理[0807]、水利工程[0815]、地质资源与地质工程[0818]、矿业工程[0819]、船舶与海洋工程[0824]、航空宇航科学与技术[0825]、兵器科学与技术[0826]、核科学与技术[0827]、农业工程[0828]。
④ 享受少数民族照顾政策的考生:报考地处二区招生单位,且毕业后在国务院公布的民族区域自治地方定向就业的少数民族普通高校应届本科毕业生考生;或者工作单位在国务院公布的民族区域自治地方,且定向就业单位为原单位的少数民族在职人员考生。

表7-11 2015～2017年工学考研国家复试分数线(专业学位型)

		A类考生③			B类考生④		
学科门类(专业)名称		总分	单科(满分=100分)	单科(满分>100分)	总分	单科(满分=100分)	单科(满分>100分)
2017年	工程(不含工程照顾专业)	265	35	53	255	32	48
	工程照顾专业①	260	34	51	250	31	47
	享受少数民族照顾政策的考生②	245	30	45	245	30	45

第七章 汽车服务工程专业的就业与升学

（续）

学科门类（专业）名称		A类考生③			B类考生④		
		总分	单科（满分=100分）	单科（满分>100分）	总分	单科（满分=100分）	单科（满分>100分）
2016年	工程（不含工程照顾专业）	265	36	54	255	33	50
	工程照顾专业	265	34	51	255	31	47
	享受少数民族照顾政策的考生	245	30	45	245	30	45
2015年	工程（不含工程照顾专业）	280	38	57	270	35	53
	工程照顾专业	275	36	54	265	33	50
	享受少数民族政策的考生	245	30	45	245	30	45

① 工程照顾专业：冶金工程［085205］、动力工程［085206］、水利工程［085214］、地质工程［085217］、矿业工程［085218］、船舶与海洋工程［085223］、安全工程［085224］、兵器工程［085225］、核能与核技术工程［085226］、农业工程［085227］、林业工程［085228］、航空工程［085232］、航天工程［085233］。
②③④的注释与表7-9一致。

2．学校复试分数线

学校复试分数线是指各学校根据考生达到国家复试分数线的人数，与本校各专业的招生名额，来确定的复试分数线。由此可以看出，每个学校各专业的复试分数线是不同的。

如果达到国家复试分数线的人数少于某专业的招生名额，则学校复试分数线与国家复试分数线相同，不能低于国家复试分数线；反之，则高于国家复试分数线。

机械工程、车辆工程学科（专业）属于工学门类，很多学校的复试分数线按照13个学科门类划分，工学是热门报考专业门类，所以，一般学校工学门类的复试分数线均大于国家复试分数线。

几所大学工学门类专业的复试分数线（A类考生）见表7-12。

3．院系专业复试分数线

一些报考热门学校，对于考生人数达到学校复试分数线过多的学科专业，可再制定各专业复试线，其复试线不允许低于学校复试分数线。由于机械工程、车辆工程专业均属于热门报考学科（专业），许多双一流、"985"学校、"211"学校均会制定机械工程、车辆工程学科（专业）复试分数线。考生须达到报考院系专业复试分数线方可参加差额复试。几所学校机械工程、车辆工程学科（专业）的报考人数与录取情况见表7-13。

表 7-12 几所大学工学门类专业的复试分数线（A 类考生）

学校	学术型			专业学位型		
	2015 年	2016 年	2017 年	2015 年	2016 年	2017 年
上海交通大学	330	325	325	330	325	325
清华大学	320	320	330	320	320	330
湖南大学	325	310	330	320	310	310
同济大学	325	325	320	325	320	320
东南大学	335	320	340	335	320	340
吉林大学	320	310	310	310	310	310
北京理工大学	315	315	320	305	305	300
中国农业大学	290	300	310	290	290	300
重庆大学	320	320	330	300	300	300

注：1. 学术型研究生 2015 年、2016 年、2017 年的工学类专业国家线分别为：280 分、256 分、265 分。

2. 专业学位型研究生 2015 年、2016 年、2017 年的工程硕士国家线分别为：280 分、265 分、265 分。

表 7-13 几所学校机械工程与车辆工程学科（专业）的报考人数与录取情况

学校	专业	2017 年			2016 年			2015 年		
		报考人数	录取人数	考录比	报考人数	录取人数	考录比	报考人数	录取人数	考录比
江苏大学	机械工程（080200）	275	65(4)	4.2∶1	280	67(11)	4.2∶1	262	76(6)	3.4∶1
	机械工程（085201）	401	111(0)	3.6∶1	395	83(0)	4.8∶1	291	74(0)	3.9∶1
	车辆工程（080204）	165	46(16)	3.6∶1	180	43(18)	4.2∶1	166	44(17)	3.8∶1
	车辆工程（085234）	453	70(0)	6.5∶1	368	51(0)	7.2∶1	203	45(0)	4.5∶1
湖南大学	机械工程（080200）	542	150	3.6	465	140	3.3∶1	474	142	3.3∶1
	车辆工程（085234）	483	173	2.8	383	100	3.8	309	96	3.2∶1
东南大学	机械工程（080200）	180	83(52)	2.2∶1	203	85(72)	2.4∶1	369	85(57)	4.3∶1
	机械工程（085201）	294	62(14)	4.7∶1	220	54(2)	4.1∶1	141	59(18)	2.4∶1

注：括号中的数据为推免生数。

从表 7-13 可以看出，一些名校的机械工程、车辆工程专业的考录比基本上在 2∶1～7∶1 之间。

由于推免生成为名校追逐的主要对象，以双一流、"985" 高校为代表，所录取的学生中,推免生比例大幅度上升。例如,东南大学2017年机械工程(080200)录取83人,其中52人来自推免生,推免生录取人数占总规模的60%以上。这就意味着,很多指标在考前就已经被推免生占据了,普通考生想考上的难度大幅度增加。各高校喜欢要推免生是因为推免生"整体底子好,能力强",这从一个侧面也反映了学校对以分数为核心的现有录取制度的不满意,以及现有研究生考试录取制度改革的必要性。

由于推免生的比例增加,使报考专业竞争异常激烈,尤其是机械工程、车辆工程等专业,这已成为考入名校的主要阻碍。

4. 关于调剂

一般学校均有调剂名额,其规定如下:

1) 对合格生源不足的学科专业,可以在校内、外相同或相近专业合格生源中进行调剂录取,但不允许跨学科门类调剂。校内调剂考生必须符合考生第一志愿所报专业的复试分数线;校外调剂考生要符合各校相关专业的复试分数线和教育部公布的复试分数基本要求。

2) 学术型研究生可向专业学位研究生调剂,须符合专业相同或相近的原则;学术型研究生各专业之间调剂,须符合考试科目相同或相近的原则;工程硕士专业学位间调剂,须符合统考科目相同的原则。

3) 校内调剂的考生,应由考生本人填报"校内调剂申请表",送交接收调剂考生的学院(所),由各学院(所)统一报送研招办。研招办审核通过后,将校内调剂考生的电子文档转交接收单位,再进行复试。校外调剂考生需填报"校外调剂申请表",由学院(所)汇总后报研招办,并将在复试工作后期组织复核。校外调入的考生,一般还需进行第二次复试。

七、硕士研究生的入学考试专业课与研究方向

1. 入学考试专业课

硕士研究生入学考试专业课是指初试中专业基础课和复试中的专业课。

(1) **专业基础课** 各招生单位对专业基础课要求不一,对于工学,一般是以机械、电子、控制为基础的课程,主要有理论力学、材料力学、机械原理、机械设计、工程热力学、电子技术、电工技术、自动控制原理、汽车理论等课程中的1~2门课程的组合。

一些院校机械工程、车辆工程专业硕士研究生入学考试科目与主要研究方向见表7-13。

(2) **复试中的专业课** 复试科目主要是专业课或专业基础课,各招生单位规定的均不相同。一般复试中的专业课是汽车构造、汽车理论、汽车设计、专业综合等课程,具体见表7-13。

2. 研究方向

研究方向是指从事的主要研究领域,由于汽车涉及的领域多,如设计、材料、工艺、节能、减排等多方面,所以,各招生单位根据自身优势和基础条件不同,设计了各自的研究方向。各单位的研究方向差别较大,但都是围绕汽车这个大平台。一些院校机械工程、车辆工程学科(专业)的研究方向见表7-14。

表 7-14　一些院校机械工程、车辆工程专业硕士研究生入学考试科目与研究方向（2018年）

院校名称	专业	初试科目	复试科目	主要研究方向
北京理工大学机械与车辆学院	机械工程（080200）	①101 思想政治理论 ②201 英语一或 203 日语或 244 德语 ③301 数学一 ④848 理论力学或 844 机械制造工程基础或 843 控制工程基础	笔试科目： 方向 01、02：机械、工程力学基础 方向 03、05：机械制造基础综合或机电控制基础综合（说明：机械制造基础综合包括机械制造装备技术、数控技术、CAD/CAM；机电控制基础综合包括：测试技术、数控技术） 方向 04：机械原理、机械设计、几何精度设计、机械制图、工程力学 面试内容： 外语口语听力测试；个人学习、研究简况，个人素质能力、基础知识考查	01 现代车辆理论与技术 02 节能与新能源车辆技术 03 先进制造与生产系统工程 04 机械设计理论与方法 05 传感与机电控制
上海交通大学机械与动力工程学院	机械工程（080200）	仅面向推免生进行选拔，不从全国研究生统一考试中选拔 所有学术型硕士都以硕博连读形式培养	—	01 机械制造及其自动化 02 机械电子工程 03 机械设计及理论 04 车辆工程 05 工业工程
	机械工程（085201）车辆工程（085234）	①101 思想政治理论 ②201 英语一 ③301 数学一 ④809 机械原理与设计或 815 控制理论基础	—	不分研究方向
东南大学机械工程学院	机械工程（080200）	①101 思想政治理论 ②201 英语一 ③301 数学一 ④915 机械原理或 972 运筹学	519 电工技术 或 521 材料力学 或 5g4 基础工业工程（含基础工业工程及人因工程）	01 机械制造及其自动化 02 机械电子工程 03 机械设计及理论 04 车辆工程 05 工业工程
	机械工程（085201）	①101 思想政治理论 ②201 英语一 ③301 数学一 ④915 机械原理或 972 运筹学	519 电工技术 或 521 材料力学 或 5g4 基础工业工程（含基础工业工程及人因工程） 01～04 方向复试科目只能选择 519 或 521；05 方向复试科目只能选择 521 或 5g4	01 机械制造及其自动化 02 机械电子工程 03 机械设计及理论 04 车辆工程 05 工业工程
南京理工大学机械工程学院	车辆工程（080204）	①101 思想政治理论 ②201 英语一 ③301 数学一 ④812 机械原理或 823 电子技术基础	汽车理论	01 车辆现代设计理论与方法 02 车辆电控与机电液一体化技术 03 车辆系统动力学 04 车辆安全、节能与环保技术 05 车辆动力装置模拟、设计与优化

（续）

院校名称	专业	初试科目	复试科目	主要研究方向
南京航空航天大学能源与动力学院	车辆工程（080204）	①101 思想政治理论 ②201 英语一 ③301 数学一 ④815 理论力学或 816 材料力学或 817 工程热力学或 823 电工电子学	车辆工程综合	01 车辆系统动力学与控制 02 车辆振动噪声分析与控制 03 车辆电子与新型动力 04 车辆安全理论与技术
江苏大学汽车与交通工程学院	车辆工程（080204） 车辆工程（085234）	①101 思想政治理论 ②201 英语一 ③301 数学一 ④801 理论力学、833 自动控制理论选一	923 汽车理论、932 微机原理及应用选一	01 车辆系统动力学及控制 02 车辆系统及零部件设计理论与方法 03 车辆综合节能与新能源汽车技术 04 车辆 NVH 控制及安全技术 05 现代汽车轮胎技术
湖南大学机械与运载工程学院	机械工程（080200）	①101 思想政治理论 ②201 英语一 以下可任选一组： 第一组： ③301 数学一 ④805 机械原理、812 材料力学、806 工程热力学、809 生产管理学、821 电路一任选一 第二组： ③610 数学分析 ④813 高等代数	F0202 汽车理论、F0203 控制工程基础、F0204 机械制造技术基础、F0205 计算机辅助设计、F0206 基础工业工程、F0209 热工测试技术任选一	01 机械制造及其自动化 02 机械电子工程 03 机械设计及理论 04 车辆工程 05 工业工程 06 动力机械 07 工程热科学
	车辆工程（085234）	①101 思想政治理论 ②204 英语二 ③302 数学二 ④805 机械原理、807 机械设计基础、812 材料力学任选一	F0202 汽车理论、F0203 控制工程基础、F0205 计算机辅助设计任选一	01 车辆工程
华南理工大学机械与汽车工程学院	机械工程（080200）	①101 思想政治理论 ② 201 英语一 ③301 数学一 ④801 材料力学或 813 自动控制原理	901 机械制造基础（01 方向）或 905 测试技术（02 方向）或 914 机械设计基础（03 方向）或 915 汽车构造基础知识（04 方向）或 906 微机原理及接口技术（05 方向）	01 机械制造及其自动化 02 机械电子工程 03 机械设计及理论 04 车辆工程 05 制造工程智能化检测及仪器

（续）

院校名称	专业	初试科目	复试科目	主要研究方向
浙江大学机械工程学院	车辆工程（080204）	①101 政治 ②201 英语一或 203 日语或 241 德语 ③301 数学一 ④832 机械设计基础或 831 理论力学或 833 传热学或 839 控制理论或 408 计算机学科专业基础综合（含数据结构、计算机组成原理、操作系统和计算机网络）	面试：英语口语、阅读、听力等能力测试，车辆工程专业综合知识及综合分析判断能力 笔试：车辆工程综合，主要考查车辆工程相关基础理论知识	01 车辆现代制造技术 02 车辆现代设计技术 03 车辆状态监测及分析诊断 04 车用动力能源多元化 05 汽车电子与控制技术 06 车辆热管理 07 车辆振动噪声控制 08 车辆零部件及系统可靠性设计理论与试验方法 09 车辆动力学仿真 10 新能源汽车 11 车辆空气动力学性能优化
南京农业大学工学院	车辆工程（080204）	①101 思想政治理论 ②201 英语一 ③301 数学一 ④827 理论力学或 849 汽车理论	汽车构造	01 车辆系统动力学与控制 02 车辆电子技术与测控 03 路面车辆系统 04 车辆现代设计理论与方法 05 车辆节能与环保技术
中国农业大学工学院	车辆工程（080204）	①101 思想政治理论 ②201 英语一 ③301 数学一 ④832 工程力学或 833 电子技术或 868 机械设计电子技术	—	01 车辆系统动力学及地面车辆力学 02 车辆人机工程学 03 车辆电子控制及智能化技术 04 车辆动力节能及环保技术 05 能源工程与低碳技术

第三节　汽车服务工程专业的出国留学

正如一千个人心中有一千个哈姆雷特一样，每个人对自己的人生道路都有着不同的规划。一部分同学在大学毕业之时，计划出国留学进行深造。以下从申请流程、申请前准备、申请中准备、奖学金四个方面对出国留学进行介绍。

一、申请流程

出国留学的申请流程一般包括：自我定位、留学准备、资金准备、正式申请及寄送申请材料、套磁和面试、收到录取通知书、签证等过程，如图 7-9 所示。

1. 自我定位

自我定位是指对自己的条件和申请学校的档次有一个客观的评估。自我定位是申请留学的第一步，也是非常重要的一步，正确判断个人情况和申请方向是拿到录取通知书的前提和保证。应该从自己的个人能力、所在学校是否有名气、成绩、研究背景、有无文章、GRE、TOEFL 等方面综合分析自己有什么优势和弱点。通过了解与自己同档次水平的人，自己的师兄、师姐到了什么学校，间接判断个人水平。另外，要清楚自己到底对什么感兴趣，打算申请什么专业，这个专业申请难度有多少。光对此专业有兴趣还不够，最好要有这方面的研究背景，或者上过这方面的课程等能支持自己在这方面发展的证据。除了专业的选择，研究方向的定位也非常重要。定位不要太狭窄，尤其是本科生，可以把兴趣扩展一下。最好考虑几个方向，而且这几个方向应该是有联系的。

定位的时候，很多人因为不是出身名校，或是 GRE、TOEFL 等成绩不高等原因而妄自菲薄，这也是没有必要的。虽然这些是不利因素，但每个人都有自己的一些特点可以挖掘，只要能展现出来，也是可以弥补的。

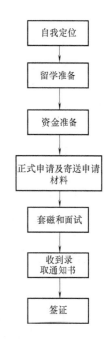

图 7-9 出国留学申请流程

2. 留学准备

留学准备包括以下几个方面：

（1）**参加标准化考试** 申请美国研究生院需要 GMAT、GRE 或 TOEFL 考试（不同的专业考的不同，理工科考 GRE，文科则需要考 GMAT）；去英国、加拿大、澳大利亚、新加坡等国家只需要参加雅思（IELTS）考试即可。

（2）**择校定方向** 美国有超过 3000 所大学，值得申请的学校也仅局限在前 200 所，但对于汽车服务工程专业的学生来说，也只有几十所。一般来说，要根据自己的专业方向、条件来选定 8~15 所学校。

（3）**申请文书准备** 包括动机函或个人陈述、简历、推荐信等。

（4）**护照** 护照是为远赴境外时准备的，但是在申请时也有学校要求提交护照扫描件，所以有备无患。

3. 资金准备

资金准备也是很重要的一个环节。其中必备的是信用卡和存款证明。

要出国，首先要办签证，而办签证则需要存款证明等材料。不同的国家对存款证明要求的时间是不一样的，申请人最好先从各领事馆的官网上了解一下情况。一般来说，用于出国申请的资金账户最好在申请的一年前就开始存，并且最好有多笔存入支出记录，而不是一次性几十万元的大额存入。有些国家还要求提供资金来源说明,申请人要做好相关证明的准备。

4. 正式申请及寄送申请材料

正式申请及寄送申请材料环节主要是网上申请、寄送成绩单和 GRE、TOEFL、IELTS 成绩单。

5. 套磁和面试

套磁是指与国外教授主动通过书信往来建立联系和彼此印象,从而加大录取和拿奖学金概率的一种行为。

套磁主要是对于申请前、申请后需给研究系导师发邮件,以使他们更加了解自己,这样做可以增加录取和申请奖学金、助教、助研等机会的成功率。同时,有些录取委员会也会举行视频面试,对于申请硕士项目,套磁和面试都不是必要的,但想申请博士,这两个是不可忽略的重要过程。

6. 收到录取通知书

考生拿到录取通知书后,先要了解该录取通知的类型。一般情况下,毕业生语言达到学校专业要求,拿到的是无条件录取通知书(Unconditional Offer),确认没有其他附加条件即可。如是在读学生,拿到的都是有条件录取通知书(Conditional Offer),要确认国外大学给出的条件,本人在毕业前能否达到,是否存在潜在风险会导致达不到校方开出的条件而不能入学。比如你的语言成绩考不出来,你的均分达不到学校的要求,没法正常毕业拿到毕业证和学位证,那录取通知书就算到手可能也没用了。

一般人会申请多所学校,那么当你收到多个学校的录取通知书后,你就要慎重考虑好去哪个学校。一般学校会提供回复学校录取通知书的链接和回复的截止日期,你只要在规定期限内,进去链接接受或者拒绝录取通知书。如果接受,学校一般会要求交付一定费用(押金),也就是我们通常所说的占位费。这个押金一旦缴纳,很多大学都是不予退还的。

7. 签证

在收到学校发来的纸质录取通知书后,就可以在网上预约大使馆或领事馆的签证。因为拒签对留学的影响很大,所以一定要一次搞定,准备好材料做好公正,给保证金留好时间。

通常,在大一,初步描绘出四年后的留学蓝图,学好每门课程。在大二,多参加些社会活动,积累实践经验。在大三,准备材料,考 TOEFL 或 IELTS 以及 GRE 或 GMAT。在大四,进行留学申请、签证。

二、申请前准备

1. GPA(平均成绩点数)的准备

出国留学是一个大计划,最好能在一年级就开始规划,好好地应对每一次期末考试。GPA 对于多数在校申请者来说是学术背景的直接证明,GPA 的高低直接影响申请学校的排名以及获得奖学金、助教和助研的机会。如果一个申请者 GPA 较低,甚至有挂科记录,将在国外大学录取委员会审核材料时被判定为不合格。

2. 准备参加留学标准化考试(GRE、TOEFL、IELTS)

对于申请工程专业的学生,要参加 TOEFL 和 GRE 两项考试:TOEFL 是由 ETS(美国教育检测服务社）所提供的一项语言技能考试，全名为"检定母语非英语者的英语能力测试"。TOEFL 是一个只检测语言的测试，与其相似的是 IELTS。IELTS 是由英国剑桥大学考试委员会提出的一项测试，其适用范围为英联邦国家，主要留学国家包括：英国、加拿大、澳大利亚、新加坡等。但是值得注意的是，TOEFL 和 IELTS 测试并不能完全相互替换。可能半数的美国研究生院也接受 IELTS 成绩，这一点需要在准备申请前就到学校官网上查明（同时，如果申请者在以英语为母语的国家待过两年，视情况有可能免除 TOEFL 考试，也需要提前确认）。但是 TOEFL 成绩在英联邦国家通行率比 IELTS 在美国的通行率更高。此外，还有一些小众的考试，如 MELAB（密歇根英语语言评估测试），因为适用范围小、考点、考次少，所以不予以介绍。

GRE 也是由 ETS 出品的一款考试，全名为"美国研究生入学考试"，适用于美国除了法律、商业、医科以外的研究生和博士申请。GRE 会根据大学毕业生的基础知识和能力水平，对考生在高级阶段从事学术研究的一般潜在能力做出衡量，而不涉及任何专业的特殊要求。

此外，在此对比 GRE 和 TOEFL 的区别，两者都是出国留学必备的考试，都是用英语进行考试。但 FOEFL 测验的是语言水平，GRE 检测的是学术潜力，是基于较高英语水平上所进行的考试。同时，TOEFL 只针对母语非英语的人，以英语为母语的申请者不需要 TOEFL 成绩。而 GRE 考试是每个想进入美国研究生院的申请者都要进行的考试。

3. 科研的准备

科研方面的能力是十分重要的一方面，科研背景可以在申请者的实习或者项目（要在动机函中提及）和发表在期刊、会议中的学术论文来证明。国外大学研究生院通常会要求申请者附上自己的出版物清单。申请者最好在自己的动机函中详细介绍自己的出版物。关于实习和项目，不仅应该在简历中提及，还可以在动机函中强调。委员会更注重那些发表在核心期刊或会议上的论文。同时与自己专业相关或者与委员会成员的研究相关的学术论文也会给委员会成员留下深刻印象。因此，理想的候选人不只是学业上的杰出（如有着优异的成绩、可观的 GPA 和 GRE 分数），同时也是一个被证明是有学术潜力的人。

4. 参加各类科技创新竞赛

首先获得的竞赛奖项必须要与所申请的项目相关。一般来说，本科期间工程类学生可以参加的竞赛包括：高数竞赛、数学建模、周培源大学生力学竞赛、全国电子科技竞赛、"飞思卡尔"杯智能车竞赛、全国机械创新设计大赛、大学生方程式赛车、节能赛车、汽车设计创新大赛等。

奖项不在于大小，而是一种参与的经验。如果一个申请者在一个竞赛中并没有获得名次或者获得较低的名次，但是将从中学习到的很多经验教训写入动机函中也是非常不错的选择。

三、申请中准备

1. 选定学校

择校是一门学问，其中包括很多技巧。为了做出正确的择校选择，可以参考以下几个因素：学术声望、教授与学生比例、教授的研究经费、毕业校友情况及地理位置等。

学术威望是衡量一个大学、一个系的重要参照标准，学术威望越高说明在业界越有名望，教授、系成员的投入和献身也越多；很显然，教授、学生数量比越高说明教授在每个学生身上投入的精力和时间也越多，对学生来讲也能在学术上学得更多。择校，尤其是对西方大学不是很了解的申请者，是一个非常耗时的工作，但同时也是每个申请者必须经历的一个为后期申请做直接铺垫的过程，申请者可以通过查询学校的官网、向自己在海外的学长学姐求助、浏览母校或关于留学申请的论坛、查阅外文期刊和论文，来把握海外研究生院的研究方向和科研水平等，从而选定学校。表7-15所列为2014年美国机械工程学科的排名情况。

表7-15 2014年美国机械工程学科的排名情况

排名	学校	中文名称
1	Massachusetts Institute of Technology	麻省理工学院
2	Stanford University	斯坦福大学
3	California Institute of Technology	加州理工学院
4	University of California - Berkeley	加州大学伯克利分校
5	Georgia Institute of Technology	佐治亚理工学院
6	University of Michigan - Ann Arbor	密西根大学安娜堡分校
7	University of Illinois - Urbana Champaign	伊利诺伊大学香槟分校
8	Purdue University - West Lafayette	普渡大学西拉法叶校区
9	Cornell University	康奈尔大学
10	Princeton University	普林斯顿大学
11	University of Texas-Austin	德克萨斯大学奥斯汀分校
12	Carnegie Mellon University	卡内基梅隆大学
13	Pennsylvania State University	宾州州立大学
14	Johns Hopkins University	约翰霍普金斯大学
15	Northwestern University	西北大学
16	University of California-Los Angeles	加州大学洛杉矶分校
17	Texas A&M University-College Station	德州A&M大学
18	University of Wisconsin-Madison	威斯康星大学麦迪逊分校
19	Virginia Tech	弗吉尼亚理工
20	Rice University	莱斯大学
21	University of California San Diego	加利福尼亚大学圣地亚哥分校
22	University of Maryland - Park	马里兰大学帕克分校
23	University of Minnesota - Twin Cities	明尼苏达大学双城

国外大学一般不单独设立汽车工程硕士点，通常归类在机械工程系，和汽车工程研究领域相关的方向有：动力学及控制、能量与可持续性、流体动力、热力学、机械设计等。汽车服务工程专业的申请者可以根据自己本科的方向从中选择1~2所进行申请。此外，密歇根大学安娜堡分校机械工程系下设车辆交通分支；加州大学伯克利分校也有较好的发动机实验室；还有克莱姆森大学可以授予全美唯一的车辆工程博士学位，在车辆方向上是一所很好的公立大学。

2. 申请材料的准备

（1）动机函或个人陈述　动机函（Statement of Purpose）要重点说明自己本科的学习方向，为什么对所申请学科感兴趣，研究生或博士阶段的研究兴趣或者职业规划、目标等，还可以阐释申请者某些能够适用于申请的特殊的状况，如学术出版物、荣誉、成就或者职业历史等。个人陈述（Personal Statement）是一种关于激励申请者继续追求研究生或博士学位的原因的一种精简的文章，这些原因包括申请者的背景和生活经验（包括文化、地理位置、经济状况、教育或者其他机会挑战）。

（2）推荐信　推荐信在录取过程中十分重要。委员会特别看重推荐信，因为这些推荐信提供了长时间密切关注申请者的教授或管理人的评价。在一封好的推荐信中，推荐者会提及被推荐人在其监督下所真正完成事情的细节，以及被推荐者是如何面对课题的，并列举被推荐者与推荐者直接、具体的交互的例子。这种推荐信不仅仅给委员会传达被推荐人给推荐者留下的印象，而且会着重强调一些在其他申请材料中可能不会被指出的课题、成就或其他信息。

写推荐信时需要注意以下要点：

1）通常，职位越高，推荐性就越强。但是，需要注意的是，推荐信只有当推荐者确实和申请者有密切联系的情况下才会有功用。

2）真正的关系应该包含直接的监督和长时间的频繁交互。

3）推荐信表格会很有代表性地要求推荐人用相对于评价参考的以下指标来评价被推荐人："前1%~2%""前10%""第一四分卫""第二四分卫"等。取决于推荐人，这个参考可能是"在一个特定年级的所有本科生""所有曾经教过或指导过的本科生""所有曾经招募过的实习生"等。这是一个推荐人对申请者总体意见的一个非常有用的评价指标。

4）推荐人必须在表格上选择"强烈推荐""推荐""有保留得推荐"或者"不推荐"。

（3）个人简历　个人简历通常是申请研究生院过程中的一个可选环节。它可展现那些不能在其他材料中展现的细节。申请者可以提及课程、项目、工作经历、出版物、课外活动、其他成就等细节。但是，申请者想传达的信息应该在动机函和推荐信中就已经被提及。关于重要的学术项目或者科研出版物也应该在动机函中提及。此外，曾经在项目上一起工作的教授应该在其推荐信上提及这段交互关系。

四、奖学金

美国研究生有以下几种奖学金：全奖（Fellowship）、助教（TA）、助研（RA）、学费减免（TW）。一般而言，硕士申请者一般很难申请到全额奖学金，学校一般不会发放全额奖学金给硕士研究生，尤其是给国际学生；助教会担当一些教学、作业批改、组织课堂讨论等任务；助研会在老板的实验室里面打工；学费减免可减免一部分学费，有可能会享受州内学生学费。常见的组合一般为 RA+TW、TA+TW、Fellowship。

留学是人生重要的国际经历和昂贵的投资，是为今后在日益竞争激烈的职业生涯中获胜所做的准备。在做此重大人生决策时，要多了解相关信息，为自己的人生负责，为实现自己的人生理想努力奋斗。

本章相关的主要网站

1. 中国教育在线　http：//www.eol.cn/
2. 中国教育在线考研频道　http：//kaoyan.eol.cn/
3. 中国研究生招生信息网　http：//yz.chsi.com.cn 或 http：//yz.chsi.cn
4. 中国高等教育学生信息网（学信网）　http：//www.chinayz.com.cn/或 http：//www.chinayz.edu.cn/
5. 清华大学的"汽车安全与节能国家重点实验室"　http：//www.ase.tsinghua.edu.cn/
6. 吉林大学的"汽车动态模拟国家重点实验室"　http：//www.ascl.jlu.edu.cn/
7. 湖南大学的"汽车车身先进设计制造国家重点实验室"　http：//dmvb.hnu.cn/
8. 汽车噪声振动和安全技术国家重点实验室　http：//www.nvhskeylab.com/
9. 清华大学研究生招生系统　http：//yz.tsinghua.edu.cn/
10. 吉林大学研究生院　http：//yjsy.jlu.edu.cn/
11. 北京理工大学研究生院　http：//grd.bit.edu.cn/
12. 同济大学研究生招生网　http：//yz.tongji.edu.cn/
13. 湖南大学研究生招生信息网　http：//yz.hnu.cn/
14. 东南大学研究生招生信息网　http：//yzb.seu.edu.cn/
15. 中国农业大学研究生院　http：//www.cau.edu.cn/
16. 南京农业大学研究生招生网　http：//www.nannongkaoyan.com/
17. 麻省理工学院　http：//web.mit.edu/
18. 斯坦福大学　http：//stanford.edu/
19. 加州理工学院　http：//www.caltech.edu/

思 考 题

1. 试分析近年来大学生"考研热"的主要原因。
2. 何谓学术型研究生？何谓专业学位型研究生？两者有何区别？
3. 何谓"985"学校？何谓"211"学校？何谓双一流大学？
4. 分析我国汽车服务工程专业的人才现状，为何汽车高级人才尤为紧缺？
5. 机械工程学科国家级重点实验室有哪些？
6. 机械工程学科（专业）主要有哪些研究方向？
7. 国外大学中为何一般不设置汽车工程专业硕士点？

参 考 文 献

[1] 崔胜民. 新能源汽车概论 [M]. 2版. 北京：北京大学出版社，2015.

[2] 龚金科. 汽车排放及控制技术 [M]. 2版. 北京：人民交通出版社，2012.

[3] 国务院发展研究中心产业经济研究部，中国汽车工程学会，大众汽车集团（中国）. 中国汽车产业发展报告（2015）[M]. 北京：社会科学文献出版社，2015.

[4] 姜立标. 现代汽车新技术 [M]. 2版. 北京：北京大学出版社，2016.

[5] 节能与新能源汽车技术路线图战略咨询委员会，中国汽车工程学会. 节能与新能源汽车技术路线图 [M]. 北京：机械工业出版社，2016.

[6] 李景芝. 汽车概论 [M]. 北京：人民交通出版社，2011.

[7] 李书江，解莉. 汽车文化与概论 [M]. 西安：西安交通大学出版社，2014.

[8] 李永. 新能源车辆储能与控制技术 [M]. 北京：机械工业出版社，2014.

[9] 凌永成. 汽车工程概论 [M]. 北京：机械工业出版社，2015.

[10] 刘纯志，龚建春，李晓雪. 汽车服务工程概论 [M]. 长沙：中南大学出版社，2016.

[11] 刘远华. 汽车服务工程导论 [M]. 重庆：重庆大学出版社，2017.

[12] 鲁植雄. 车辆工程专业导论 [M]. 2版. 北京：机械工业出版社，2017.

[13] 鲁植雄. 汽车服务工程 [M]. 3版. 北京：北京大学出版社，2017.

[14] 鲁植雄. 汽车美容 [M]. 3版. 北京：人民交通出版社，2017.

[15] 鲁植雄. 汽车评估 [M]. 2版. 北京：北京大学出版社，2016.

[16] 史文库. 现代汽车新技术 [M]. 2版. 北京：国防工业出版社，2013.

[17] 田晋跃. 汽车与交通概论 [M]. 北京：清华大学出版社，2015.

[18] 田晋跃. 现代汽车新技术概论 [M]. 2版. 北京：北京大学出版社，2014.

[19] 王林超. 汽车服务工程导论 [M]. 北京：人民交通出版社，2014.

[20] 尉庆国，张红光，杨翠芬. 汽车文化概论 [M]. 北京：国防工业出版社，2013.

[21] 徐晓美，孙宁. 汽车概论 [M]. 北京：国防工业出版社，2013.

[22] 余卫平，李明高. 现代车辆新能源与节能减排技术 [M]. 北京：机械工业出版社，2014.

[23] 张彬. 汽车概论 [M]. 北京：人民交通出版社，2012.

[24] 张翠平，王铁. 汽车工程概论 [M]. 北京：国防工业出版社，2011.

[25] 赵英勋. 汽车概论 [M]. 北京：机械工业出版社，2012.

[26] 郑安文，郭健忠. 汽车安全概论 [M]. 北京：北京大学出版社，2015.

[27] 中国汽车技术研究中心，日产（中国）投资有限公司，东风汽车有限公司. 中国新能源汽车产业发展报告（2015）[M]. 北京：社会科学文献出版社，2015.

[28] 周贺. 汽车新技术应用 [M]. 北京：北京理工大学出版社，2015.